建筑企业
税收安全之策

肖太寿 杨璐 编著

图书在版编目(CIP)数据

建筑企业税收安全之策 / 肖太寿, 杨璐编著. -- 北京：中国财政经济出版社, 2023.5
ISBN 978-7-5223-2139-4

Ⅰ.①建… Ⅱ.①肖…②杨… Ⅲ.①建筑企业—税收管理—研究—中国 Ⅳ.①F812.423

中国国家版本馆CIP数据核字(2023)第067112号

责任编辑：陈志伟	责任印制：史大鹏
封面设计：MXK DESIGN STUDIO Q:1765628429	责任校对：徐艳丽

建筑企业税收安全之策
JIANZHU QIYE SHUISHOU ANQUAN ZHI CE

中国财政经济出版社 出版

URL：http://www.cfeph.cn
E-mail：cfeph@cfeph.cn

(版权所有　翻印必究)

社址：北京市海淀区阜成路甲28号　邮政编码：100142
营销中心电话：010-88191522
天猫网店：中国财政经济出版社旗舰店
网址：https://zgczjjcbs.tmall.com
北京时捷印刷有限公司印刷　各地新华书店经销
成品尺寸：170mm×240mm　16开　24.25印张　322 000字
2023年5月第1版　2023年5月北京第1次印刷
定价：118.00元
ISBN 978-7-5223-2139-4
(图书出现印装问题，本社负责调换，电话：010-88190548)
本社图书质量投诉电话：010-88190744
打击盗版举报热线：010-88191661　QQ：2242791300

前言
Preface

税收安全是企业的核心竞争力指标之一，它是企业依照税法政策规定依法纳税，规避多缴纳税款或漏税致使被税务机关稽查的风险，与税务机关和谐相处、化解税企争议，争取最大税收政策红利的一种状态。企业税收安全的主要表现形式是：合法纳税，不漏税，不骗取国家退税款；具有良好的和谐税企关系，化解税企争议，健全的税务风险控制机制，将税收风险消除在萌芽状态。节税是企业控制成本的核心要素之一。提升企业税收安全的主要手段是：事前税务规划、事中税务管理和事后纳税自查。

企业要在经营中规避各种税收风险，筑牢企业税收安全屏障，维持企业健康持续的经营，老板和财务负责人一定要重视企业税收安全战略。为了帮助老板和财务负责人提高对企业自身税收风险的掌控能力，制定好企业的税收安全战略，笔者结合多年来在税务实践中的职业操守经验和对国家最近颁布的新税收政策的研究，特意编写《建筑企业税收安全之策》一书。

从篇章结构来看，本书主要分为六章：企业税收安全的基本理论；建筑企业税收安全之策："股权布局控税"四大计；建筑企业税收安全之策："业财税法融合控税"三大计；建筑企业税收安全之策："合同控税"三大计；建筑企业税收安全之策："发票控税"四大计；建筑企业税收安全之策："涉税内控制度控税"两大计。

第一章：企业税收安全的基本理论。

税收安全是很多企业的决策层和管理层在企业经营管理中，经常关心的热点和难点话题，也是现代企业财务和税务管理中不可回避的问题。在现代企业经营管理理念中，税收安全越来越得到很多企业家的重视和关注，但是，在财税管控实践中，应如何提升企业的税收安全，缺乏系统的理论指导。因此，了解企业税收安全的基本理论很有必要，是企业经营管理中的必备课题之一。

要提高企业的核心竞争力，实现税收安全目标，须注重提升企业税收安全的三步法：事前税务规划、事中税务风险管理和事后纳税自查，排除纳税盲点。同时提升企业税收安全必须遵循三大原理：三证统一（法律凭证、会计凭证和税务凭证相统一）、三价统一（合同价、发票价和结算价相统一）和三流统一（资金流、发票流和物流或劳务服务流相统一）。因此，在企业的经营管理实践中，必须将税收安全作为企业经营管理的重要目标加以重视，才能真正提高企业的市场竞争力。

第二章：建筑企业税收安全之策："股权布局控税"四大计。

"股权布局控税"是从宏观战略层面对企业的股权架构进行设计安排，形成企业之间相互持股的股权投资关系的企业股权布局。良好的股权布局可以使企业创始人、投资者既实现节税又实现企业的控制权不丧失的目标。对于提升建筑企业税收安全而言，从股权布局控税战略上，必须要解决以下涉税问题：一是建筑企业的投资者或创始人从建筑企业提取税后未分配利润用于投资或家庭消费免税；二是建筑挂靠人从被挂靠的建筑企业合法节税地提取利润；三是定向分红免税；四是合法公转私，规避税务风险。

本章主要介绍"股权布局控税"四大计。第一计：设计未分配利润用于老板投资和家庭消费节税的股权布局；第二计：设计建筑企业提取挂靠利润的两种股权布局；第三计：设计建筑劳务公司老板提取利润节税的股权布局设计；第四计：设计自然人股东定向分红免税的股权布局。

第三章：建筑企业税收安全之策："业财税法融合控税"三大计。

所谓的"业财税法融合控税"思维是指企业从财务、税务和法务三个维度对同一笔经营业务进行综合防范财务风险、税收风险和法律风险的管理控制方法。"业财税法融合控税"的目标是"三个安全"，即企业从事的每一笔经济业务都实现财务安全、税务安全和法律安全。业务流程与财务、税务、法务相互融合控税是企业实现"三个安全"的必备手段！从操作层面来讲，**"业财税法融合控税"就是要做到四个方面的融合：一是法律相关条款的规定与交易合同的签订相融合；二是企业的财务处理与交易合同相融合；三是企业的税务处理与交易合同相融合；四是企业的财务处理、税务处理、法务处理与业务模式相融合。**

因此，在实际业务操作过程中，针对企业发生的每一笔经济业务，如果只从财务和税务角度而不从法律的角度进行审视和防控税务风险、财务风险，是很难达到控制财税风险的目标。

本章主要讲解建筑企业税收安全策划的**"业财税法融合控税"的三大计**。第一计：企业经济业务的财务、税务、法务处理必须与业务模式相匹配；第二计：以税法与相关法律规定的融合佐证为税务处理之依据；第三计：以民商法、司法解释的相关条款规定为税务处理之依据。

第四章：建筑企业税收安全之策："合同控税"三大计。

经济合同是调整民事平等主体之间权利和义务的重要法律凭证，也是企业管理层用来管理企业税务事项的重要工具。许多企业决策层和管理层在开展企业税务管理时，经常忽略经济合同在控制和降低企业税负、提升企业税收安全中的重要作用，甚至错误地认为，经济合同是法律部门或合同管理部门的事情，与财务部门没有任何关系，或者认为经济合同与企业的税收没有任何关系。其实，在企业税务管理实践中，经济合同的正确签订，或者说，经济合同的巧妙签订与一个企业的税负有很重要的千丝万缕的关系。因为，经济合同决定了企业的业务流程，业务流程决定企业的税收。所以，企业家们一定要记住：企业的税收不是企业财务做账做出来的，而是企业做业务做出来的；降低企业税负的关键环节是合同的签订环节。因此，企业的高管层必须重视合同控税的相关原理和一些策略方法，在签订合同前，应该进行企业的相关涉税分析，保证合同签订后所决定的业务能够给企业真正降低税负，即事前进行企业税收筹划的重要工具是经济合同。

本章重点分析降低建筑企业的税收成本，必须注重"合同控税"策略三大计。第一计：切记建筑施工合同4条涉税条款的风险防控签订；第二计：用足国家税收政策，巧签合同促降税；第三计：签订合同减少业务流转环节节税。

第五章：建筑企业税收安全之策："发票控税"四大计。

发票控税是企业控制税收成本的一项重要工具。在"以票控税"的税收征管体制下，发票是作为企业所得税税前扣除成本的重要税务凭证，特别是增值税专用发票是一般纳税人抵扣增值税进项税额、少缴纳增值税的重要抵税凭证。这就意味着，票据开具的合法与否，成本支出要不要索取发票入账，虚开发票或找人开假票等行为涉及企业税负的多少，涉及企业被税务稽查而被处以补税、滞纳金和罚款的处罚。发票控税原理是指导企业如何通过发票工具实现节税和避免税收风险的方法论，其要解决的核心问题是：依法取得合理和合法性发票；发票开具与合同相匹配；发票开具与真实交易相匹配；发票开具与资金流相匹配。也就是说，发票控税必须保证依法取得票据；发票开具与合同相匹配；发票上所记载的支出必须与企业的生产经营有关系。

本章主要讲"发票控税"四大计。第一计：发票开具与合同相匹配；第二计：杜绝不合规发票入成本和留存代开发票凭证；第三计：切忌无票成本合法入账之策；第四计：防控"虚开和虚抵（两虚）"发票入成本。

第六章：建筑房地产企业税收安全之策："涉税内控制度控税"两大计。

制度是规范一个经济主体行为规范的总和，任何公司在经营过程中都有各自的公司管理制度。如果从制度与税收有无关系的角度来划分，公司管理制度分为涉税管理制度和非涉税管理制度。由于公司的各项制度都会影响一个公司的成本和收入，从而影响一个公司的税收成本。制度定江山，制度才是真正的老板，说的就是制度会严重影响一个公司的经营状况和经营成果，特别是涉税制度会严重影响一个公司缴纳多少税收。例如，公司的工资薪酬制度、劳动保护制度、安全生产经营制度、营销制度、采购制度、公司费用报销制度、业绩考核制度、招投标制度、人事管理制度、产品售后管理制度等，这些制度都会影响企业的成本从而影响企业税负。因此，制度控税的实质是利用国家税收政策，给企业设计和制定低税负的企业制度，使企业在涉税制度的安排下进行有序的生产经营活动，达到低税负的目的。制度控税的思想也给企业提供了一条税收规划的思路，即为了让企业实现低税负的目的，应该多从制度上下功夫，在"只有制度才能成方圆"的理念下，给企业设计和制定各种低税负的涉税内控制度。

本章重点介绍涉税内控制度控税两大计：一是设立建筑企业挂靠工程财税法风险防控的七项内控制度；二是设立建筑企业内部承包经营的涉税内控制度。

本书具有以下特点：

1.内容的新颖性和创新性。本书是基于国家颁布的最新税收政策而编写的税务实践之书。笔者从"股权布局控税""业财税法融合控税""合同控税""发票控税""涉税内控制度控税"五个方面，从源头上来控制企业的涉税风险，提高企业的税收安全，具有较强的新颖性和创新性。

2.实用性和操作性强。本书收集了较多的实例，大部分来自笔者长期从事税务咨询实践中收集的真实案例，读者看后，会知道怎样在税务实务中处理各类合同中存在的可能涉税风险点，富有实际操作性和可行性。

希望本书能够作为各地税务干部、财务总监、财务部经理、企业家的培训教材，也可以作为广大教师、科研人员、税务官员、注册税务师、注册会计师和税务律师的参考用书。

由于时间仓促，书中错误之处在所难免，敬请读者谅解！

2023年5月于肖太寿财税工作室

获得更多精彩内容，请扫描并关注肖太寿财税工作室微信公众号：xtstax：

目录
Contents

001 | **第一章　企业税收安全的基本理论**

002 | **第一节　企业税收安全的内涵**
002 | 一、什么是企业税收安全
003 | 二、企业税收安全的表现形式
004 | [案例1] 某投资企业投资政府土地改造项目因不理解税收政策而多交税的分析
007 | [案例2] 某社会投资者投资土地增减挂钩项目的涉税处理
010 | 三、税收安全是企业的核心竞争力指标之一
012 | 四、企业税收安全的七大策略
013 | [案例3] 某控股公司股权架构主体下的股权转让更节税
016 | [案例4] 酒店住宿费的"业财税法融合"控税
022 | [案例5] 某建筑企业采购制度设计不合理导致多交税的分析
024 | [案例6] 某建筑工程有限公司工资薪酬福利制度节税设计方案

033 | **第二节　提升企业税收安全的三步法**
034 | 一、事前税务规划
036 | [案例7] 某公司债权融资的税务规划节税28.3万元

038 | 二、事中税务风险管理

040 | 三、事后纳税自查,排查纳税盲点

041 | [案例8]某建筑公司出租房屋合同中免收租金条款的房产税处理分析

043 | [案例9]某园林公司采购苗木账务处理自查实现多抵扣增值税进项税额的分析

046 | 第三节 企业税收安全应遵循的三大原理

046 | 一、"三证统一"原理：法律凭证、会计凭证和税务凭证相互统一

047 | [案例10]某建筑公司购买商铺合同瑕疵多承担税费的分析

050 | [案例11]某建筑公司"三证不统一"的涉税收风险分析

052 | 二、四流（三流）统一原理：合同流、资金流、票流和物流（劳务流）相互统一

053 | 三、三价统一原理：合同价、发票价和结算价相互统一

055 | **第二章 建筑企业税收安全之策："股权布局控税"四大计**

055 | 第一节 "股权布局控税"第一计：设计未分配利润用于老板投资和家庭消费节税的股权布局

056 | 一、第一条股权布局控税设计路线

060 | 二、第二条股权布局控税设计路线

062 | 第二节 "股权布局控税"第二计：设计建筑企业提取挂靠利润的两种股权布局

062 | 一、股权布局必须遵循的两大原则

063 | [案例12]董事为同一人的两个公司能投标同一项目吗？

064 | 二、资质低挂靠资质高的建筑企业从被挂靠方提取挂靠利润的基本思路

066 | 三、股权架构控税设计之策：从被挂靠方提取材料、设备、劳务利润

068 | 四、股权架构控税设计之策：从被挂靠方提取专业分包利润

070 | 第三节 "股权布局控税"第三计：设计建筑劳务公司老板提取利润节税的股权布局设计

070 | 一、劳务公司股权布局控税设计方案的法律依据
071 | 二、建筑劳务公司老板提取劳务利润的股权布局控税设计方案

075 | 第四节 "股权布局控税"第四计：设计自然人股东定向分红免税的股权布局

076 | 一、股权布局控税设计方案：设立"创始人（自然人股东）+家族公司股东+共同持有赚钱公司（主体经营公司）股权"的股权布局
080 | 二、股权布局控税分析

083 | 第五节 某建筑企业"股权布局控税"设计综合案例
083 | 一、相关公司基本情况介绍
084 | 二、公司股权布局的法律风险和税务风险分析
089 | 三、乙建设工程有限责任公司的股权布局控税设计方案和操作要点
098 | 四、"钱袋子"公司可实现老板家庭消费和个人消费少交税的股权布局设计方案
101 | 五、公司控制权和合法控税分析

103 | **第三章 建筑企业税收安全之策："业财税法融合控税"三大计**

104 | 第一节 "业财税法融合控税"第一计：企业经济业务的财务、税务、法务处理必须与业务模式相匹配

104 | 一、认缴建筑公司注册资本的"业财税法融合"控税
110 | [案例13] 某建筑企业在注册资本从实缴制改为认缴制后的财税处理分析

112 | 二、设立农民工工资专户的建筑企业代发与其签订劳务分包合同的劳务公司雇佣农民工工资的"业财税法融合"控税

124 | 三、总公司中标,分公司施工模式的"业财税法融合"控税

131 | [案例14]某总公司中标分公司施工项目规避税收风险的合同策略

134 | 四、建筑企业债权债务转让业务中的"业财税法融合控税"

138 | 五、建筑施工设备出租的"业财税法融合控税"

144 | [案例15]某建筑企业租入某建筑设备的财务处理分析

145 | 六、"甲供材"工程的"业财税法融合"控税

158 | 第二节 "业财税法融合控税"第二计:以税法与相关法律规定的融合佐证为税务处理之依据

158 | 一、"以房抵工程款"的"业财税法融合控税"

169 | [案例16]房地产企业开盘前签订的以房抵工程协议的财税处理分析

172 | [案例17]房地产企业开盘后签订的以房抵债协议的财税处理分析

175 | 二、《民法典》"付款时间"规定与税法"增值税纳税义务时间"规定的融合佐证作为建筑企业工程款增值税纳税义务时间的法律依据

185 | 三、建筑企业两种"转增资本"业务模式的"业财税法融合"控税

198 | 第三节 "业财税法融合控税"第三计:以民商法、司法解释的相关条款规定为税务处理之依据

198 | 一、拥有土地使用权的工业企业与房地产公司合作建房分配利润的涉税处理

202 | 二、建筑行业"三种用工模式"涉及农民工个税和劳务公司的增值税处理

222 | [案例18]建筑企业总分包差额征税业务的财税处理

224 | [案例19]建筑劳务公司与班组长签订专业作业劳务分包合同的发票开具、账务处理和税务处理

235	第四章　建筑企业税收安全之策："合同控税"三大计
236	第一节　"合同控税"第一计：切记建筑施工合同4条涉税条款的风险防控签订
236	一、识别合同中"合同价格"条款的财税风险及其防范的合同签订
244	［案例20］某铝合金门窗生产安装企业销售安装合同中的涉税风险分析
246	二、合同中"设备或材料供应"条款的财税风险及其防范的合同签订秘诀
253	三、合同中"工程结算与工程款支付"条款的财税风险及其防范的合同签订秘诀
256	［案例21］某施工企业与房地产公司工程进度结算款的财税处理
262	四、合同中"发票开具"条款的涉税风险防控的签订秘诀
264	第二节　"合同控税"第二计：用足国家税收政策，巧签合同促降税
264	一、企业经营过程中节税的关键环节：合同签订环节
266	［案例22］某建筑企业四种合同签订方案的节税分析
270	［案例23］房地产公司购买苗木的五种合同签订方法的涉税比较分析
274	二、签订合同环节用足国家税收政策，充分享受税收政策红利
274	［案例24］某园林绿化企业签订合同用足税收优惠政策节税的分析
276	三、合同签订应以节税和涉税零风险为目标导向
277	［案例25］某建筑企业建设项目信托融资的纳税筹划分析
284	第三节　"合同控税"第三计：签订合同减少业务流转环节节税
285	一、建筑商将开发商"以房抵工程款"的房屋出售于他人或抵顶供应商材料款的合同节税签订技巧
292	二、被挂靠的建筑企业将"以房抵工程款"的商品房抵销挂靠方（自然人）垫资款而将房屋产权转移到挂靠方名下的合同签订策略

第五章　建筑企业税收安全之策："发票控税"四大计 — 294

第一节　"发票控税"第一计：发票开具与合同相匹配 — 295
一、发票开具与合同不匹配的涉税风险 — 295
二、发票开具与合同相匹配之策 — 295

第二节　"发票控税"第二计：杜绝不合规发票入成本和留存代开发票凭证 — 296
一、"不合规发票"的税法界定标准 — 296
二、不符合规定发票的涉税风险：不得作为税前扣除凭据，抵扣税款 — 298
三、"不符合规定"发票涉税风险的防控之策：发票开具必须符合"真实性、合法性、关联性"三性原则 — 299
四、建筑行业专业班组长或包工头代开发票的需收集保管的6项法律证据 — 302

第三节　"发票控税"第三计：切忌无票成本合法入账之策 — 303
一、白条收据（无票成本）合法入账的税法界定 — 303
二、"增值税应税项目"（或应税项目）支出的税前扣除凭证的范围 — 304
三、允许税前扣除的七种"非应税项目支出"及其合法入账的白条收据（无票成本）的证据形式和税法依据 — 304

第四节　"发票控税"第四计：防控"虚开和虚抵（两虚）"发票入成本 — 309
一、虚开发票的税法和司法界定标准与三种典型的虚开发票行为 — 309
二、不属于"虚开增值税专用发票"的四种情形与证明不属于"虚开增值税专用发票"证据链 — 314
三、虚抵发票的税法界定情形 — 318
四、防控虚开虚抵发票入成本之策 — 321

324	**第六章　建筑企业税收安全之策："涉税内控制度控税"两大计**
325	第一节　"涉税内控制度控税"第一计：设立建筑企业挂靠工程财税法风险防控的七项内控制度
325	一、建筑挂靠工程存在的法律风险
330	二、建筑挂靠工程存在的税务风险
333	三、建筑挂靠存在的财务风险
334	四、建筑挂靠工程财税法风险防控的七项内控制度设计
351	［案例26］前任法定代表人拿走公章该如何处理
353	［案例27］内部职能部门印章担保公司是否应该承担责任
357	［案例28］公司印章被盗用、被私刻、被滥用该如何处理
361	第二节　"涉税内控制度控税"第二计：设立建筑企业内部承包经营的涉税内控制度
361	一、内部承包经营责任制（业务模式一）是合法行为
364	二、建筑企业内部承包责任制（项目经理或包工头内部承包）的管理制度设计
365	三、项目经理（包工头）内部承包制业务模式一的税务处理
368	参考文献

第一章
企业税收安全的基本理论

　　税收安全是企业的核心竞争力指标之一，它是企业依照税法政策规定依法纳税，规避多缴纳税款或漏税致使被税务机关稽查的风险，与税务机关和谐相处、化解税企争议，争取最大税收政策红利的一种状态。企业税收安全的主要表现形式是：合法纳税，不漏税，不骗取国家退税款；具有良好和谐的税企关系，化解税企争议；健全的税务风险控制机制，将税收风险消除在萌芽状态。节税是企业控制成本的核心要素之一，税务风险管理和防范是企业管理中的关键。要提高企业的核心竞争力，实现税收安全目标，须注重提升企业税收安全的三步法：事前税务规划，事中税务风险管理和事后纳税自查、排除纳税盲点。同时提升企业税收安全必须遵循三大原理：三证统一（法律凭证、会计凭证和税务凭证相统一）、三价统一（合同价、发票价和结算价相统一）和三流统一（资金流、发票流和物流或劳务服务流相统一）。因此，在企业的经营管理实践中，必须将税收安全作为企业管理的重要目标加以重视，才能真正提高企业的市场竞争力。

第一节　企业税收安全的内涵

在企业管理实践中，企业税收安全有多种表现形式，其与企业税务风险有着重要的内在逻辑关系。要控制企业的税收风险，提升企业的税收安全能力，必须全面了解和分析企业税收安全的内涵。

一、什么是企业税收安全

学术界对"安全"定义的研究较多。例如，国家标准（GB/T28001）对"安全"给出的定义是："免除了不可接受的损害风险的状态。"中国政法大学出版社2004年5月版《国家安全学》对"安全"概念的解释如下：安全是一种状态，即通过持续的危险识别和风险管理过程，将人员伤害或财产损失的风险降低并保持在可接受的水平或其以下。但有关研究企业税收安全的理论文献甚少，对税收安全的学术定义也很少。笔者根据多年的税收理论研究和税务实践，对税收安全的定义和界定做了如下分析。

什么是企业税收安全？笔者认为，所谓企业税收安全，是指企业用足用好税收政策实现合法合理纳税，免除多缴纳税款或因漏税被税务机关稽查的风险，以及与税务机关和谐相处化解税企争议，争取最大税收政策红利的一种状态。即针对企业而言，税收安全有以下三层含义：一是充分利用税收政策，避免多缴税、交冤枉税和过头税的风险；二是识别和控制业务流程中潜在的税收风险，避免被税务机关稽查从而导致税收罚款和缴纳税收滞纳金的风险；三是运用税务规划手段，实现企业合法合理节税。

关于"企业没有充分利用税收政策，出现多缴税、交冤枉税和过头税的风险"的例子不胜枚举。例如，销售自产货物并提供建筑、安装服务的建筑企业适用的国家税收政策有两个：一是《国家税务总局关于进一步明确营改增有关征管问题的公告》（国家税务总局公告2017年第11号）第一条给出的明确规定：纳税人销售活动板房、机器设备、钢结构件等自产货物的同时提供建筑、安装服务，不属于《营业税改征增值税试点实施办法》（财税[2016]36号文件印发）第四十条规定的混合销售，应分别核算货物和建筑服务的销售额，分别适用不同的税率或者征收率。二是《国家税务总局关于明确中外合作办学等若干增值税征管问题的公告》（国家税务总局公告2018年第42号）第六条第一款规定："**一般纳税人销售自产机器设备的同时提供安装服务，应分别核算机器设备和安装服务的销售额，安装服务可以按照甲供工程选择适用简易计税方法计税。**"根据上述两项税收政策的规定，销售自产货物并提供建筑、安装服务的施工企业，在与发包方签订一份包工包料合同的情况下，其增值税的处理如下：一是必须按照兼营行为进行增值税处理：销售货物部分按照13%的增值税税率计算增值税销项税额；二是建筑安装服务部分的增值税处理分两种情况：如果是销售自产的机器设备，则安装设备的安装服务费用可以选择9%计征增值税，也可以按照3%计征增值税，如果是销售自产的非机器设备，则建筑服务部分按照9%计征增值税。可是不少生产中央空调冷暖系统并提供安装服务的建筑安装企业在与发包方签订包工包料合同后，中央空调冷暖系统设备按照13%计征增值税，安装服务费用按照9%计征增值税，而没有选择简易计税方法，按照3%计征增值税，导致企业多缴纳7%的增值税。这就是没有根据国家税务总局公告2018年第42号）第六条第一款规定，享受少缴纳增值税政策红利的表现，也是企业税收不安全的表现。

二、企业税收安全的表现形式

企业税收安全在企业经营中有一定的表现形式，具体而言，主要有以下几种表现形式。

（一）合法纳税，不漏税

合法纳税中的"合法"是指严格依据税法的规定计算企业应缴纳税款，并在规定的纳税义务时间内及时申报税款，不提前或滞后。漏税是指纳税人无意识地漏缴或者少缴税款的行为。漏税可能是由于纳税人不熟悉税法规定和财务制度，或者工作粗心大意等原因造成的，如错用税率，漏报应税项目，少计应税数量，错算销售金额和经营利润等。实践中的合法纳税有严格的法律界定，可以从以下几个方面来理解。

一是正确理解并运用国家和国际税收政策。税收政策理解并运用不当可能导致企业多交了不应该交的税；或者少交了应该交的税，从而产生未来被税务稽查的风险。

二是享受国家税收优惠政策红利时，到当地税务主管部门履行有关的备案手续。税收优惠政策是国家给予符合一定条件的企业的一种税收照顾，企业为了享受国家的税收优惠政策必须持相关的资料到当地税务主管部门进行备案，否则不可以享受税收优惠政策。

三是明确国家税收政策的时效性，能清楚了解哪些税收政策失效，哪些税收政策有效。如果企业不了解国家最新的税收调整政策，运用了已经失效的税收政策，将由合法变为不合法。税收政策的时效性增加了纳税人提升企业税收安全的难度。

[案例1]
某投资企业投资政府土地改造项目因不理解税收政策而多交税的分析

（一）案情介绍

某投资公司的经营范围是对土地开发、基础设施建设、公共配套设施进行投资。该公司与当地政府合作，负责当地一片区土地一级开发业务，并与政府成立的一家投资公司签订了《合作开发协议》，开发范围包括对项目地块及该区域之上的全部附着物和地上物、相关单位和人员进行征地、拆迁、补偿、安置，建设项目地块范围内所需配套的水、电、排污、燃气、通信等市政管网及区域道路，相应土地的"七通一平"，与项目相关的河道防洪堤、河道清淤、两岸绿化等工程。土地达到挂牌出让条件后，由政府进行出让并收取土地出让金。土地出让金扣除各项应纳基金及开发成本后为土地净收益，双方按照规定比例进行分配。

投资公司在开发土地过程中，委托施工单位建设橡胶坝工程、路网工程，两项工程均按照招投标手续发包给具有相应资质的建筑企业施工，并取得相应建筑业发票，建筑企业已按照发票缴纳了相应税款。

投资公司在核算过程中，根据工程预算成本对橡胶坝工程和路网工程按照"建筑业"税目计算缴纳了增值税及附加等税费219万元；对分得的投资收益，按照"服务业——代理"税目计算缴纳增值税及附加89万元。请分析该投资公司是否多交税？

（二）涉税分析

当前，一些纳税人（以下称"投资方"）与地方政府合作，投资政府土地改造项目，土地拆迁、安置及补偿工作由政府指定其他纳税人进行，投资方负责按计划支付土地整理所需资金。同时，与规划设计单位和施工单位签订劳务合同，协助政府完成土地规划设计、场地平整、地块周边绿化等工作，并直接向规划设计单位和施工单位支付设计费和工程款，当该地块符合国家土地出让条件时，地方政府将该地块进行挂牌出让，实现的收益或亏损均由投资方自行承担。通过该投资行为，投资者获得的收益应如何进行税务处理？要从两方面来分析：

第一，如果社会民间投资者与政府签订的国有土地一级开发协议中约定"当土地达到招挂拍的条件，土地对外拍卖，无论拍卖价是否超过社会民间投资者投入一级土地开发的投资成本（包括投资资金的融资成本费用），政府在一定的期限内偿还投资者投入的资本金和有关资本金所发生的融资利息费用"，则投资者获得政府给予的投资成本和融资利息费用视同为贷款服务，按照贷款服务缴纳增值税和企业所得税。

根据财税〔2016〕36号文件附件——《销售服务、无形资产、不动产注释》第一条第（五）项金融服务的规定，贷款服务是指将资金贷与他人使用而取得利息收入的业务活动，以货币资金投资收取的固定利润或者保底利润，按照贷款服务缴纳增值税。基于此规定，政府与社会民间投资签订的国有土地一级开发协议约定"民间投资者不承担风险，无论开发的国有土地对外拍卖价高于还是低于社会民间投资者在国有土地一级开发中的投资本金，政府都保证在一定期限内偿还社会投资者的投资本金，而且还要按照银行同期限的贷款利率给予投资融资利息"。这种合同约定的实质是，社会民间投资者以货币资金投资收取的固定利润或者保底利润，应按照贷款服务缴纳增值税。社会民间投资者获得的融资利息应该缴纳企业所得税。

第二，如果社会民间投资者与政府签订的国有土地一级开发协议中约定"社会民间投资者投资政府土地改造项目（包括企业搬迁、危房拆除、土地平整等土地整理工作），其中，土地拆迁、安置及补偿工作由地方政府指定其他纳税人进行，投资方负责按计划支付土地整理所需资金；同时，投资方作为建设方与规划设计单位、施工单位签订合同，协助地方政府完成土地规划设计、场地平整、地块周边绿化等工作，并直接向规划设计单位和施工单位支付设计费和工程款。当该地块符合国家土地出让条件时，地方政府将该地块进行挂牌出让，若成交价低于投资方投入的所有资金，亏损由投资方自行承担；若成交价超过投资方投入的所有资金，则所获收益归投资方或者所获收益由政府和社会投资者共同按照一定比例进行分配"。则社会投资者投入资金并承担项目风险和损益的行为，即利益和风险共担，属于合同联营行为（投资行为的一种），投资者获得的收益不缴纳增值税，只缴纳企业所得税。

财税〔2016〕36号附件1——《营业税改征增值税试点实施办法》第一条规定,在中华人民共和国境内(以下称"境内")销售服务、无形资产或者不动产(以下称"应税行为")的单位和个人,为增值税纳税人,应当按照本办法缴纳增值税。另外,财税〔2016〕36号附件3——《营业税改征增值税试点过渡政策的规定》第一条第(三十七)项规定,土地所有者出让土地使用权,免征增值税。根据该规定,政府将开发的熟地对外招挂拍,所获得的土地出让金免征增值税。

基于以上分析,社会投资者与政府签订的国有土地一级开发协议,投资者获得的收益根据开发完成的一级土地拍卖市场的波动而波动。即地方政府将该开发完成的国有土地进行挂牌出让,若成交价低于投资方投入的所有资金,亏损由投资方自行承担;若成交价超过投资方投入的所有资金,则所获收益归投资方或者由政府和社会投资者共同按照一定比例进行分配。投资者获得的收益是投资收益,没有发生销售行为,不征增值税,只征收企业所得税。

因此,对于橡胶坝工程和路网工程,该投资公司并没有从事建筑施工业务,不属于建筑业增值税的纳税人,这部分增值税及附加应由建筑企业缴纳。另外,该投资公司按照比例分得的投资收益,属于投资行为,按照现行增值税政策规定,投资行为获得的投资收益不属于增值税征税范围,不缴纳增值税,只缴纳企业所得税。

因此,本案例中的投资公司两项业务多缴纳增值税及附加308(219+89)万元。

[案例2]
某社会投资者投资土地增减挂钩项目的涉税处理

(一)案情介绍

2022年1月,某地方政府采用与社会资本合作方式开展土地增减挂钩项目,社会资本方在项目地成立A项目公司,负责投入资金用于土地改造，A公司负责搬迁补偿、土地平整、安置房建设等，与建筑企业签订土地平整及安置房建设合同，预计总投入2亿元。政府与社会资本签订的《投资合作协议》中约定：政府将获得的1 000亩城镇建设用地指标作为回报由社会投资方自行出售，并承诺若在规定期间内未出售，政府可以按每亩20万元进行回购。结果社会投资方在规定的期限内没有出售政府给予的1 000亩城镇建设用地，政府进行回购并支付社会投资者2亿元。该项业务中A项目公司，按照建筑服务业，申报了增值税20 000÷（1+9%）×9%=1 651.4万元，企业所得税零申报。请分析该项目中的A项目公司是否多交税？

（二）涉税分析

1. 法律政策依据及解析

财税〔2016〕36号文件附件——《销售服务、无形资产、不动产注释》第一条第（五）项金融服务规定："贷款服务是指将资金贷与他人使用而取得利息收入的业务活动，以货币资金投资收取的固定利润或者保底利润，按照贷款服务缴纳增值税。"《关于明确金融 房地产开发 教育辅助服务等增值税政策的通知》（财税〔2016〕140号）规定，"保本收益、报酬、资金占用费、补偿金"，是指合同中明确承诺到期本金可全部收回的投资收益。金融商品持有期间（含到期）取得的非保本的上述收益，不属于利息或利息性质的收入，不征收增值税。基于此条规定，投资者投入资金，不承担风险，只收取的固定利润或者保底利润的经济行为，实质上一种资金借贷行为，按照贷款服务缴纳增值税。

2. 本案例中的社会投资者投资的涉税分析

（1）本案例中最低回购价格仅保证了投资方最低收入，而投资方的成本并未确定，有可能不足2亿元，也可能超出2亿元。因此，即使确定了最低回购价，并不能保证超过成本，也无法确定保底利润。

（2）保低利润应是给予投资方的最低利润，是在成本之上的一个固定利润数额，而本案例中，只是有一个回购价格，保底价格并非保底利润，不符合财税〔2016〕140号文中关于"保本收益、报酬、资金占用费、补偿金"的定义（合同中明确承诺到期本金可全部收回的投资收益）。

（3）结论。基于以上分析，A项目公司所投资的土地挂钩项目，虽然与政府约定了最低回购价格，但保底价格不等于保底利润，因未明确保底利润或固定利润，则该行为应属于投资行为，不缴纳增值税，但是要缴纳企业所得税。

因此，本案例中的A项目公司没有充分理解国家税收政策，而多交了冤枉税1 651.4万元。《国家税务总局关于纳税人权利与义务的公告》（国家税务总局公告2009年第1号）第七条关于"申请退还多缴税款权"的规定如下："对您超过应纳税额缴纳的税款，我们发现后，将自发现之日起10日内办理退还手续；如您自结算缴纳税款之日起三年内发现的，可以向我们要求退还多缴的税款并加算银行同期存款利息。我们将自接到您退还申请之日起30日内查实并办理退还手续，涉及从国库中退库的，依照法律、行政法规有关国库管理的规定退还。"基于此规定，本案例中的A项目公司可以向当地税务部门申请退税。

（二）不骗取国家退税款

骗税是指采取弄虚作假和欺骗手段，将本来没有发生应税（应退税）行为虚构成发生了的应税行为、将小额的应税（应退税）行为伪造成大额的应税（应退税）行为，即事先根本未向国家缴税，而从国库中骗取了退税款。享受国家出口退税，或享受增值税即征即退，或享受超过一定比例后的先征后退增值税优惠的企业，应实事求是地准备各种法律凭证，如实进行会计核算，按照国家税务机关的要求和退税程序依法办理退税。

（三）具有良好的和谐税企关系，化解税企争议

税收立法总是滞后于实践，也就是说，针对某些税收政策规定很含糊或规定不清楚的地方，税务主管部门在税收执法时，难免有"自由的裁量权"。依照税收法定原则，若存在税企争议，税务机关行使征税权时，可以决定少征税或不征或从高（从低）征税，这完全取决于企业与当地税务机关的和谐关系。企业平常与当地税务机关多沟通，多交流，处理好关系，在很多存在税企争议的地方，可以通过和谐税企关系化解征税争议，节省一些不必要的税收。

（四）健全的税务风险控制机制，将税收风险消除在萌芽状态

识别和控制企业税收风险是企业管理中的核心工作之一，也是企业税务管理不可回避的重要课题。一个具有税收安全的企业，一定具有一套识别和控制税收风险的机制。例如，企业建立了专门的税务管理职能部门，配备了一定的管理人员加强企业的税务管理工作；企业有专门的财税顾问专家团队，在企业进行重大决策前，必须经过专家团队的涉税分析和论证程序；企业建立了发票管理制度，防范发票风险给企业造成的损失。

三、税收安全是企业的核心竞争力指标之一

企业的核心竞争力指标是美国学者普拉哈拉德（C.K.Prahalad）和哈默尔（G.Hamel）首先提出来的。这两位学者一致认为，核心竞争力又称为"核心竞争优势"，是一个企业能够长期获得竞争优势的能力；是企业所特有的竞争对手难以复制和模仿的技术或能力；是组织具备的应对变革与激烈的外部竞争，并且取胜于竞争对手的能力的集合；是企业竞争力中那些最基本的能使整个企业保持长期稳定的竞争优势、获得稳定超额利润的竞争力。

在当代竞争残酷的市场经济大潮中，企业要控制成本提升竞争力，必须

高度重视企业税收成本控制和降低问题的研究。美国著名思想家本杰明·弗兰克林有句名言："世界上只有两件事情是不可避免的，一是死亡，二是税收。"马克思曾经指出，"国家存在的经济体现就是捐税"[①]，"捐税体现着表现在经济上的国家存在。官吏和僧侣、士兵和女舞蹈家、教师和警察、希腊式的博物馆和哥特式的尖塔、王室费用和官阶表，这一切童话般的存在物于胚胎时期就已安睡在一个共同的种子——捐税之中了"[②]；"国家存在的经济体现就是捐税，废除捐税的背后就是废除国家"[③]；"赋税是行政权力整个机构的生活源泉"[④]。我国唐代著名的理财学家杨炎曾指出，"赋税者，邦国大本"；宋朝哲学家李觏则认为"民之所宝，谷米也；国之所宝，赋税也"。马克思、杨炎和李觏三人的论断深刻地揭示了税收与国家（政府）之间的密切联系，所表达或者反映的思想内容都说明了税收之于国家（政府）的重要性。因此，只要国家存在，任何企业都逃脱不了向国家缴纳税收的义务，如果企业想方设法进行漏税、延期缴税或故意抗税，则将受到国家法律的制裁。

以上分析证明，企业只有依照税收法律，做好事前税收规划和加强企业平常业务流程中的税收风险管理，实现合法合理避税，才不会触犯税收法律，才能实现依法诚实经营，真正实现提升企业税收安全、增强企业内在市场竞争力的目标。所以企业税收安全是提升企业核心竞争力的主要手段之一。

随着社会的发展，企业间的竞争越来越激烈，企业间的竞争力指标不仅表现为企业拥有的核心技术、管理技术、企业文化、人才资源和盈利的商业模式，而且越来越表现为企业的税收安全。税收安全已经成为企业与其竞争

---

① 《马克思恩格斯选集》第1卷，人民出版社，1972，第181页。
② 同上。
③ 《马克思恩格斯全集》第4卷，人民出版社，1959，第3页。
④ 《马克思恩格斯全集》第1卷，人民出版社，1959，第6页。

对手间的重要核心竞争力。因此，在税收法制健全的当下，为了贯彻落实税收法定原则，企业绝对不能有漏税和逃税的侥幸心理，必须依法履行纳税义务，重视企业平常的纳税自查，建立健全企业税收风险识别和控制机制，保障企业税收安全，树立税收安全是企业核心竞争力的理念，重视企业税收安全理念的培育。

四、企业税收安全的七大策略

从实际操作层面来看，笔者认为，企业提升税收安全的策略，主要有七大策略：一是股权布局控税策略；二是业财税法融合控税策略；三是合同控税策略；四是证据链控税策略；五是企业涉税内控制度控税策略；六是发票控税策略；七是账务控税策略。

（一）股权布局控税策略

所谓"股权布局控税"，是指企业通过公司股权架构设计，既能实现原始股东（创始人）紧紧掌握公司控制权又能实现合法节税和股权激励目标的一种股权安排策略。"股权布局控税"必须要实现两个目标：一是原始股东或原始创始人紧紧掌握了公司的控制权；二是在原始股东不丧失公司控制权的前提下，实现公司合法合理纳税，降低税收风险，提升企业税收安全的目标。因此，股权布局控税必须遵循**"既不丧失公司控制权又合法控税"**的新思维。

"股权布局控税"设计的逻辑思路：第一，必须在遵循《中华人民共和国公司法》（以下简称《公司法》）、公司章程和税法相互融合的法律保障前提下，策划企业股权架构的布局；第二，企业股权布局全过程中必须贯彻"原始股东不丧失公司控制权"的原则；第三，股权布局必须控制税收风险，合法纳税。

股权架构是公司治理结构的基础，不同的股权架构将最终影响公司的税收安全。从股权架构主体来讲，企业的股权布局主要分为三种常用的股权架构主体形式：自然人直接架构、控股公司架构和有限合伙企业架构。这三种股权架构主体涉及投资者的税负完全不一样。从股权架构的层数来看，企业股权布局分为单层股权架构形式、双层股权架构形式、混合股权架构形式。要控制企业税收风险和合理合法节约企业的税收，则必须从战略上布局好企业的股权架构。

[案例3]
某控股公司股权架构主体下的股权转让更节税

（一）案情介绍

肖先生于10年前投资100万元创办了甲建筑工程有限责任公司（以下简称"甲公司"），**股权架构如图1-1所示。**

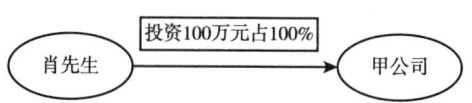

图1-1 肖先生创办甲公司股权架构

为减轻税收负担，甲公司10年的利润均未分配，目前已经累计达到1 000万元。现肖先生准备将甲公司的股权转让给他人，转让价为1 200万元。请问怎么进行股权架构，才能节约肖先生在甲公司的股权转让的所得税？

（二）自然人股权架构下的股权转让的所得税

在自然人股权架构下，肖先生转让其在甲公司的股权需要缴纳个人所得税，计算如下：

（1 200-100）×20%=220（万元）。

(三)股权架构节税方案

肖先生可在10年前创办双层公司,即肖先生投资110万元创办乙控股公司(小微企业,以下简称"乙公司"),乙公司再投资100万元设立甲公司。股权架构如图1-2所示。

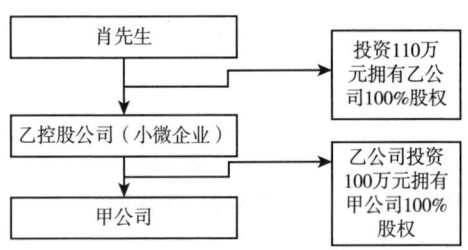

图1-2 肖先生创办双层公司的股权架构

乙公司在转让甲公司的股权之前,可以将甲公司账上的1 000万元未分配利润分配至乙公司。由此,甲公司的股权转让价可以降低至200万元。

(四)控股公司股权架构下的乙公司转让其在甲公司股权需要缴纳的企业所得税

计算公式为:(200-100)×2.5%=2.5(万元)。

除甲建筑工程有限责任公司外,肖先生投资其他公司也通过乙公司进行,这样就可以将所有投资利润均留在乙公司层面。

(五)股权布局控税结论

通过以上纳税筹划分析,可节税217.5(220-2.5)万元。

(二)业财税法融合控税策略

1."业财税法融合"控税的内涵

"业财税法融合"控税是指企业从财务、税务和法务三个角度对同一笔经营业务进行综合防范税收风险、财务风险和法律风险的管理控制方法。现实业务中,针对每一笔经济业务,如果只从财务和税务角度进行管控,而不从法律的角度进行审视和防控税务风险、财务风险,很难达到控制财税风险的目标。

2. "业财税法融合"控税的基本逻辑

"业财税法融合"控税的基本逻辑是企业的财税处理与合法的业务流程相匹配。具体而言,体现在以下几点:

首先,企业对经济业务的财务处理、税务处理,必须与业务流程、业务模式相匹配。不同的业务流程涉及企业如何进行核算、如何进行税务处理。

其次,企业的业务流程和业务模式必须在合法框架下运行。绝对不可以从事违法的交易和违法的经营行为。

再次,企业在对经济业务进行财务处理、税务处理时,一般是依据《企业会计准则》和税法的规定进行财税处理。

最后,企业对其从事合法的业务流程、业务模式进行财务处理、税务处理时,往往涉及现有的《企业会计准则》和税法规定的依据不足,基于财税法风险管控目的,必须依据现有的《中华人民共和国民法典》、最高人民法院的一些司法解释以及相关的民商法规定进行财务、税务处理。

例如,根据《中华人民共和国建筑法》的规定,挂靠一家建筑公司资质从事承接业务的行为(简称"挂靠行为")是违法行为,而根据财税〔2016〕36号文件的规定,建筑工程总分包行为,总包可以扣除分包的销售额,实行差额征收增值税优惠政策。当分包方是被挂靠的建筑企业,与建筑总承包资质企业签订总分包合同时,总承包方要享受差额征收增值税政策,在法律上,总承包方必须与被挂靠方签订分包合同;在财务上,必须实行报账制度,即挂靠方在施工过程中发生的各类成本费用,应开具以被挂靠方为抬头的发票,统一交给被挂靠方进行账务核算,所有的资金都以被挂靠方的账户进行收支结算;在工程结算上,挂靠方必须以被挂靠方的名义与总承包方进行结算。通过以上方法处理,将避开《中华人民共和国建筑法》所禁止的挂靠行为,变成了形式上的合法行为,就可以依据税法规定进行差额征收增值税。因此,企业税收安全的提升必须做到业务流程、法务、财务和税务相互融合。

[案例4]
酒店住宿费的"业财税法融合"控税

(一)基本情况

发生酒店住宿费有两种业务模式:业务模式一,企业的雇员到企业注册地以外的地方出差居住酒店所发生的酒店住宿费用;业务模式二,企业为接待客户,与企业注册地的酒店签订协议,按照一定的协议价格安排客户居住所发生的酒店住宿费用。请分析每一种业务模式的财税处理。

(二)"业财税法融合"控税分析

1.两种业务模式下,酒店住宿费用的财务处理

根据《企业会计准则》的规定,"管理费用"科目是核算企业为组织和管理企业生产经营所发生的费用,包括企业在筹建期间内发生的开办费、董事会和行政管理部门在企业的经营管理中发生的或者应由企业统一负担的公司经费(包括行政管理部门职工工资及福利费、物料消耗、低值易耗品摊销、办公费和差旅费等)、工会经费、董事会费(包括董事会成员津贴、会议费和差旅费等)、聘请中介机构费、咨询费(含顾问费)、诉讼费、业务招待费、房产税、车船税、城镇土地使用税、印花税、技术转让费、矿产资源补偿费、研究费用、排污费等。因此,酒店住宿费用两种业务模式下的会计分录如下:

(1)业务模式一的会计分录:

借:管理费用——差旅费用——酒店住宿费用

　　贷:库存现金或银行存款

（2）业务模式二的会计分录：

借：管理费用——业务招待费用——酒店住宿费用

　　贷：银行存款或库存现金

2.两种业务模式下的酒店住宿费用的税务处理

（1）增值税的处理。

根据《财政部 国家税务总局关于全面推开营业税改征增值税试点的通知》（财税〔2016〕36号）附件1第二十五条的规定，只要业务是真实的，**因公出差支付住宿费，取得的增值税专用发票的进项税额是可以抵扣的。**

根据财税〔2016〕36号附件1第二十七条一至六的规定，用于简易计税方法计税项目、免征增值税项目、集体福利或者个人消费的购进货物、加工修理修配劳务、服务、无形资产和不动产的增值税进项税额不可以抵扣。其中涉及的固定资产、无形资产、不动产，仅指专用于上述项目的固定资产、无形资产（不包括其他权益性无形资产）、不动产。纳税人的交际应酬消费属于个人消费。

基于以上税法的规定，两种业务模式发生的酒店住宿费用的增值税处理如下：

业务模式一发生的酒店住宿费用的增值税进项税额可以抵扣；

业务模式二发生的酒店住宿费用的增值税进项税额不可以抵扣。

因此，实务中，用于集体福利或者个人消费发生的住宿费不能进项税额抵扣，如企业年会属于福利费，发生的住宿费的进项税额不能抵扣。再如企业招待费中，发生的住宿费的进项税额不能抵扣。

（2）企业所得税的处理。

根据《中华人民共和国企业所得税法实施条例》第八条、第九条的规定，与企业生产经营有关的合理的支出，都可以在企业所得税税前进行扣除。基于此规定，企业发生的以上两种业务模式的酒店住宿费用都与企业的生产经营有关，都可以在企业所得税税前进行扣除。

3. 两种业务模式下的酒店住宿费用的法务处理

要证明企业发生的以上两种业务模式的酒店住宿费用都与企业的生产经营有关，实现可以在企业所得税税前进行扣除的目的。必须进行以下法务处理：

第一，业务模式一的法务处理是，出差的员工与企业（用人单位）必须签订劳动合同，企业依法给出差员工缴纳社保费用以及代扣代缴出差员工本人承担的社保费用。

第二，业务模式二的法务处理是，企业必须与协议酒店签订合作协议，协议中约定每天酒店住宿费用的费用标准，酒店给企业提供客户住宿退房记录明细。

（三）合同控税策略

经济合同是调整民事平等主体之间权利和义务的重要法律凭证，也是企业管理层用来管理企业税务事项的重要工具。许多企业决策层和管理层在开展企业税务管理时，经常忽略经济合同在控制和降低企业税负中的重要作用，甚至错误地认为，经济合同是法律部门或合同管理部门的事情，与财务部门没有任何关系，或者认为经济合同与企业的税收没有任何关系。其实，在企业税务管理实践中，经济合同的正确签订，或者说，经济合同的巧妙签订与一个企业的税负有很重要的、千丝万缕的关系。因为，经济合同决定了企业的业务流程，决定了企业的票价开具，决定了企业的账务和税务处理（即经济合同必须与账务税务相匹配）。所以，企业家们一定要记住：企业的税收不是企业财务做账做出来的，而是企业做业务做出来的；降低企业税负的关键环节是合同的签订环节。因此，无论是合同管理部门、法律部门还是财务部门，其部门负责人必须重视合同控税的相关原理和策略方法，在签订合同前，进行企业涉税风险和税收成本分析，保证合同签订后所发生的业务能够真正帮助企业降低税负。事前进行企业税收筹划的重要工具是经济合同。

(四)证据链控税策略

所谓"证据链控税"策略,是指企业为了防控法律风险、税务风险、财务风险,收集各种法律证据,证明企业发生各项支出的真实性、合法性。企业收集的证据一般包括外部证据链、内部证据链。其中外部证据链中的法律证据有:交易合同、银行流水单、采购凭证、发货明细单、验收货物确认单、保险单、运输单据、结算凭证、法院判决书和裁定书、增值税发票及其税务完税凭证。建筑工程领域的外部法律凭证包括:建筑施工合同、工程计量确认单、工程竣工结算单、工程项目签证单。

内部证据主要包括:工资明细单、考勤登记表、固定资产折旧表、公司内部纪要和文件等。

例如:企业工程管理咨询费必须提供的证据链有以下8项:

(1)咨询费的发票;

(2)咨询合同或者协议;

(3)咨询项目内部立项书或者内部会议纪要;

(4)银行付款流水;

(5)企业付款审批单;

(6)咨询成果报告;

(7)咨询记录;

(8)咨询项目验收单。

其中,(1)(2)(4)(6)是必备证据链。

例如,证明建筑劳务公司业务真实,没有虚开发票,发放农民工工资成本真实,必须收集保管以下法律证据,以项目部为单位,装订成册备查。

证据一:劳务公司与建筑公司签订的"**劳务分包合同**"和"**建设工程农民工工资委托代付协议**"。

证据二:劳务公司办公室部门出具的一份文件:"**关于组建××××劳**

务工程项目部的通知",通知上必须写明项目部负责人,劳资专管员和其他人员的姓名。

证据三:劳务公司办公室部门出具的一份"**项目部管理人员任命书**"(内容为:任命×××为工程项目部负责人),劳资专管员和其他管理人员的任命书,任命书上要写明以上人员的姓名、身份证号码和手机号码。

证据四:××××工程项目部以上人员与劳务公司签订的劳动合同、社保缴费证明和工资发放记录。

证据五:如果劳务工程项目是央企或国企的劳务分包项目,则必须收集一份"××项目工程劳务中标通知函"。

证据六:如果劳务公司与农民工签订劳动合同或灵活就业协议书,劳务公司必须收集保管以下法律资料:

(1)农民工与劳务公司签订的劳动合同或灵活就业协议书;工作三个月以下的签订灵活就业协议,三个月以上一年以下的签订固定期限劳动合同;

(2)劳务公司法定代表人、劳务公司派驻项目部的劳资专管员、班组长与农民工本人共同签字确认的"**每月农民工工资表**"和"**每月工作量考勤表**";

(3)劳务公司每季度编制盖章的工地上"**农民工人数季度变动统计表**";

(4)劳务公司编制并盖章的"×××建筑劳务公司×××工程项目建筑工地民工花名册"(项目部主管人员、劳资专管员、办公室负责人签字);

(5)农民工本人签字按手印的身份证复印件;

(6)建筑企业总承包方设立农民工工资专户的代发行盖章的"**代发农民工工资流水单复印件或复印件**"。

证据七:如果劳务公司与班组长签订专业作业劳务分包合同,在设立农民工工资专用账户的建筑总承包企业代发农民工工资的情况下,劳务公司应收集保管以下法律凭证:

(1)劳务公司与自然人班组长或注册个体工商户或一人有限责任公司的

专业作业小微劳务企业签订的专业作业劳务分包合同；

（2）劳务公司与自然人班组长或注册个体工商户或一人有限责任公司的专业作业小微劳务企业签字盖章的"**专业作业劳务款结算书**"和"**专业作业劳务量计量确认单**"；

（3）自然人班组长或注册个体工商户或一人有限责任公司的专业作业小微劳务企业和农民工本人共同签字确认的"**每月农民工工资表**"和"**每月农民工工作量考勤表**"；

（4）农民工本人签字按手印的身份证复印件；

（5）自然人班组长在工程劳务所在地税务局代开发票的复印件和完税凭证复印件；

（6）注册个体工商户或一人有限责任公司的专业作业小微劳务企业开具发票的复印件。

证据八：劳务公司与建筑公司双方负责人共同签字盖章的"**工程劳务工程量计量确认单**"和"**工程劳务款结算书**"或者"**工程劳务款支付进度审批单**"。

证据九：建筑企业签字同意劳务公司进驻工地项目部的开工报告（有项目经理、发包方签字盖章）。

（五）企业涉税内控制度控税策略

所谓"企业涉税内控制度"控税策略是指企业通过设置良好的企业内部制度来规范企业的经营，使企业经营规范有序，开源节流，达到控制非税收成本的目的，最终使企业节省税收，降低税收风险的一种税务管控行为。制度控税折射出一种税收与制度间的逻辑关系，即涉税内控制度与企业税收之间是辩证统一关系：涉税内控制度决定了公司的经营行为，公司的经营行为决定企业税收的多少。如果要让企业进行节税，则必须重视各项制度的重构和设计，充分选择更有利于公司节税的制度。因此，涉税制度的设计是公司进行税收筹划的一种重要技术，公司应该重视降低税负的涉税制度设计，在制定制度时必须考量税收成本。

1. 良好的企业涉税内控制度是控制企业税负的重要因素

涉税制度是企业进行税收筹划的重要工具，也是企业控制税负的重要源泉。公司常用的涉税制度主要有：发票管理制度、纳税风险预警制度、纳税成本控制制度、税收预算管理制度、税负分析制度、纳税评估制度、所得税台账管理制度、合同管理制度、采购制度、营销制度等。这些涉税制度都会影响企业的税负。有不少公司很不重视公司涉税制度的建设，也很少从税收的角度来思考公司制度的设计，从而使公司承担了不必要的税收成本。因为从制度设计实践来看，大部分公司的制度构建和设计工作都是由公司法律部门或公司聘请的法律顾问来完成的，而大部分法律部门员工或法律顾问都是学法律出身的，税收学或会计学专业人员较少，在对公司进行制度设计时很可能忽视节税的重要性。因此，公司制度设计时，必须从节省税收的角度，使企业获得良好制度带来的节税红利。

实践中，有不少企业通过设计良好的节税制度来实现节税的效果，也有不少企业因制度设计本身存在问题而多缴税。下面以案例做详细分析。

[案例5]
某建筑企业采购制度设计不合理导致多交税的分析

（一）案情介绍

某建筑企业于2022年1月制定一项采购制度，制度中明确规定：降低企业采购成本是企业控制成本的重中之重，为此，采购部门在采购时，必须优先选择报价最低的供应商进行交易，在必要时，尽量选择"不要票一个价"的采购价进行交易。一次，该企业采购部门在采购原材料过程中，材料供应商报出两个价格：一个是100万元，供应商不开发票，只开收据；一个是120万元，供应商开发票。结果该采购部负责人选择了第一个价格，为了节约20万元采购成本而选择供应商不开发票。请分析该企业的涉税成本。

（二）涉税分析

采购中为降低采购成本而不开具发票的涉税风险主要体现在企业无法抵扣增值税进项税额和企业所得税税前无法扣除成本，从而使企业多缴纳增值税和企业所得税，甚至会使企业增加的税收高于降低的采购成本。基于此分析，本案例中的企业由于没有索取供应商的发票，只索取一张100万元的收据，其增值税进项税额就不可以抵扣13万元；又根据《企业所得税税前扣除凭证管理办法》（国家税务总局公告2018年第28号）和国税发〔2008〕40号文件的规定，企业没有取得合理合法的票价，其成本不可进行企业所得税税前扣除，所以企业所得税税前不可以扣除100万元成本，该企业要多缴纳企业所得税25万元，加上不能抵扣的13万元增值税，总共要多承担38万元税款，扣除节省的采购成本20万元，还多承担18万元，真是得不偿失。

如果公司在采购制度中明确规定：公司在采购过程中必须见票付款或必须向供应商索取发票，则本案例中的公司就不会发生18万元损失。

2.企业涉税内控制度是产生企业税务风险的内因

企业涉税风险分为多交税和少交税的风险，无论企业多交税还是少交税，在一定程度上都与其制定的涉税制度有着千丝万缕的关系。制度是企业经营中的行为准则，特别是企业的一些涉税内控制度，是产生或控制税收风险的主要因素。纵观企业税收风险的历史可以发现，公司制度决定企业经营过程，企业经营过程决定企业风险，且不仅限于税收风险。即企业涉税风险或多或少都源于公司制度。基于此分析，公司要控制税收风险，将税收风险控制在萌芽状态，公司决策层、管理层必须从涉税内控制度设计和制定入手。在设计和制定涉税内控制度时，应充分识别涉税内控制度执行过程中隐藏的潜在税收风险并加以防范，如果在公司涉税内控制度的制定和设计环节，没有全面估计和控制未来的企业涉税风险，则企业涉税风险永远存在，发生涉税风险只是时间早晚问题。

企业的涉税内控制度与企业的社保费用和税收成本有着重要的正相关关系。例如，良好的工资薪酬制度和职工福利费用制度，将会给企业节约不少的社保费用。因此，企业在制定工资薪酬制度和职工福利费用制度时，必须考虑到企业的社保费用负担问题。

[案例6]
某建筑工程有限公司工资薪酬福利制度节税设计方案

（一）设计方案基于的公司概况

某建筑工程有限公司的建筑业务分为挂靠别的建筑公司和自营业务两种。挂靠别的建筑公司做业务时，项目上的管理人员的工资不在被挂靠方公司账上反映，主要通过劳务公司在账外发放。该建筑工程有限公司没有成立自己的劳务公司，所有挂靠和自营业务都进行劳务分包。某建筑工程有限公司与甲建筑材料有限公司、乙房地产开发有限公司是关联公司。

（二）挂靠别的建筑公司派往挂靠工程项目管理人员的工资福利管理制度设计

1.目前派往挂靠工程项目管理人员工资发放办法

挂靠别的建筑公司承揽的建筑工程项目上的管理人员，是某建筑工程有限公司派驻工程项目的管理人员（以下称为"挂证人员"）。以上"挂证人员"与被挂靠方签订过劳动合同，被挂靠方给予以上"挂证人员"的挂证费分为两部分：一部分是为"挂证人员"缴纳的社保费用；另一部分是按照缴纳社保费用测算的工资（都是在每月5 000元以下）。实际上，挂证人员发放的工资包括两部分：一部分是被挂靠方支付的5 000元以下的工资；另一部分通过劳务公司与被挂靠建筑企业签订的劳务分包合同，结算劳务款，劳务公司将资金划拨给某建筑工程有限公司指定的某一私卡，通过私卡发放"挂证人员"另外一部分工资（简称"账外工资"）。

2. 目前派往挂靠工程项目管理人员工资发放办法存在的财税法风险

某建筑工程有限公司通过劳务公司增加农民工工资成本套取资金到私卡发放派往挂靠工程项目管理人员工资的做法，存在公转私和增大劳务公司成本致使劳务公司少缴纳企业所得税的税务风险。特别是对于必须设立农民工工资专用账户代发或发放农民工工资和办理农民工实名制管理的房屋建筑和市政项目而言，更是存在较大的法律风险。

3. 派往挂靠工程项目管理人员工资制度设计方案

第一步，将派往挂靠工程项目管理人员与某建筑工程有限公司签订劳动合同，缴纳社保费用，作为某建筑工程有限公司的正式雇佣员工。派往挂靠工程项目管理人员的工资在某建筑工程有限公司发放，进行会计核算，并由某建筑工程有限公司依法累计预扣。

第二步，某建筑工程有限公司与被挂靠方签订专业分包合同（专业分包是指分包部分的建筑工程包工包料），分包额占整个工程承包额的比例应低于50%。将被挂靠方50%以下的产值变成了某建筑工程有限公司的收入产值。

《中华人民共和国建筑法》第二十九条规定："建筑工程总承包单位可以将承包工程中的部分工程发包给具有相应资质条件的分包单位；但是，除总承包合同中约定的分包外，必须经建设单位认可。施工总承包的，建筑工程主体结构的施工必须由总承包单位自行完成。"根据《建筑工程施工发包与承包违法行为认定查处管理办法》（建市规〔2019〕1号）第十二条第（三）项，施工总承包单位将施工总承包合同范围内工程主体结构的施工分包给其他单位的是违法分包行为，但钢结构工程除外。基于此规定，建筑企业总承包方不可以将其承包工程的主体工程分包出去，但钢结构除外。总承包单位（资质高的企业）给分包方（资质低的企业）签订的分包合同，分包额应低于总承包额的50%。

第三步，某建筑工程有限公司派往挂靠工程项目管理人员的工资福利制度必须进行设计，具体参阅下文"（三）某建筑工程有限公司全体员工工资福利制度设计方案"。

（三）某建筑工程有限公司全体员工工资福利制度设计方案

1. 方案设计必须遵循的基本原则

第一，在保证原来职工总收入不变的原则下，重新设计企业的职工薪酬制度、职工福利费制度。

第二，降低职工工资收入，增加不计入社保费用缴费基数的职工福利费。

第三，将职工的一些货币性工资收入调整为企业费用的非货币性收入。

2. 具体的方案设计操作要点

（1）某建筑工程有限公司重新制定公司职工薪酬制度，在工资薪酬制度中规定：对于公司拥有就读小学之前婴幼儿的职工：每月发放不计入社保缴费基数的婴幼儿补贴费（即托儿补助）1 000元。以上人员工资将于2020年每月降低1 000元，增加托儿补助费1 000元，在"应付职工薪酬——补助工资——托儿补助费"科目核算，每月的工资条中增加一栏"托儿补助费"。而且"托儿补助费"免征个人所得税且不作为社保费用的核定基数，在核定企业社保费用基数时进行剔除。

【法律依据】

根据《国家税务总局关于企业工资薪金和职工福利费等支出税前扣除问题的公告》（国家税务总局公告2015年第34号）第一条关于"企业福利性补贴支出税前扣除问题"的规定：列入企业员工工资薪金制度、固定与工资薪金一起发放的福利性补贴，符合《国家税务总局关于企业工资薪金及职工福利费扣除问题的通知》（国税函〔2009〕3号）第一条规定的，**可作为企业发生的工资薪金支出，按规定在税前扣除**。不能同时符合上述条件的福利性补贴，应作为国税函〔2009〕3号文件第三条规定的职工福利费，按规定计算限额税前扣除。基于以上规定，**该建筑工程有限公司每月发给职工的托儿补助费**，在"应付职工薪酬——补助工资——托儿补助费"科目核算，致使婴幼儿补贴不占用企业所得税税前扣除的年度职工福利费用占企业年度职工工资总额14%的限制额度。

根据《关于规范社会保险缴费基数有关问题的通知》（劳社险中心函〔2006〕60号）的规定，发放给职工的**婴幼儿补贴**即（**托儿补助**），不列入缴纳社保费用基数的项目，因此在核定某建筑工程有限公司的社保缴费基数时应予剔除。

《国家税务总局关于印发〈征收个人所得税若干问题的规定〉的通知》（国税发〔1994〕89号）第二条第（二）项的规定，托儿补助费、差旅费津贴、误餐补助不属于工资薪金性质的补贴，不征个人所得税。

（2）某建筑工程有限公司制定公司福利费制度，在公司福利费制度中规定：每年7—10月给职工一次性发放防暑降温费9 000元，每年12月给职工一次性发放冬季取暖补贴8 000元。

【法律依据】

根据《关于规范社会保险缴费基数有关问题的通知》（劳社险中心函〔2006〕60号）的规定，发放给职工的**冬季取暖补贴、防暑降温费**，不列入缴纳社保费用基数的项目。但要并入发放当月的工资薪金缴纳个人所得税。

温馨提醒：对于国家行政单位和财政拨款的事业单位以及中央、地方国有企业的冬季取暖补贴、防暑降温费必须执行当地政府规定的发放标准，而对于民营企业可以不参照执行地方政府规定（如果有地方政府文件规定的情况下）的发放标准，只要在企业的职工福利费用制度中规定，根据企业的实际情况和财力情况，自己决定企业的标准即可。

（3）某建筑工程有限公司制定公司福利费制度，在公司福利费制度中规定，企业每年年底给职工发放探亲路费，根据不同职位而规定不同档次的探亲路费标准：高层管理人员每人1 500元，中层管理人员每人1 000元，其他职工每人600元。

【法律依据】

根据劳社险中心函〔2006〕60号文件第四条的规定，根据国家统计局的规定，下列职工福利费用项目不计入工资总额，在计算缴费基数时应予剔除：

职工保险福利费用包括**医疗卫生费**、职工死亡丧葬费及抚恤费、职工生活困难补助、文体宣传费、集体福利事业设施费和**集体福利事业补贴、探亲路费**、计划生育补贴、**冬季取暖补贴、防暑降温费、婴幼儿补贴（即托儿补助）**、独生子女牛奶补贴、独生子女费、"六一"儿童节给职工的独生子女补贴、工作服洗补费、献血员营养补助及其他保险福利费。

（4）取消原来公司职工福利费用的以下项目：元宵节、端午节、清明节、国庆节、中秋节等节日的过节费用，交通费用补贴、手机通信费用补贴，餐费补助、**房租补贴费**。

【法律依据】

根据劳社险中心函〔2006〕60号文件的规定，发放给职工的**交通补贴费用、手机通信费用、房租补贴费用，餐费补助、职工家属补贴费、私车补贴费**、过节费，要作为缴纳社保费用的基数缴纳社保费用。因此，取消以上职工福利费用发放可以节约社保费用。

（5）企业建立职工食堂，规定职工食堂经费补贴。

【法律依据】

根据劳社险中心函〔2006〕60号文件的规定，企业有食堂，支付给职工食堂经费补贴不列入社保缴纳基数的项目；如果企业没有食堂，则公司规定午餐补助标准,则要列入缴纳社保基数的项目。

另外,公司建立食堂是集体福利,不需要缴纳个人所得税。

(6)某建筑工程有限公司制定公司工资薪酬制度,在工资薪酬制度中规定,根据每位员工岗位的不同,规定不同的医疗卫生费,在每月职工工资条中增加一栏"医疗卫生费",建议公司高层管理人员每月发放1 000元,中层管理人员每月600元,其他职工每人300元。

【法律依据】

根据劳社险中心函〔2006〕60号文件第四条的规定,根据国家统计局的规定,下列职工福利费用项目不计入工资总额,在计算缴费基数时应予剔除:

职工保险福利费用包括**医疗卫生费**、职工死亡丧葬费及抚恤费、职工生活困难补助、文体宣传费、集体福利事业设施费和**集体福利事业补贴**、探亲路费、计划生育补贴、**冬季取暖补贴、防暑降温费、婴幼儿补贴(即托儿补助)**、独生子女牛奶补贴、独生子女费、"六一"儿童节给职工的独生子女补贴、工作服洗补费、献血员营养补助及其他保险福利费。

根据国家税务总局公告2015年第34号文件第一条关于"企业福利性补贴支出税前扣除问题"的规定:列入企业员工工资薪金制度、固定与工资薪金一起发放的福利性补贴,符合《国家税务总局关于企业工资薪金及职工福利费扣除问题的通知》(国税函〔2009〕3号)第一条规定的,**可作为企业发生的工资薪金支出,按规定在税前扣除**。不能同时符合上述条件的福利性补贴,应作为国税函〔2009〕3号文件第三条规定的职工福利费,按规定计算限额税前扣除。基于以上规定,**某建筑工程有限公司公司每月发给职工的医疗卫生费,在"应付职工薪酬——补助工资——医疗卫生费"科目核算,致使医疗卫生费不占用企业所得税前扣除的年度职工福利费用占企业年度职工工资总额14%的限制额度**。

(7)建立职工住房公积金。公司在不超过职工本人上一年度月平均工资

12%的幅度内，缴存住房公积金。住房公积金不仅可以在计算职工个人所得税时进行扣除，达到少缴纳个人所得税的目的，而且可以使职工未来实际领（支）取原提存的住房公积金时，免征个人所得税。另外，企业支付的职工住房公积金可以在企业所得税税前扣除，使企业少缴纳企业所得税。

【法律依据】

第一，住房公积金的提存比例和免征个人所得税。

根据《住房公积金管理条例》《建设部 财政部 中国人民银行关于住房公积金管理若干具体问题的指导意见》（建金管〔2005〕5号）等文件精神，单位和个人分别在不超过职工本人上一年度月平均工资12%的幅度内，其实际缴存的住房公积金，允许在个人应纳税所得额中扣除。单位和职工个人缴存住房公积金的月平均工资不得超过职工工作地所在设区城市上一年度职工月平均工资的3倍，具体标准按照各地有关规定执行。《住房城乡建设部 发展改革委 财政部 人民银行关于规范和阶段性适当降低住房公积金缴存比例的通知》（建金〔2016〕74号）第一条规定，凡住房公积金缴存比例高于12%的，一律予以规范调整，不得超过12%。

《基本养老保险费基本医疗保险费失业保险费住房公积金有关个人所得税政策》（财税〔2006〕10号）第三条规定，个人实际领（支）取原提存的基本养老保险金、基本医疗保险金、失业保险金和住房公积金时，免征个人所得税。

第二，企业支付的职工住房公积金可以在企业所得税税前扣除。

《中华人民共和国企业所得税法实施条例》第三十五条规定，企业依照国务院有关主管部门或者省级人民政府规定的范围和标准为职工缴纳的基本养老保险费、基本医疗保险费、失业保险费、工伤保险费、生育保险费等基本社会保险费和住房公积金，准予扣除。

第三，职工个人承担的住房公积金可以在个人所得税税前扣除。

《中华人民共和国个人所得税法》（中华人民共和国主席令第9号）第六

条第（一）项规定：居民个人的综合所得，以每一纳税年度的收入额减除费用六万元以及专项扣除、专项附加扣除和依法确定的其他扣除后的余额，为应纳税所得额。本条第一款第一项规定的专项扣除，包括居民个人按照国家规定的范围和标准缴纳的基本养老保险、基本医疗保险、失业保险等社会保险费和**住房公积金**等。

（8）建立职工技能提升培训制度。

【法律依据】

根据《财政部 税务总局关于企业职工教育经费税前扣除政策的通知》（财税〔2018〕51号），明确自2018年1月1日起，企业发生的职工教育经费支出，**不超过工资薪金总额8%的部分**，准予在计算企业所得税应纳税所得额时扣除；超过部分，准予在以后纳税年度结转扣除。根据《财政部 全国总工会等部门关于印发〈关于企业职工教育经费提取与使用管理的意见〉的通知》（财建〔2006〕317号）的规定，企业的职工教育经费的列支范围包括以下十一项：

①上岗和转岗培训；

②各类岗位适应性培训；

③岗位培训、职业技术等级培训、高技能人才培训；

④专业技术人员继续教育；

⑤特种作业人员培训；

⑥企业组织的职工外送培训的经费支出；

⑦职工参加的职业技能鉴定、职业资格认证等经费支出；

⑧购置教学设备与设施；

⑨职工岗位自学成才奖励费用；

⑩职工教育培训管理费用；

⑪有关职工教育的其他开支。

根据以上税收政策规定，企业应该制定职工培训制度，让职工有机会出去参加各种培训。但是根据财建〔2006〕317号文件的规定，以下两种情况不得从职工教育经费中列支：

第一，企业职工参加社会上的学历教育以及个人为取得学位而参加的在职教育，所需费用应由个人承担，不能挤占企业的职工教育培训经费。

第二，对于企业高层管理人员的境外培训和考察，其一次性单项支出较高的费用应从其他管理费用中支出，避免挤占日常的职工教育培训经费开支。

（9）企业每年给员工定制工作服和提供其他劳动保护支出。

第一，企业规定每年一定额度的劳动保护费用支出。主要是企业定制职工工作服、手套、解毒剂、清凉饮料等劳动保护用品。

第二，公司规定工作服的法律依据和操作要点。

《国家税务总局关于企业所得税若干问题的公告》（国家税务总局公告2011年第34号）第二条"关于企业员工服饰费用支出扣除问题"规定：企业根据其工作性质和特点，由企业统一制作并要求员工工作时统一着装所发生的工作服饰费用，根据《企业所得税法实施条例》第二十七条的规定，可以作为企业合理的支出给予税前扣除。

基于以上税收政策文件的规定，企业发生工作服的操作要点是：

（1）企业必须与一般纳税人资格的服装厂签订工作服的定制合同，在合同中约定：在工作的某一部位必须有公司的商标标识；

（2）企业必须通过公对公进行转账，结算工作服的定制款；

（3）要求员工工作时统一着装工作服；

（4）服装厂给企业开具13%的增值税专用发票。

（六）发票控税策略

发票控税是企业控制税收成本的一项重要工具。在"以票控税"的税收征管体制下，发票是作为企业所得税税前扣除成本的重要税务凭证，特别是增值税专用发票是一般纳税人抵扣增值税进项税额、少缴纳增值税的重要抵税凭证。这就意味着，开具的票据不合法合规，成本支出未索取发票入账，虚开发票或找人开假票等行为会影响企业的税负，会导致企业因税务稽查而被处以补税、加收滞纳金和罚款的处罚。发票控税原理是指导企业如何通过发票工具实现节税和避免税收风险的方法论，其要解决的核心问题是：依法取得合理和合法性发票；发票开具与合同相匹配，与真实交易相匹配，与资金流相匹配；发票上所记载的支出必须与企业的生产经营有关。基于企业税务管理精细化的要求，防范和控制企业财务和税务风险的考虑，必须注重票据控税的策略和方法。

（七）账务控税策略

账务控税是指企业通过合法和合理的账务处理，规避企业做假账和做两套账的行为，规避企业被税务机关稽查出隐瞒收入或多列成本而被处罚的风险的一种税务管控方法。账务控税必须遵循账务处理与合同相匹配的原理。账务处理与合同相匹配有两层含义：一是合同与账务相匹配，如果企业的账务处理与合同的约定不匹配，则账务处理要么出现错账，要么出现假账；二是合同与税务处理相匹配，如果企业的税务处理与合同的约定不匹配，则企业要么多缴税，要么少缴税。为了规避企业的财务和税务风险，企业的财务管理层必须高度重视企业账务、税务处理与合同约定条款的匹配性。在此基础上，企业应该选择两大账务控税策略：一是规范会计账务，规避纳税风险；二是开展税务自查，及时规避账务中的纳税风险。

第二节 提升企业税收安全的三步法

综观中外企业管理发展史，可以发现，企业要提升税收安全，必须重视企业税务管理，建立低税负的涉税制度、税收健康体检和税务规划技术，否则企业将会承受较高的税收负担。为了提升企业的税收安全，规避税收风险，实现税收零风险目标，笔者认为提升企业税收安全必须遵循三步法：第一步是事前税务规划，第二步是事中税务风险管理，第三步是事后纳税自查、排查纳税盲点。

一、事前税务规划

（一）税务规划的内涵

所谓事前税务规划，是指企业在进行任何投资决策和经营活动前，必须对该投资决策和经营活动所涉及的税收成本进行全盘考虑、策划和筹划的一种税收理财活动。税收规划是一项系统财务理财工程，绝不是有些人所讲的合法避税或合理避税行为。合理避税或合法避税与税收规划的主要区别是，前者利用税法上的漏洞而进行的人为经济安排以达到少缴纳税收的目的，而税收规划是利用税法上的规定，即使利用了税收上的不完善之处，也是与税法的立法精神或立法意图保持一致的一种人为经济安排以达到少缴纳税收的目的。也就是说，税收规划是一种合法行为，合理避税或合法避税是一种有违法嫌疑的行为。税务规划也称纳税筹划，是指纳税人在遵守国家法律及税收法规的前提下，按照税收政策法规的导向，事前选择税收利益最大化的纳税方案处理自己的生产、经营和投资理财活动的一种企业筹划行为。这个概念说明了税务规划的前提条件是必须符合国家法律及税收法规；税务规划的方向应当符合税收政策法规的导向；税务规划的发生必须是在生产经营和投资理财活动之前；税务规划的目标是使纳税人的税收利益最大化。所谓税收利益最大化，包括税负最轻、税后利润最大化、企业价值最大化等内涵，而不仅指税负最轻。

(二)税务规划的实质:用足用好国家税收(优惠)政策

税收规划是在税收法律允许和规定的范围内进行的。一个国家和地区经济发展的区域差异性决定了其存在不同的税收优惠政策,用足用好税收优惠政策,为企业降低税收成本,本身就是最好的税收规划。问题是怎样用足用好税收(优惠)政策?在税收规划实践中,必须做好两件事情:第一件事情是,企业必须收集、整理和归纳针对本企业适用的所有税收政策,包括税收优惠政策,并随时保持税收法律法规信息的更新;第二件事情是,如果符合享受税收优惠政策的条件,企业必须到当地税务主管部门办理税收优惠备案手续,否则没有资格享受税收优惠政策。因为《国家税务总局关于发布〈税收减免管理办法〉的公告》(国家税务总局公告2015年第43号)第五条规定:"纳税人享受核准类减免税,应当提交核准材料,提出申请,经依法具有批准权限的税务机关按本办法规定核准确认后执行。未按规定申请或虽申请但未经有批准权限的税务机关核准确认的,纳税人不得享受减免税。纳税人享受备案类减免税,应当具备相应的减免税资质,并履行规定的备案手续。"

如果企业享受税收优惠政策时有资质认定要求的,纳税人必须先取得有关政府部门的资质认定(如高新技术企业、福利企业、创业投资企业和环保企业等)。因为《国家税务总局关于企业所得税减免税管理问题的通知》(国税发〔2008〕111号)第四条规定:"企业所得税减免税有资质认定要求的,纳税人须先取得有关资质认定,税务部门在办理减免税手续时,可进一步简化手续,具体认定方式由各省、自治区、直辖市和计划单列市国家税务总局、地方税务局研究确定。"

[案例7]
某公司债权融资的税务规划节税28.3万元

（一）案情情况

甲公司与中国工商银行签订借款合同5亿元，年贷款利率6%，贷款期限5年，支付的与该笔贷款直接相关的投融资顾问费、手续费、咨询费0.05亿元。请问如何进行税务规划，使项目公司的融资成本的税收负担最低？

（二）税收规划的税收政策依据

1.增值税政策

（1）根据财税〔2016〕36号附件1——《营业税改征增值税试点实施办法》第二十七条第六点的规定，购进的贷款服务的进项税额不得从销项税额中抵扣。

（2）财税〔2016〕36号附件2——《营业税改征增值税试点有关事项的规定》第一条第四项第三点规定：纳税人接受贷款服务向贷款方支付的与该笔贷款直接相关的投融资顾问费、手续费、咨询费等费用，其进项税额不得从销项税额中抵扣。

基于以上税收政策规定，"向贷款方支付的与该笔贷款直接相关的投融资顾问费、手续费、咨询费等费用，其进项税额不得从销项税额中抵扣"，其中有一个前提是上述费用是"向贷款方支付的"，如不是向贷款方支付的，而是向第三方支付的，其进项税额允许在销项税额中抵扣。因此，债权融资所产生的融资利息及向贷款方支付的与该笔贷款直接相关的投融资顾问费、手续费、咨询费等费用，其进项税额不得从销项税额中抵扣。

2.印花税政策

根据《中华人民共和国印花税法》附件"印花税税目税率表"的规定，银行业金融机构及经国务院银行业监督管理机构批准设立的其他金融机构和借款人（不包括银行同业拆借）所签订的借款合同，按借款金额的万分之零点五贴花。担保合同不属于《中华人民共和国印花税法》列举的应税凭证，不征收印花税。非金融机构和借款人签订的借款合同，不属于印花税的征税范畴，不征收印花税。

另外，借款合同的计税金额为借款金额，应纳税额=借款金额×0.05‰。不需要交印花税的借款合同大致有十种：与非金融机构的借款合同，与企业、个人之间的借款合同，与金融机构签订的借款展期合同，与金融机构签订的委托贷款合同，限额内的循环借款，与金融机构的贴现协议、信用证押汇、保理合同和小微企业的优惠。

其中非银行金融机构包括：基金公司、证券公司、信托公司、小额贷款公司。因此，项目公司与以上非银行金融机构签订借款合同时不征印花税。

（三）税务规划前的税收成本（不考虑印花税）

甲公司不可以抵扣融资财务费用中利息费用的增值税进项税额为：5÷（1+6%）×6%=0.283（亿元）。

甲公司不可以抵扣融资支付的顾问费、手续费、咨询费中的增值税进项税额为：0.05÷（1+6%）×6%=0.00283（亿元）。

甲公司五年当中不可以抵扣的增值税进项税额，即要多缴纳的增值税为：0.283×5+0.00283亿元=1.42（亿元）。

（四）税务规划方案

甲公司应与中国工商银行旗下的子公司或别的融资担保公司合作，让融资担保公司提供担保，将向中国工商银行支付的与该笔贷款直接相关的投融资顾问费、手续费、咨询费等费用变成直接支付给融资担保机构的顾问费、手续费和咨询费，这样，增值税进项税额可以抵扣，从而少交增值税。

(五)税务规划后的税收成本

甲公司不可以抵扣融资财务费用中利息费用的增值税进项税额为：$5 \div (1+6\%) \times 6\% = 0.283$（亿元）。

甲公司可以抵扣融资支付的顾问费、手续费、咨询费中的增值税进项税额为：$0.05 \div (1+6\%) \times 6\% = 0.00283$（亿元）。

经过税务规划，甲公司可以少缴纳增值税283 000元。

二、事中税务风险管理

企业税务风险管理是企业在遵守国家税法、不损害国家利益的前提下，充分利用税收法规所提供的包括减免税在内的一切优惠政策，达到少缴税或递延缴纳税款的目的，从而降低税收成本，实现税收零风险、税收成本最小化的经营管理活动。企业的税务风险隐藏在企业平常的业务流程之中，事中控制税务风险必须在企业的业务流程环节加以控制，否则业务做完后，再去控制税务风险，就是本末倒置。在国外，纳税人为有效减轻税收负担，都对税务风险管理加以研究，专门聘请税务顾问研究税收政策和征管制度的各项规定，利用优惠政策，达到节税的目的。在我国，随着市场经济体制的建立，企业之间竞争日趋激烈，因此，企业必须明确企业税务风险管理的目标、内容、管理模式和作用。

(一)企业税务风险管理的目标

企业税务风险管理作为企业管理的重要组成部分，其目标与企业的总体管理目标存在着一致性。具体来说，企业税务风险管理的目标主要包括恰当履行纳税义务、规避税务风险和控制税收成本三个方面。恰当履行纳税义务是指企业按照税法规定，在充分利用应享有的税收优惠政策的基础上，严格遵从税收法律、法规，确保税款及时足额上缴，避免发生任何法定纳税义务之外的纳税成本或纳税损失。因此,企业应该做到纳税遵从,依法申报纳税,在规定的期限内缴纳税款。规避税务风险是指避免企业因未能正确有效地遵守税法规定而导致企业未来利益的可能损失,具体表现为企业未能准确理解税法规定而导致企业多缴税或少缴税。控制税收成本是指企业在国家税收法律规定的范围内,通过税务管理活动使企业实现少缴税的目的。

(二)事中税务风险管理的内容

事中企业税务风险管理是指企业应该对纳税义务发生时间、纳税金额、发票风险防控进行管理的一系列活动。企业事中税务风险管理的主要内容包括三方面:一是控制业务流程中的多缴税和漏税风险;二是控制账务处理和纳税申报中的涉税风险;三是控制业务中的发票风险。其中,合同的正确签订和设定涉税内控制度是企业事中税务风险管理的主要手段。

(三)事中税务风险管理的作用

企业重视和加强事中税务风险管理有三大作用。

第一,加强企业税务风险管理有助于降低税收成本。可以使企业依法履行纳税义务,可以避免因税收政策适用的不准确性而导致的税收处罚成本,可以使企业节约各种实体税收成本。

第二,加强企业税务风险管理有助于增强企业经营管理人员的纳税意识,提高财务管理水平。加强企业税务风险管理的过程,实际就是税法的学习和运用过程,国家税收政策在地区之间、行业之间存在一定的差异,税法所允许的会计处理方法也不尽相同。因此,企业加强税务风险管理在一定程度上提高了企业的财务管理水平。

第二,加强企业税务风险管理有助于全方位控制和防范企业的税务风险。税务风险分布在企业的各项业务流程之中,企业重视各业务环节中的涉税风险管理,可以使企业的税收风险得到一定程度的遏制。

三、事后纳税自查,排查纳税盲点

纳税自查、排查纳税盲点是企业开展税务风险管理的一种有效方法。为防范税务风险,控制不必要的税收处罚事件的发生,企业平常的账务、税务自查,排查纳税盲点或税务体检显得越来越重要。一般来讲,企业主要通过定期纳税自查和年度结账前账务自查两种形式及时进行账务调整,规避纳税盲点。

(一)定期开展纳税自查

定期纳税自查是纳税人、扣缴义务人按照国家**税法**规定,对自己履行纳税义务、扣缴税款义务等情况进行自我审查的一种方法。纳税自查是**税务**检查的形式之一,是贯彻执行国家税收政策、严肃纳税纪律、改善经营**管理**的重要手段。通过纳税自查,可以发现企业有无多缴、提前缴纳税款,应退(免、返)未及时足额退(免、返)税款,不恰当地被加收滞纳金、罚款等现象,以充分保护自身的合法权益;还可以发现纳税管理中的漏洞、薄弱环节和不足之处等等。

纳税自查是企业日常加强纳税风险管理和控制的一种手段。企业定期检查已经签订的合同,检查企业过去、现在的财务报表中各会计科目,可以从中发现企业多缴或少缴纳税收的风险,并及时进行处理,可以规避税务稽查所产生的更大的纳税风险,从而降低企业的税收成本。一般来讲,纳税自查包括企业日常纳税自查、专项稽查前的纳税自查和汇算清缴的纳税自查等三种形式。另外,从企业要进行纳税自查的原因来划分,纳税自查包括:税务机关在稽查前要求企业自查和税务机关发现纳税疑问要求企业自查。无论哪一种纳税自查,只要企业把纳税自查作为企业税务管理的重要管理工作,掌握纳税自查技巧,及时发现涉税风险,寻找转换方法规避税务风险,便可以给企业节省不少税收成本。

既然纳税自查在降低企业税收成本、防范税收风险中起着重要的作用,那么企业应该如何进行纳税自查呢?具体而言,企业必须掌握以下两种纳税自查技巧。

1.企业应该从税收角度自查合同、协议中有关涉税条款

为了防范税收风险,必须对企业签订的各种经济交易合同和协议进行审查,特别是要审查合同和协议中的价格条款,因为价格条款是经济合同中的重要条款,也是税收成本的重要依据,当包含价格条款的经济合同签订后,就决定了诸如增值税、消费税、企业所得税和个人所得税等税种的税负,以及决定了增值税和企业所得税的纳税义务时间。要降低以上税负,就得在经济合同签订之前,压低合同价格。同时,对某些合同涉税条款加以修改,有可能帮助公司省下很多税款,还可以规避日后税务机关税务稽查时潜在税收风险。

[案例8]
某建筑公司出租房屋合同中免收租金条款的房产税处理分析

(一)案情介绍

某建筑公司E是执行新《企业会计准则》的企业。E公司土地总面积为10 000平方米,取得土地使用权支付的价款以及开发土地发生的成本费用总额为600万元,E公司自建的一幢房屋总建筑面积和占地面积均为1 000平方米。E公司会计核算时将地价款全部计入"无形资产",即计入房产原值的地价为0。E公司的该幢房屋,房产原值是1 000万元,自2020年1月1日开始出租给A公司,租期三年(2020—2022年),租金合计24万元(含增值税),第一年免租、第二年和第三年每年收12万元(含增值税),当地政府规定按房产余值计算房产税的扣除率为30%,E公司在会计上没有申报房产税。2020年年底,公司税务管理部门对公司2020年度房产税申报情况和涉税合同中的价格条款进行纳税自查,发现公司出租房屋合同中有免租金条款,请分析该建筑公司应如何进行纳税补救处理。

（二）免租金条款的税收法律依据分析

出租人在出租房屋时，为了吸引客户，在房屋经营性租赁期间，往往会实行一定的免费收取租金的招商政策。于是，出租人往往会与承租人签订一定期限免租金的条款，这种条款应如何申报缴纳房产税呢？有人提出，根据从租计征房产税的税收政策，出租人在免收租金期间申报房产税时，不缴纳房产税，因为从租计征（0）×税率（12%）=0。这种观点显然是错误的，这与"合同与税务处理相匹配，或合同决定了税务处理"[①]的观点相悖。

《财政部 国家税务总局关于安置残疾人就业单位城镇土地使用税等政策的通知》（财税〔2010〕121号）第二条规定："对出租房产，租赁双方签订的租赁合同约定有免收租金期限的，免收租金期间由产权所有人按照房产原值缴纳房产税。"第三条规定："对按照房产原值计税的房产，无论会计上如何核算，房产原值均应包含地价，包括为取得土地使用权支付的价款、开发土地发生的成本费用等。宗地容积率低于0.5的，按房产建筑面积的2倍计算土地面积并据此确定计入房产原值的地价。"

根据以上法律规定，如果出租人签订免费收取租金的经营性租赁合同，务必根据"合同与税务处理相匹配"的原理、依据财税〔2010〕121号第二条的规定，在免收租金期间，按照房产原值缴纳房产税。

（三）纳税自查后的纳税申报处理

根据以上免租金条款的税收法律政策分析，出租房屋免收租金的房产税计算分析如下：

由于本案例中的容积率=1 000÷10 000=0.1（小于0.5）

土地单价=600÷10 000=0.06（万元／平方米）

根据财税〔2010〕121号的规定，E公司在申报缴纳房产税时，计入房

[①] 肖太寿：《合同控税理论及51个案例精解》，中国市场出版社，2014。

产计税原值的地价=1 000×2×0.06=120万元，因此，E公司在免租期间应当相应调增房产计税原值120万元，应补报房产税为：（1 000+120）×（1-30%）×1.2%=9.408万元。

（四）分析结论

如果该E公司不对免租期间的房产税进行补报，今后被税务机关查到，一定面临补税、罚款和加收滞纳金的税收风险。因此，企业必须建立从税务角度加强企业各类合同涉税条款的自查自纠制度，完善企业税务管理，防范税务稽查风险。

2.重视企业日常账务的纳税自查

我国对企业发生的经济业务进行计量、核算时，采用的是财务会计，而不是税务会计。财务会计的账务处理依据是中华人民共和国财政部颁布的各项政策、会计准则和会计制度，而税务会计的账务处理依据是我国的税收法律和中华人民共和国国家税务总局颁布和制定的各项税收政策。由于财务会计和税务会计的账务处理依据不同，两者对同一笔经济业务的计量、核算也可能不同，当出现不一致时，就会产生会计与税法的差异。在申报纳税时，必须对会计与税法的差异进行纳税调整，才可以避免纳税风险。鉴于此，企业一定要加强对企业日常账务的纳税自查，确保企业的各项收入、成本计算正确，企业及时足额地履行税款的缴纳。

[案例9]

某园林公司采购苗木账务处理自查实现多抵扣增值税进项税额的分析

（一）案情介绍

南昌某园林公司是从事苗木种植的一般纳税人，2023年1月，从一家从事苗木批发、零售的小规模纳税人公司采购苗木一批，并取得代开的税率为

3%的增值税专用发票,金额10万元,增值税0.3万元。该园林公司财务人员当期申报抵扣了进项税额0.3万元,账务处理如下:

借:库存商品——苗木　　　　　　　　　　　　　　　100 000
　　应交税费——应交增值税(进项税额)　　　　　　3 000
贷:银行存款　　　　　　　　　　　　　　　　　　103 000

(二)涉税自查发现的问题

园林公司在财务总监和税务总监的领导下,开展账务和税务大检查,发现购买苗木的进项税额不应抵扣3%,应该按照增值税专票上注明的金额抵扣9%即0.9万元的增值税。

(三)税务自查后的补救措施

《财政部 税务总局关于简并增值税税率有关政策的通知》第二条第二款规定,从按照简易计税方法依照3%征收率计算缴纳增值税的小规模纳税人取得增值税专用发票的,以增值税专用发票上注明的金额和9%的扣除率计算进项税额;取得(开具)农产品销售发票或收购发票的,以农产品销售发票或收购发票上注明的农产品买价和9%的扣除率计算进项税额。基于此规定,自2017年7月1日以后,从小规模纳税人处取得的非自产农产品的普通发票,不再作为农产品采购扣税凭证,必须取得专票才可以抵扣;农产品采购纳税人,从小规模纳税人处取得的农产品销售增值税专用发票,计算可抵扣进项税额时,计税基数是不含税金额,不是买价。因此,当企业领导发现财务人员对购买苗木的账务处理存在错误,马上责令财务人员进行以下正确的账务处理:

借:库存商品——苗木　　　　　　　　　　　　　　　94 000
　　应交税费——应交增值税(进项税额)　　　　　　9 000
贷:银行存款　　　　　　　　　　　　　　　　　　103 000

(四) 分析结论

通过以上补救措施后,园林公司多抵扣或少缴纳增值税0.7万元(1万元-0.3万元)。

(二) 年度结账前账务自查

年度结账前自查公司税务可以针对稽核发现的问题进行账务调整,这一流程对公司所得税的影响较为深远。从实践来看,我们发现由于未执行年度结账前税务稽核程序,导致公司多缴税的案例屡见不鲜。一般来讲,企业在年度结账前,应对本年度发生的各种费用,如三项经费(工会经费、职工教育费、福利费),固定资产折旧,无形资产摊销(含土地使用权问题),业务招待费,业务宣传费,广告费,会议费,差旅费,社会保障支出,住房公积金,住房补贴,补充养老保险、医疗保险、特殊工种保险,劳动保护费,佣金,固定资产修理费与装修费,利息支出,租金支出,公益、救济性捐赠支出,坏账损失,坏账准备,财产损失及进项税额问题,开办费,其他杂费(绿化费、工伤事故支出、补税、行政性罚款、罚金、滞纳金、合同赔偿金、补缴税款、债务重组损失)进行重点检查,看有没有超过税法规定的范围和税前扣除指标,如果存在超过税法规定的扣除指标,可以另想办法进行规避。同时,还得自查税前扣除发票的规范性、真实性和企业各类收入的划分是否正确(哪些收入应归入免税收入,哪些收入应归入不征税收入,哪些收入应归入应税收入)。

特别要提醒企业的是,在每年年末结账前开展账务自查发现本年度的账务错误,必须在本年度进行账务调整,否则有严重的涉税风险。一般而言,企业可以采取红字更正法、补充登记法和综合调整法等方法,直接调整本年度的有关会计分录。

红字更正法(红字调整法),即先用红字编制一套与错账完全相同的记账凭证,予以冲销,然后再用蓝字编制一套正确的会计分录。这种方法适用于会计科目用错或会计科目虽未用错,但实际记账金额大于应记金额的错误账款。

补充调整法是指如果应调整的账目属于遗漏经济事项或错记金额,按会计核算程序用蓝字编制一套补充会计分录而进行调整的方法。

综合调整法是补充调整法和红字调整法的综合运用。一般说来,税务稽查后,需要纠正的错误很多,如果一项一项地进行调整,显然很费精力和时间,因而需将各种错误通盘进行考虑,进行综合调整。运用综合调整法的要点是:用蓝字补充登记应记未记或虽记但少记的会计科目,同时,仍用蓝字反方向冲记不应记却已记的会计科目,从而构成一套完整的分录。总结口诀如下:方向记反的,反方向再记;金额多记的,反方向冲记;金额少记的,正方向增记;不该记而记的,反方向减记;应记未记的,正方向补记。

第三节　企业税收安全应遵循的三大原理

企业在培育和提升税收安全时,必须遵循"三证统一""四流统一"和"三价统一"等三大原理,所谓"三证统一"是指法律凭证、会计凭证和税务凭证相互统一;"四流统一"是指合同流、资金流、票流和物流(劳务流)相互统一;"三价统一"是指合同价、发票上的金额(简称"发票价")和结算(决算)价相互统一。

一、"三证统一"原理:法律凭证、会计凭证和税务凭证相互统一

所谓的"三证统一"是指法律凭证、会计凭证和税务凭证的相互印证、相互联系和相互支持。在这"三证"当中,法律凭证是第一位的、首要的,如果缺乏法律凭证的支持和保障,会计凭证和税务凭证无论多么准确和完美,也是有法律和税收风险的。

（一）法律凭证：在提升企业税收安全中起根本作用

法律凭证是用来明确和规范有关当事人权利和义务的法律关系的重要书面凭证或证据。主要体现为合同、协议、法院判决或裁定书等法律文书和其他各种证书，如土地使用权证书、股权转让协议书、资产转让（收购）协议、股权转让（收购）协议、采购合同、建筑合同等。向当地税务主管部门提供的各种合同材料等法律凭证或经济合同的正确而巧妙地签订，在合法降低企业税收成本、提高企业税收安全中起根本的作用。

[案例10]
某建筑公司购买商铺合同瑕疵多承担税费的分析

（一）案情介绍

甲建筑工程有限责任公司购买了一间临街旺铺，价值150万元，开发商承诺买商铺送契税和手续费。同时，在合同中约定，铺面的契税、印花税及买卖手续费均由开发商承担。企业按合同规定付清了所有房款。但不久后，企业去办理房产证时，税务机关要求企业补缴契税6万元，印花税0.45万元，滞纳金5 000多元，企业以合同中约定由开发商包税为由拒绝缴纳税款。但最后甲建筑工程有限责任公司被强行从银行划缴了税款和滞纳金，并被税务机关处以罚款。请分析甲建筑工程有限责任公司必须承担税费的原因。

（二）涉税分析

税法与合同法是各自独立的法律，税务机关在征收税款时是按照税法来执行的。税法规定，在我国境内转让土地、房屋权属，承受的单位和个人为契税的纳税人。在本案例中，甲建筑工程有限责任公司就是契税和印花税的纳税人，是缴纳这些税款的法律主体，而甲建筑工程有限责任公司与开发商所签订的包税合同并不能转移甲建筑工程有限责任公司的法律责任。开发商承诺的包税，只是由开发商代企业缴纳，在法律上是允许的，但当开发商没有帮企业缴纳税款的时候，税务机关要找的是买房的甲建筑工程有限责任公司而不是开发商。所以在签订经济合同时，不要以为对方包了税款就同时也包了法律责任，对方不缴税，延期缴纳税款和漏税的责任要由买方甲企业进行承担。

（三）规避多承担税费的合同签订技巧

要规避甲建筑工程有限责任公司承担开发商没有支付在经济合同中承诺的铺面的契税、印花税及买卖手续费，必须在签订经济合同时，携带该份经济买卖合同到铺面所在地的主管税务局去进行备案，同时要及时督促开发商把其在经济合同中承诺的铺面的契税、印花税及买卖手续费缴纳完毕后，才付清铺面的购买价款。或者在经济合同中修改条款"铺面的契税、印花税及买卖手续费均由开发商承担，但是由甲建筑工程有限责任公司代收代缴。"这样签订合同，甲建筑工程有限责任公司在支付开发商的购买价款时就可以扣除开发商承担的铺面的契税、印花税及买卖手续费。然后，去当地税务局缴纳铺面的契税、印花税及买卖手续费，凭有关的完税凭证到当地房管局办理过户产权登记手续。

（二）会计凭证

会计凭证是记录经济业务、明确经济责任、按一定格式编制的据以登记会计账簿的书面证明。会计凭证分为原始凭证和记账凭证。前者是在经济业务最初发生之时即填制的原始书面证明，如销货发票、款项收据等。后者是以原始凭证为依据，作为记入账簿内各个分类帐户的书面证明，如收款凭证、付款凭证、转账凭证等。

（三）税务凭证

税务凭证是一种在税法或税收政策性规章上明确相关经济责任的书面证据。税务凭证是法律凭证中的一种特殊性凭证，税务凭证一定是法律凭证，法律凭证不一定是税务凭证。如税务登记证书、税收行政处罚通知书等税务凭证，就是法律凭证，而各种发票，如增值税专用发票、服务类发票等税务凭证就不是法律凭证。

（四）"三证统一"

法律凭证、会计凭证和税务凭证虽然在各自的内涵上存在一定的差异，但是相互间存在一定的联系。如税务凭证与会计凭证是有区别和联系的，两者的联系是，都是明确相关经济责任的企业据以进行记账的书面证明。两者的区别是根据不同，会计凭证是依据中华人民共和国财政部颁发的各项会计政策、财经制度而进行财务核算的记账凭证；税务凭证是根据相关税法和国家税务总局制定的各项税收政策而明确纳税义务的税收凭证。由于对同一项经济业务的核算和反映，会计准则或会计制度与税法上的规定存在一定的差异，因此，在税法上，需要对这种差异进行纳税调整，否则将会受到税务主管部门的惩罚而遭受一定的罚款损失。

在降低企业成本的实践中，一定要保证法律凭证、会计凭证和税务凭证的三证统一，特别是法律凭证在降低企业成本中起关键性的首要的源头作用。同时，会计凭证和税务凭证上的数据必须与法律凭证中数据始终保持一致，否则会面临成本增加的风险。

（五）"三证统一"是提高企业税收安全的根本方法

"三证统一"在企业降低成本中起着非常重要的作用，在众多降低企业税收成本的方法当中，"三证统一"是根基，是根源。下面从两个方面来理解"三证统一"是企业降低企业成本、提高企业税收安全的根本方法。

一方面，法律凭证是决定企业成本的根源。企业的成本涉及企业的设计、研发、生产、管理、销售、售后服务等各价值链环节，每一环节都与企业的成本相关。要控制好每一环节的成本，必须把着力点放在有关合同、协议的签订和管理环节上，因为价格是合同和协议中的重要条款，合同和协议中的价格是构成企业相关成本的重要部分。如果合同中的价格已经确定，要通过降低价格来降低成本是不可能的，也是不现实的，否则，要承担一定的民事法律赔偿责任。因此，在商品或材料采购、物流运输、提供服务等环节过程中，成本降低的关键点是价格谈判，价格一旦谈定就得在有关合同或协议中进行明确规定，只要合同和协议中对价格进行了确定，再来谈降低采购成本和运输物流成本是毫无意义的。例如，某公司是专门从事家具生产的企业，假设采购生产家具的木料成本占生产成本的比例为40%，该企业经常通过集中采购制度来采购木料，所有采购价格包括运输成本都在采购合同中体现。如果要降低采购成本，最根本的方法是在采购环节与多个供应商进行价格谈判，选择既能保证材料质量又能保证价格低廉的材料供应商供货，并在采购合同中明确定好的低价格，生产成本才能够真正得到降低。

另一方面，"三证统一"是促降税收成本、提升企业税收安全的根本之策。在明确法律凭证是降低企业成本的根源后，还要保证法律凭证、会计凭证和税务凭证的相互统一，成本降低才能落到实处。

[案例11]
某建筑公司"三证不统一"的涉税收风险分析

（一）案情介绍

江苏南京市某家建筑企业为了解决办公问题，决定购买写字楼作为办公场所，但由于企业资金紧张，老板就以个人名义，在当地的建设银行以按揭的方式购买1 000万元的写字楼。写字楼免费给公司办公使用,财务部门将写字楼记入公司的固定资产,每月计提折旧4.17万元,还款全部由企业资金支付。

(二)不符合"三证统一"的税收风险分析

首先,从法律凭证来讲,涉及两个方面的法律凭证:一方面是该建筑公司购买写字楼作为办公楼的法律凭证是购买写字楼的合同;另一方面是该建筑公司开户行归还银行按揭贷款的每月付款凭证。该两方面法律凭证提供以下信息:合同中的购买主体是公司的老板,即该建筑公司的老板是该写字楼的所有权物主,购买写字楼的资金是该公司提供的。也就是说,该建筑公司出资购买写字楼的产权归该建筑公司的老板所有,真正出资购买写字楼的建筑公司不是写字楼的产权主体。

其次,从会计凭证来看,该建筑公司的财务部将写字楼记入建筑公司的固定资产,每月计提折旧4.17万元。其体现的会计凭证为:自制原始会计凭证(每月固定资产折旧计算表)和记账凭证中记录的会计分录(借记固定资产——房屋,贷记应付账款——应付银行按揭款)。

最后,从税务凭证的角度来讲,主要体现为开发商开给以该建筑公司老板为抬头的一张金额为1 000万元的销售不动产发票。

从以上对该建筑公司购买写字楼行为中的法律凭证、会计凭证和税务凭证的分析来看,该公司不符合"三证统一"原理:购买合同中的购买人、银行付款凭证上的付款人、销售不动产发票上的付款人、记账凭证上载明的房屋所有权人应为同一个主体(该公司)。但事实上法律凭证上的产权人是老板,会计凭证上的产权人是公司,付款凭证上的付款人是建筑公司,税务凭证(发票)上的发票抬头是老板。如果今后被税务稽查部门查出,该建筑公司购买写字楼的涉税行为将隐藏以下税收风险:

第一,该建筑公司财务部对该写字楼计提的折旧不可以在企业所得税税前扣除，将受到罚款并依法缴纳滞纳金。该房产是老板个人资产，不属于企业固定资产，因此不能计提折旧，已计提的折旧不能在税前扣除，要在每年企业所得税汇算清缴时进行调增，补缴25%的企业所得税。

第二，企业归还银行的按揭款将认定为该建筑公司给企业老板个人的分红所得，要依法扣缴个人所得税。企业所还的银行按揭款，由于不是企业所贷的款项，属于企业替老板个人还款，实质上是老板向企业借款购买写字楼登记产权于老板个人名下。根据《财政部 国家税务总局关于规范个人投资者个人所得税征收管理的通知》（财税〔2003〕158号）和《财政部 国家税务总局关于企业为个人购买房屋或其他财产征收个人所得税问题的批复》（财税〔2008〕83号）的规定，个人投资者向企业借款，只要个人投资者在该纳税年度终了后既不归还，又未用于企业生产经营的，对其所借非生产经营款项应比照投资者取得股息、红利所得征收个人所得税。即按照200（1 000万×20%）万元补缴个人所得税。

（三）分析结论

通过本案例可以发现，企业在进行税务管控时，如果期盼实现零税务风险，必须保证法律凭证、会计凭证、税务凭证相互统一。

二、四流（三流）统一原理：合同流、资金流、票流和物流（劳务流）相互统一

所谓的"四流或三流统一"是指合同流、资金流（银行的收付款凭证）、票流（发票的开票人和收票人）和物流（劳务流）相互统一，具体而言是指不仅收款方、开票方和货物销售方或劳务提供方必须是同一个经济主体，而且付款方、货物采购方或劳务接受方必须是同一个经济主体。如果在经济交易过程中，不能保证合同流、资金流、票流和物流（劳务流）相互统一，则会

出现涉嫌虚开发票问题，将被税务部门稽查判定为虚列支出、虚开发票，承担一定的行政处罚甚至遭受刑事处罚的法律风险。笔者建议企业应注重审查符合以下条件的发票才可以入账：在有真实交易的情况下，必须保证资金流、物流和票流的三流统一，即银行收付凭证、交易合同和发票上的收款人、付款人、金额必须保持一致。

三、三价统一原理：合同价、发票价和结算价相互统一

所谓的"三价统一"是指符合《民法典》规定具有法律效力的合同或协议上注明的价格、发票上填写的金额和结算价格都必须是相等的。实践中，发票上的金额是根据结算价而开具的。如果发票上的金额大于结算价，则一定是虚开发票；如果发票上的金额小于结算价，则企业有隐瞒收入之嫌疑。例如，某公司工程造价约定为2.3亿元，最后的工程总结算金额只1.3亿元，但开具发票总额为人民币2.3亿元，这样就虚增了1亿元的成本。同样，合同价与结算价一般都会不一样。因为经济交易活动中，存在各种客观因素，如材料价格的市场波动、技术水平差异、企业管理水平的高低等，都会使结算价和合同价产生偏离。特别是在建筑工程领域，工程结算价超出合同价的现象比较普遍，究其原因主要有五个方面：一是招标时人为降低招标控制价。如项目暂定价低于市场价计入招标控制价，结算时按签证价调整，导致结算价超出中标合同价；二是工程定位模糊或图纸设计深度不够，导致施工期间工程变更，为施工单位增加造价创造条件；三是目前建设市场竞争激烈，施工单位为了中标，多采用不平衡报价，中标后，为了利润的最大化，施工单位千方百计变更施工内容，达到提高结算价的目的；四是一些现场监理的素质不高，在造价控制方面不作为，甚至被有经验的施工单位蒙蔽或直接与施工单位联手弄虚作假；五是近几年建设市场人工价格飞涨，材料价格波动大。

结算价超出合同价现象难以避免，为了保持合同价和结算价的统一，必须以最后的结算价为准，通过结算书或结算报告，和一定的法律手续，调整合同价，使合同价与结算价保持一致，然后以结算价开具发票，实现合同价、发票价和结算价之间相互统一。

第二章

建筑企业税收安全之策:"股权布局控税"四大计

"股权布局控税"是从宏观战略层面对企业的股权架构进行设计安排,形成企业之间相互持股的股权投资关系的企业股权布局。良好的企业股权布局可以使企业创始人、投资者既实现节税又不丧失企业的控制权。对于提升建筑企业税收安全而言,从股权布局控税战略上,必须要解决以下涉税问题:一是建筑企业的投资者或创始人从建筑企业提取税后未分配利润用于投资或家庭消费免税;二是建筑挂靠人从被挂靠的建筑企业合法节税地提取利润;三是定向分红免税;四是合法公转私,规避税务风险。

第一节 "股权布局控税"第一计:设计未分配利润用于老板投资和家庭消费节税的股权布局

企业缴纳企业所得税后的未分配利润有两大用途:一是用于投资消费;二是用于企业老板家庭和个人消费。企业股权布局控税设计必须要达到投资消费和老板家庭、个人消费都节税的目的。在"公转私"严监管的大数据管控下,企业老板要达到这一节税目标,控制税收风险,必须遵循以下两条股权布局控税设计路线。

第一条股权布局控税设计路线:实现企业老板从赚钱的建筑公司提取未分配利润用于投资免税;

第二条股权布局控税设计路线:企业老板家庭消费和个人消费的钱从赚钱的建筑公司提出来,缴纳最少的税。

一、第一条股权布局控税设计路线

(一)设立有限责任公司作为股权架构主体

1.赚钱公司或经营主体公司的三类股东

一般而言,赚钱公司或经营主体公司的股东有三类:一类是以自然人作为股东;二是以有限责任公司作为股东;三是以有限合伙企业作为股东。

2.设立有限责任公司作为股权架构主体最节税

(1)股权布局图。

从节税的角度来看,必须设立以有限责任公司作为建筑企业(赚钱公司或经营主体公司)的股东。股权布局如图2-1所示。

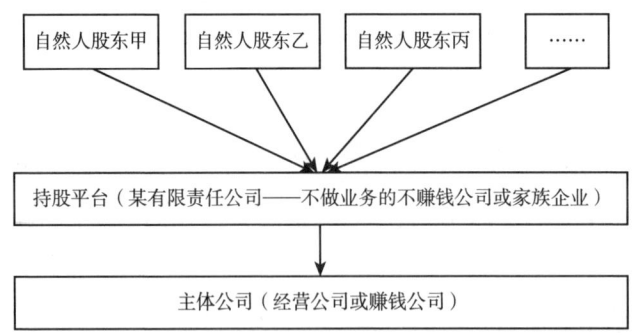

图2-1 有限责任公司平台(家族企业)直接持股主体公司(赚钱公司)的双层股权结构

（2）设立有限责任公司作为股权架构主体的税负分析。

①主体公司（经营公司或赚钱公司）按照25%的税率缴纳企业所得税后的未分配利润，分回给持股平台（某有限责任公司——不做业务的不赚钱公司或家族企业）免征企业所得税。

②持股平台（某有限责任公司——不做业务的不赚钱公司或家族企业）从主体公司（经营公司或赚钱公司）分回的税后未分配利润；用于投资设立别的公司，用于转增主体公司（经营公司或赚钱公司）的注册资本；用于购买车辆、房产，产权登记在持股平台（某有限责任公司——不做业务的不赚钱公司或家族企业）名下等，都是免税的。

③持股平台（某有限责任公司——不做业务的不赚钱公司或家族企业）从主体公司（经营公司或赚钱公司）分回的税后未分配利润，再分回给持股平台（某有限责任公司——不做业务的不赚钱公司或家族企业）的自然人股东，必须依法按照"利息、股息、分红"所得申报缴纳20%的个人所得税。

④持股平台（某有限责任公司——不做业务的不赚钱公司或家族企业）是持股平台（某有限责任公司——不做业务的不赚钱公司或家族企业）的自然人股东的"钱袋子"。可以给自然股东的家族成员发放工资、缴纳社保费用（家族成员与持股平台签订劳动合同），也可以报销自然人股东发生的各项管理费用，如业务招待费用、水电费、车辆油费、保险费用、过路费用、折旧费用。也可以报销各种办公费用。

（二）自然人直接持股主体公司（赚钱公司）的单层股权结构，税负重

1. 单层股权结构

所谓"单层股权结构"是指由自然人股东直接持股主体公司（经营公司或赚钱公司）的股权结构。该单层股权结构是大多数中小企业和创业公司普遍采用的股权结构（如图2-2所示）。

单层股权结构适用于股东人数较少的公司。随着公司发展，股东人数较多时，尤其是重要股东意见不一致时，会增加股东会或股东大会的通知、召集和

主持工作的工作量。因此，当公司股东人数较多时，不建议采用单层股权结构。

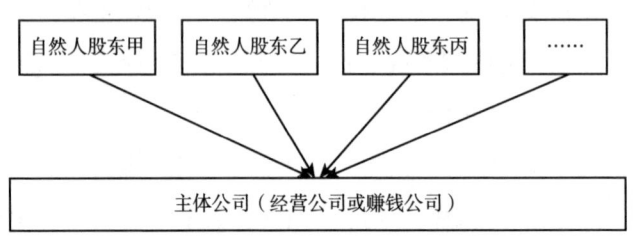

图2-2　单层股权结构的股权布局

2.单层股权结构的税负分析

（1）主体公司（经营或赚钱公司）依照25%的税率缴纳企业所得税后的税后未分配利润分配给自然人股东时，自然人股东必须依法缴纳20%的股息、红利的个人所得税。

（2）主体公司（经营或赚钱公司）依照25%税率缴纳企业所得税后的未分配利润用于转增主体公司（经营或赚钱公司）的注册资本时，要视同分配再投资处理，自然人股东必须依法按照"利息、股息、红利"所得申报缴纳20%的个人所得税。

（3）主体公司（经营或赚钱公司）依照25%的税率缴纳企业所得税后的未分配利润用于投资设立别的公司，要视同分配再投资处理，自然人股东必须依法按照"利息、股息、红利"所得申报缴纳20%的个人所得税。

（4）主体公司（经营或赚钱公司）依照25%的税率缴纳企业所得税后的未分配利润用于购买房产、车辆、生活消费等，自然人股东必须依法按照"利息、股息、红利"所得申报缴纳20%的个人所得税。

通过以上分析，全部由自然人直接持股主体公司（赚钱公司）的单层股权结构的税负最重。

（三）第一条股权布局控税设计路线的设计策略

第一步：建筑企业的老板及其家庭成员（两夫妻不能同为股东）共同投资设立一家有限责任公司的家族企业。该家族企业的注册资本必须实缴，不能认缴，注册资本在50万元以下，企业经营范围是：企业管理、企业咨询、技术咨询、技术服务、资产管理等。

第二步：第一步成立的家族企业投资设立一家防火墙公司（防火墙公司也是有限责任公司，注册资本100万元以下，只能实缴制而不能认缴制）。

第三步，通过第二步注册设立的防火墙公司投资设立赚钱公司（主体经营公司）。假设第二步设立的防火墙公司认缴该赚钱公司（主体经营公司）的注册资本1亿元，实际缴纳注册资本3 000万元。

特别提醒：如果最底层的赚钱公司（主体经营公司）的注册资本是认缴制，则必须要经过第二步注册防火墙公司；如果最底层的赚钱公司（主体经营公司）的注册资本是实缴制，则不需要经过第二步注册防火墙公司，而是由第一步注册的家族公司直接持股最底层的赚钱公司（主体经营公司）。

经过以上三步的程序，第一条股权布局设计路线下的股权架构如图2-3所示。

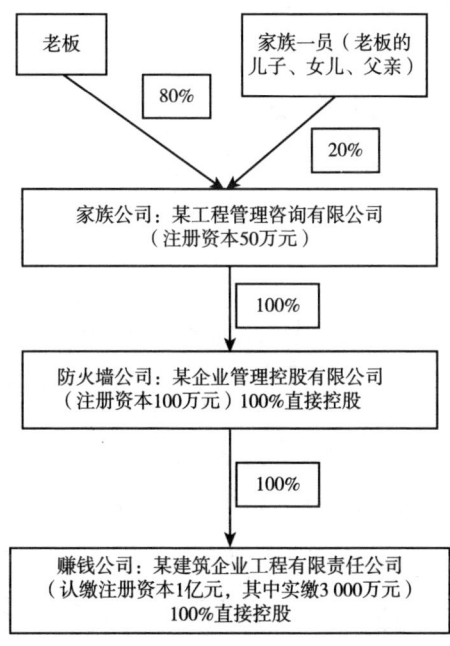

图2-3　第一条股权布局设计路线下的股权架构

二、第二条股权布局控税设计路线

(一)"钱袋子"公司可实现老板家庭消费和个人消费少交税

1. 什么是"钱袋子"公司

所谓的"钱袋子"公司是指老板的家族人员注册的个体工商户、个人独资企业。

2. 个体工商户、个人独资企业的税负

(1)依据现有税法的规定,增值税小规模纳税人(年销售额500万元以下,含500万元),自2023年1月1日至2023年12月31日,以月为纳税期的,月销售额合计在10万元以下,季度销售额30万元,免征增值税;合计月销售额超过10万元(以1个季度为1个纳税期的,季度销售额超过30万元)的增值税小规模纳税人,减按1%征收率征收增值税。

(2)依据《中华人民共和国民法典》和《中华人民共和国企业所得税法》的规定,个体工商户和个人独资企业不是法人单位,不缴纳企业所得税,只是按照5%—35%的五级累进税率的经营所得缴纳个人所得税。

(3)个体工商户、个人独资企业依法按经营所得缴纳个人所得税后,税后收入直接从对公账户转入个体工商户业主和个人独资企业投资者是合法的"公转私"。

(二)解决老板家庭消费和个人消费合法节税的股权布局设计策略

第一步:老板的家庭成员(该家庭成员在第一条股权布局设计路线的股权架构的公司中不可以担任任何职务)注册设立两家个体工商户或个人独资企业,专门从事建筑辅料或很难取得采购发票的辅材采购,或专门从事建筑劳务中的某一工种的专业作业劳务的业务。

第二步:通过第一路线设立的企业股权布局中的最底层的赚钱公司(建筑企业),将一部分辅料采购、专业作业劳务外包给第一步设立的个体工商户和个人独资企业。

第三步：第一步设立的个体工商户和个人独资企业在符合"四流一致"的情况下，开发票给赚钱公司。

通过以上两条股权布局设计路线设计的股权布局如图2-4所示。

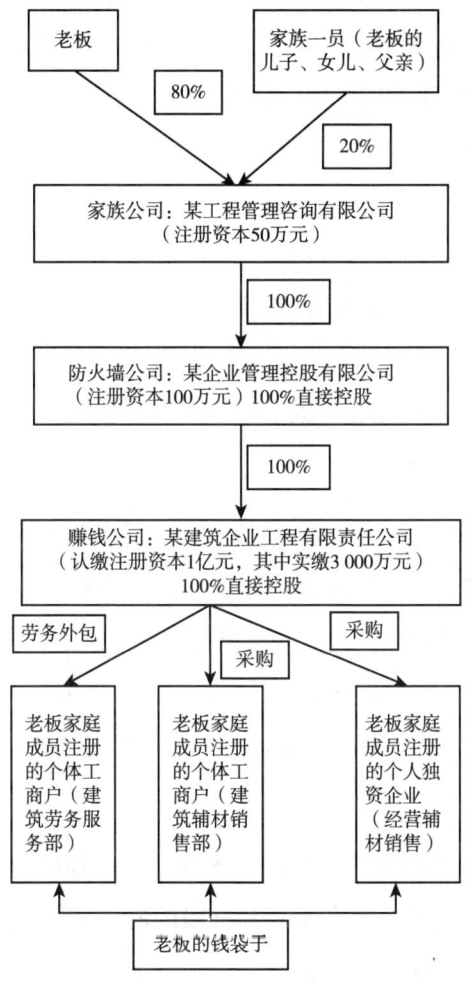

图2-4 解决老板家庭消费和个人消费合法节税的股权布局

第二节 "股权布局控税"第二计：设计建筑企业提取挂靠利润的两种股权布局

在建筑行业的挂靠业务模式中，如何从被挂靠的建筑企业账上提取利润，既要合法又要节税是被挂靠方和挂靠方共同面临的棘手问题。为解决这个问题，肖太寿博士团队经过全国建筑企业的内训、咨询实践，结合国家税收政策和相关法律政策的理论研究，得出结论：必须从企业股权架构设计上进行股权布局，建立长久性、稳定性、合法性的提取挂靠利润的合法节税渠道。

一、股权布局必须遵循的两大原则

（一）原则一：不要设立一人有限责任公司，而应设立至少两个自然人直接持股的有限责任公司

根据《公司法》第六十三条的规定，一人有限责任公司的股东不能证明公司财产独立于股东自己的财产的，应当对公司债务承担连带责任。因此，出于法律风险规避的需要，自然人不要作为有限责任公司（赚钱公司）的直接持股股东，但可以作为企业管理咨询有限责任公司或技术服务有限责任公司（家族公司——不发生经济业务，不对外开具发票，只是持股平台）的直接持股股东。

（二）原则二：单位负责人为同一人或者存在控股、管理关系的不同单位不得参加同一标段投标或者未划分标段的同一招标项目投标，也不得参加同一合同项下的政府采购活动

《中华人民共和国招标投标法实施条例》第三十四条明确规定，单位负责人为同一人或者存在控股、管理关系的不同单位，不得参加同一标段投标或者未划分标段的同一招标项目投标。违反相关规定的，相关投标均无效。《工程建设项目货物招标投标办法》第三十二条明确规定，法定代表人为同一个人的两个及两个以上法人，母公司、全资子公司及其控股公司，都不得在同一货物招标中同时投标。

[案例12]
董事为同一人的两个公司能投标同一项目吗？

（一）基本情况介绍

投标人A、B、C同时参加了××市医院液氧政府采购公开招标项目。在中标候选人公示阶段，投标人C提出了质疑。质疑内容为投标人A公司以企业法定代表人身份持有投标人B公司20%的股份；两家公司的主要人员存在相互交叉任职。A公司的董事长徐某在B公司担任监事会主席，A公司的董事陈某同时也在B公司担任董事。据调查，投标人A公司虽持有B公司20%的股份，但不是B公司的最大持股人。B公司最大持股人占股30%。质疑人C公司认为A、B两家公司存在关联关系，有串通投标的嫌疑，不能同时参加一个项目的投标。请问（1）投标人C的质疑正确吗？（2）法律法规是如何规定直接控股的？

（二）相关法律分析

（1）A、B两家公司的单位负责人非同一人。

单位负责人为同一人或者存在控股或管理关系的不同单位参与同一合同项下的采购活动，容易发生事先沟通、私下串通等情况，不利于采购活动的公平竞争，损害他人的合法权益。因此，按照相关规定，有上述关系的单位不得参加同一合同项下的政府采购项目。

单位负责人主要有两类：一是单位的法定代表人，是指依法代表法人单位行使职权的负责人；二是按照法律、行政法规的规定代表单位行使职权的负责人，具体指代表法人单位行使职权的负责人。《公司法》第十三条规定，公司法定代表人依照公司章程的规定，由董事长、执行董事或者经理担任，并依法登记。

在本案例中，投标人A、B两家公司的法定代表人为不同的两个人，不属于单位负责人为同一人的情形。

（2）A、B两家公司不存在控股、管理关系的上下级关系。

《公司法》第二百一十六条规定，控股股东是指其出资额占有限责任公司资本总额百分之五十以上或者其持有的股份占股份有限公司股本总额百分之五十以上的股东；出资额或者持有股份的比例虽然不足百分之五十，**但依其出资额或者持有的股份所享有的表决权已成为足以对股东会、股东大会的决议产生重大影响的股东**。本案例中，投标人A公司占有B公司20%的股份，并不是B公司的最大股东，所以A公司不是控股股东。A、B两家公司也不存在上下级管理关系。因此，C公司的质疑不成立。

（3）不得参加同一合同项下的政府采购活动的情形。

根据《政府采购法实施条例》第十八条的规定，单位负责人为同一人或者存在直接控股、管理关系的不同供应商，不得参加同一合同项下的政府采购活动。

二、资质低挂靠资质高的建筑企业从被挂靠方提取挂靠利润的基本思路

（一）第一步：签订专业分包合同

资质低的建筑企业与资质高的建筑企业签订一份专业分包合同（特别提醒：专业分包合同是指包工包料的建筑分包合同），且专业分包的合同金额

必须控制在资质高的建筑企业与发包方签订的建筑总承包合同金额的50%（不含50%）以下。

根据《中华人民共和国建筑法》第二十九条的规定，建筑工程总承包单位可以将承包工程中的部分工程发包给具有相应资质条件的分包单位；但是，除总承包合同中约定的分包外，必须经建设单位认可。施工总承包的，建筑工程主体结构的施工必须由总承包单位自行完成。基于此规定，专业分包的合同金额必须控制在资质高的建筑企业与发包方签订的建筑总承包合同金额的50%（不含50%）以下。

（二）第二步：设立三家有限责任公司

资质低的建筑企业的老板或负责人必须设立三家公司：材料贸易公司、建筑设备机械租赁公司和建筑劳务公司。这三家公司的性质必须设立为增值税一般纳税人资格的有限责任公司，这三家有限责任公司的股权如何架构，详见本章第二节"三、股权架构控税设计之策：从被挂靠方提取材料、设备、劳务利润"的介绍。

（三）第三步：签订三份交易合同，提取材料、设备、劳务的利润

第二步成立的材料贸易公司、设备租赁公司和劳务公司与资质高的建筑企业分包签订材料销售合同、机械设备租赁合同（分为"湿租"和"干租"两种合同）和劳务分包合同，在满足"四流一致"的情况下，分别向资质高的建筑企业开具材料销售发票、设备租赁发票（签订"干租"合同情况下），按照"建筑服务"开具设备租赁发票（签订"湿租"合同情况下）。将材料、设备、劳务的利润从被挂靠方账上提取到材料公司、设备租赁公司和劳务公司账上。

三、股权架构控税设计之策：从被挂靠方提取材料、设备、劳务利润

（一）第一步：设立一家不做业务的"家族企业1"

挂靠方老板及其家庭成员中的一员共同投资设立一家某企业管理咨询有限责任公司（简称"家族企业1"），注册资本在50万元—100万元。两个自然人最优的股权比例是80%、20%或者是70%、30%。但绝对不能由两夫妻共同出资成立一家有限责任公司。

（二）第二步：以家族企业投资设立做业务的三家有限责任公司

以某企业管理咨询有限责任公司（家族企业1）投资设立建筑材料贸易有限责任公司、设备租赁有限责任公司、劳务有限责任公司。其中建筑材料贸易有限责任公司、设备租赁有限责任公司、劳务有限责任公司的注册资本可以采用认缴制。

以上公司的股权架构如图2-5所示。

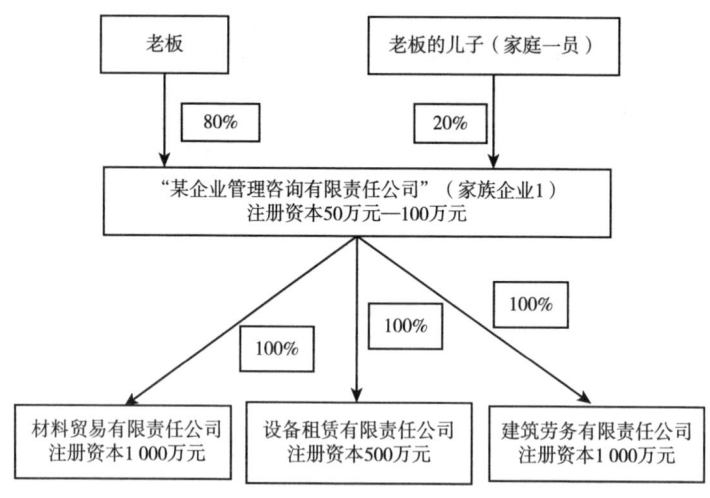

图2-5　材料公司、租赁公司和劳务公司的股权架构

（三）第三步：三家有限责任公司向家族企业分配股息红利（免征企业所得税）

将以上三家有限责任公司税后的未分配利润（股息或红利），全部分回某企业管理咨询有限责任公司（家族企业1）。根据《中华人民共和国企业所得税法》及其实施条例的规定，从直接投资的居民企业分回的股息和红利免征企业所得税。

（四）第四步：家族企业不向自然人股东分配股息红利

某企业管理咨询有限责任公司（家族企业1）从赚钱的三家公司分回的股息和红利，不要分回给老板及其儿子或家庭成员，否则要征收20%的个人所得税。

（五）第五步：家族公司从三家有限责任公司分回的股息红利的用途

某企业管理咨询有限责任公司（家族企业1）从赚钱的三家公司分回的股息和红利，可用于以下用途。

1.用于家族成员发工资、缴纳社保费用（家庭成员与家族企业1签订劳动合同）。

2.家族企业1用于投资注册另外的公司免税。

3.家族企业1用于缴纳未缴足的认缴的注册资本免税。

4.家族企业1用于偿还家族企业1向老板的借款（该借款是用于缴足认缴的注册资本）免税。

5.家族企业1用于报销家庭成员发生的开具家族企业1为抬头的发票的费用。

6.家族企业1用于购买家族成员使用的车辆、房产（产权登记在家族企业1的名下），并用于车辆发生的油费、过桥费、保险费、维修费用。

7.家族企业1用于购买股票、债券投资产品免税。

四、股权架构控税设计之策：从被挂靠方提取专业分包利润

（一）第一步：设立一家家族企业2

老板的两位家庭成员（如老板的妻子、女儿）共同出资设立一家某企业技术服务公司（简称"家庭企业2"），注册资本为100万元—1 000万元。

（二）第二步：家庭企业2与股权代持人共同设立一家有限合伙企业的股权持股平台

以老板的某一位家庭成员为股权代持人，或者选一位资质低的建筑企业（挂靠方）的高管或技术骨干作为股权激励人员，与第一步设立的某企业技术服务公司（家庭企业2）共同投资设立一家某有限合伙企业，其中以某企业技术服务公司（家庭企业2）作为GP（普通合伙人或事务执行合伙人），占合伙企业的1%的份额，以老板的某一家庭成员或者建筑企业（挂靠方）的高管或技术骨干（股权激励人员）作为"LP"（有限合伙人），占合伙企业的99%的份额。

（三）第三步：建筑企业（挂靠方）的股权架构设计策略

假设该建筑企业（挂靠方或资质低的建筑企业）是自然人股东（老板及其家庭人员）直接持股的已经存在的建筑企业，而且账上可能有未分配利润，也有可能是亏损状态。基于以上假设条件，建筑企业（挂靠方）的股权架构设计策略如下：

必须将自然股东（老板及其家庭人员）直接持有该建筑企业（挂靠方）的股权转让给第一步设立的某企业技术服务公司（家庭企业2）和第二步设立的某有限合伙企业。出于掌握公司控制权的需要，某企业技术服务公司（家庭企业2）和某有限合伙企业在建筑企业（挂靠方）最优的股权比例为80%、20%。

(四)第四步：建筑企业向家庭企业2和有限合伙企业分配股息红利

建筑企业(挂靠方)将账上的未分配利润或股息红利分回到第一步设立的某企业技术服务公司(家庭企业2)和第二步设立的某有限合伙企业。其中分回到第一步设立的某企业技术服务公司(家庭企业2)的股息红利是免征企业所得税的，分回到第二步设立的某有限合伙企业的投资收益，根据财税〔2008〕159号文件第二条的规定，合伙企业本身不交税，纳税义务人是合伙企业的合伙人，如果合伙人是个人，则按照"利息、股息、红利"所得按20%的税率征收个人所得税；如果合伙人是企业法人，则缴纳企业所得税。

(五)第五步：家庭企业2从建筑企业(挂靠方)分回的股息红利的用途

第一步设立的某企业技术服务公司(家庭企业2)从建筑企业(挂靠方)分回的股息红利的用途与本章第二节"三、股权架构控税设计之策：从被挂靠方提取材料、设备、劳务利润"中的某企业管理咨询有限责任公司(家族企业1)的用途一样。

以上公司的股权架构如图2-6所示。

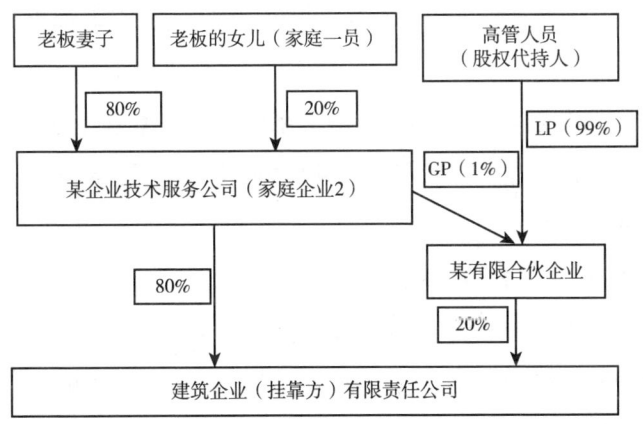

图2-6 建筑企业的股权架构

第三节 "股权布局控税"第三计：设计建筑劳务公司老板提取利润节税的股权布局设计

一、劳务公司股权布局控税设计方案的法律依据

（一）小型微利企业（增值税一般纳税人）享受"六税两费"减半征收政策

根据《财政部 税务总局关于进一步实施小微企业"六税两费"减免政策的公告》（财政部 税务总局公告2022年第10号）第一条的规定，由省、自治区、直辖市人民政府根据本地区实际情况，以及宏观调控需要确定，自2022年1月1日至2024年12月31日，对**增值税小规模纳税人、小型微利企业和个体工商户**可以在50%的税额幅度内减征资源税、城市维护建设税、房产税、城镇土地使用税、印花税（不含证券交易印花税）、耕地占用税和教育费附加、地方教育附加。

小型微利企业，是指从事国家非限制和禁止行业，且同时符合年度应纳税所得额不超过300万元、从业人数不超过300人、资产总额不超过5 000万元等三个条件的企业。

从业人数，包括与企业建立劳动关系的职工人数和企业接受的劳务派遣用工人数。所称从业人数和资产总额指标，应按企业全年的季度平均值确定。具体计算公式如下：

季度平均值=（季初值+季末值）÷2

全年季度平均值=全年各季度平均值之和÷4

年度中间开业或者终止经营活动的，以其实际经营期作为一个纳税年度确定上述相关指标。

（二）小型微利企业的企业所得税优惠政策

根据财政部 国家税务总局2022年公告第13号文件第一条和财政部 税务总局公告2023年第6号第一条的规定，自2023年1月1日至2024年12月31日，对小型微利企业年应纳税所得额在300万元以内，按照5%征企业所得税政策。

（三）小型微利企业的建筑劳务公司（增值税一般纳税人）的增值税优惠政策

根据财税〔2016〕36号文件的规定，建筑劳务公司从事建筑劳务可以选择简易计税方法，按照3%的增值税税率计征增值税。

二、建筑劳务公司老板提取劳务利润的股权布局控税设计方案

（一）股权布局控税设计方案的操作要点

第一步：建筑劳务公司的老板注册一家注册资本为10万元的家族公司。操作细节如下：

（1）家族公司一定要注册为两个自然人股东的有限责任公司，建议两个自然人股东的股权比例按照出资比例来配比，最佳的股权比例为80%、20%或70%、30%。绝对不可以注册为一人有限责任公司，或者老板两夫妇作为自然人股东的家族公司。

（2）家族公司的注册资本必须是实缴制而不可以是认缴制，而且注册资本一般控制在10万元—50万元。

（3）注册家族公司时，建议家族公司取名为某工程管理咨询有限公司，在工商登记机关登记的经营范围一般是：企业管理咨询、企业技术服务、技术咨询、财务咨询、企业策划、劳务咨询等。

（4）家族公司一般不发生业务，照常纳税申报，但没有发生业务，总是零申报，会有税务预警提示。因此，家族公司偶尔帮助建筑劳务公司发生一两笔工程劳务咨询业务，开具发票，就能规避零申报的问题。

第二步：用第一步设立的家族公司——某工程管理咨询有限公司投资设立一家100%控股的注册资本为50万元的防火墙公司。操作细节如下：

（1）**防火墙公司**一定要注册为有限责任公司，不可以注册为个人独资企业、有限合伙企业、个体工商户。

（2）**防火墙公司**的注册资本必须是实缴制而不可以是认缴制，而且注册资本不要大，一般控制在50万元—100万元。

（3）注册防火墙公司时，建议取名为某企业管理控股有限公司，在工商登记机关登记的经营范围一般是：企业管理咨询、企业技术服务、技术咨询、财务咨询、企业策划、劳务咨询等。

（4）防火墙公司一般不发生业务，照常纳税申报，但没有发生业务，总是零申报，会有税务预警。因此，防火墙公司与建筑劳务公司之间，偶尔发生一两笔工程劳务咨询业务，开具发票，就能规避零申报的问题。

第三步：通过第二步设立的防火墙公司投资设立三至五家一般纳税人的小微企业性质的劳务公司或专业作业劳务公司。操作细节如下：

（1）劳务公司或专业作业劳务公司必须注册为注册资本大概为500万元的有限责任公司，注册资本实行认缴制。

（2）劳务公司或专业作业劳务公司必须是增值税一般纳税人，而且是小微企业（年应纳税所得额为300万元以下，用工人数300人以下，资产总额5 000万元以下）。

特别提醒以下几点：

第一，第一步注册的家族公司与第二步注册的防火墙公司的法人代表不能是同一个人。

第二，建筑劳务公司的老板不要担任劳务公司或专业作业劳务公司的法定代表人；劳务公司老板只担任第一步注册的家族公司的法定代表人。

第三，每一个劳务公司或专业作业劳务公司必须将年应纳税所得额控制在100万元以内，或年应纳税所得额在300万元以内。

第四，每一个劳务公司或专业作业劳务公司将利润率控制在0.8%。如果将年应纳税所得额控制在100万元以内，则每一个劳务公司或专业作业劳务公司的年收入额（年产值）控制在12 500万元以下；如果将年应纳税所得额控制在100万元—300万元，则每一个劳务公司或专业作业劳务公司的年收入额（年产值）控制在12 500万元—37 500万元。

第五，每一个劳务公司或专业作业劳务公司将利润率控制在1%。如果将年应纳税所得额控制在100万元以内，则每一个劳务公司或专业作业劳务公司的年收入额（年产值）控制在10 000万元以下；如果将年应纳税所得额控制在100万元—300万元，则每一个劳务公司或专业作业劳务公司的年收入额（年产值）控制在10 000万元—30 000万元。

通过以上三步操作后的股权布局架构图如图2-7所示。

（二）股权布局控税设计方案的涉税分析

1.五家劳务公司或专业作业劳务公司是增值税一般纳税人资格的小微企业，依据《财政部 税务总局关于进一步实施小微企业"六税两费"减免政策的公告》（财政部 税务总局公告2022年第10号）第一条的规定，享受资源税、城市维护建设税、房产税、城镇土地使用税、印花税（不含证券交易印花税）、耕地占用税和教育费附加、地方教育附加等"六税两费"减半征收税收优惠政策。

2.根据财政部 国家税务总局2022年公告第13号文件第一条和财政部 税务总局公告2023年第6号第一条的规定，自2023年1月1日至2024年12月31日，对小型微利企业年应纳税所得额在300万元以内，按照

5%征企业所得税政策。5家劳务公司或专业作业劳务公司，根据年销售收入，必须控制年应纳税所得额在300万元以内，享受5%企业所得税优惠政策。

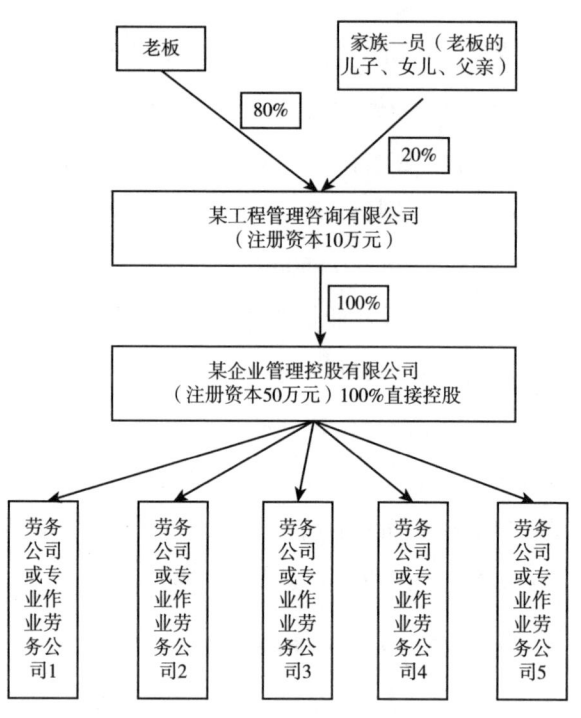

图2-7　劳务公司老板提前利润的股权布局

3.劳务公司或专业作业劳务公司注册为有限责任公司比注册个人独资企业或有限合伙企业更节税。分析如下：

如果注册为有限责任公司，且股东是自然人的话，则年应纳税300万元以内，企业所得税和自然人股东的个人所得税的总税负为：5%+（1-5%）×20%=24%。

而如果注册为个人独资企业或有限合伙企业，虽然不缴纳企业所得税，但必须按照5%—35%的五档税率，按照"经营所得"税目，依法申报缴纳个人所得税。年应纳税所得额超过50万元，必须按照35%的税率计算"经营所得"的个人所得税。

4.5家劳务公司或专业作业劳务公司账上的未分配利润分配给防火墙公司某企业管理控股有限公司是免征企业所得税的。

5.防火墙公司某企业管理控股有限公司账上的未分配利润分回到家族公司某工程管理咨询有限公司是免征企业所得税的。

6.某企业管理咨询有限责任公司、某企业管理控股有限公司分回的股息和红利，可用于以下用途。

（1）用于家族成员发工资、缴纳社保费用（家庭成员与家族企业签订劳动合同）。

（2）家族企业用于投资注册另外的公司免税。

（3）家族企业用于缴纳未缴足的认缴的注册资本免税。

（4）家族企业用于偿还家族企业向老板的借款（该借款是用于缴足认缴的注册资本）免税。

（5）家族企业用于报销家庭成员发生的开具家族企业为抬头的发票的费用。

（6）家族企业用于购买家族成员使用的车辆、房产（产权登记在家族企业的名下），并用于车辆发生的油费、过桥费、保险费、维修费用。

（7）家族企业用于购买股票、债券投资产品免税。

第四节 "股权布局控税"第四计：设计自然人股东定向分红免税的股权布局

根据我国现有税法的规定，自然人股东从被投资企业分回的股息红利，存在三种不缴纳个人所得税的情况：一是根据财税字〔1994〕20号第二条第（八）项的规定，外籍个人股东从外商投资企业取得的股息、红利所得，暂免征收个人所得税。二是根据财政部、税务总局、证监会2019年第78号第一条的规定，个人持有挂牌公司的股票，持股期限超过1年的，对股息、红利所得暂免征收个人所得税。三是根据财税〔2015〕101号第一条的规定，个人从公开发行和转让市场取得的上市公司股票，持股期限超过1年的，股息、红利所得暂免征收个人所得税。除了以上三种免征个税情况和设计合理合法的股权布局外，自然人股东从被投资企业分回的股息、红利，都要依法按照20%的税率缴纳个人所得税。因此，本书从股权布局设计的角度，将《公司法》《企业所得税法》及其相关税法相互融合，对公司股权布局进行巧妙设计，从而达到自然人股东从被投资公司分回股息红利合法合理地节约个税的目的。

一、股权布局控税设计方案：设立"创始人（自然人股东）+家族公司股东+共同持有赚钱公司（主体经营公司）股权"的股权布局

（一）股权布局设计要点

第一步：创始人股东注册家族企业

老板或创始人（自然人股东）及其家庭成员（如老板或创始人及其儿子、女儿）共同实缴资本10万元，注册成立一家家族公司（该家族公司必须是有限责任公司），假设该家族公司在市场监督管理局登记取名为某企业管理咨询有限公司，其中老板或原始创始人及其家族成员分别在该家族公司占有的股权比例分别为：80%、20%。

温馨提示：注册家族公司应注意以下六大关键点。

第一，家族公司应注册为有限责任公司。

家族公司可以注册为有限责任公司，也可以注册为有限合伙企业，但不可以注册为个人独资企业、合伙企业和个体工商户。本书建议家族企业注册为有限责任公司，理由如下：

根据《中华人民共和国民法典》第一百零二条和一百零四条的规定，个人独资企业、合伙企业是非法人组织，是不具有法人资格的专业服务机构。个人独资企业、合伙企业的财产不足以清偿债务的，其出资人或设立人承担无限责任。同时根据《中华人民共和国民法典》第五十四条和五十六条的规定，个体工商户是自然人从事工商业经营并依法登记的经济组织，个体工商户分为个体经营和家庭经营两种经营形式。个体工商户的债务，个体经营的，以个人财产承担债务责任；家庭经营的，以家庭财产承担债务责任；无法区分的，以家庭财产承担债务责任。因此，个体工商户不可以再投资成立别的企业或公司。

第二，每一位创始股东注册各自的一家家族企业。

如果创始人股东不止一个人，假设为三个人，则建议每一位创始人股东都按照第一步的方法分别注册各自的家族企业，然后三家家族企业和三个自然人股东共六个股东共同持有赚钱公司（经营主体公司）的股权，配置好各个创始人股东及其家族企业持有的股权比例。

第三，家族公司的股东人数要求。

家族公司的股东可以是老板两夫妇或老板一个人（称"一人有限责任公司"），也可以是老板及其家族成员中的任何一人。

第四，家族公司的命名。

家族企业可命名为"某企业管理咨询有限公司""某企业发展管理有限公司""某企业技术服务有限公司"等名称。

第五，家族公司注册经营范围。

家族企业的注册经营范围可以是企业管理、企业咨询、企业技术服务三大类。

第六，家族公司的注册资本要求。

家族公司的注册资本必须是实缴，不可以认缴，而且注册资本不要太多，一般控制在5万元至10万元即可。

第二步：注册设立赚钱公司（经营主体公司）。

老板或创始人与第一步注册成立的家族公司，共同投资注册成立赚钱公司（经营主体公司），经营主体公司的注册资本可以实缴，也可以认缴。由于家族公司的注册资本小且是实缴制，建议赚钱公司（经营主体公司）的注册资本采用认缴制。其中老板或创始人与第一步注册成立的家族公司，在赚钱公司（经营主体公司）的股权比例（以出资比例配置股权比例）分别为20%、80%或分别为30%、70%。

温馨提示： 如果赚钱公司不止一家，特别是超过两家的赚钱公司，基于法律风险规避的考虑，一定要在上层家族公司和赚钱公司（经营主体公司）之间注册设立一家防火墙公司，由防火墙公司100%直接持股下一级的赚钱经营公司。防火墙公司与家族公司的注册名称、经营范围、公司性质与前文的家族公司一样，不再赘述！

第三步：拟订公司章程，特别约定"定向分红条款（同股不同酬）"。

根据《公司法》第三十四条的规定，股东按照实缴的出资比例分取红利，但是，**全体股东约定不按照出资比例分取红利的除外**。基于该税收法律政策规定，针对有限责任公司在分配股息红利时，允许将公司的未分配利润只分配给某些股东，而另外一些股东可以放弃分红。即存在"同股不同酬"现象，但是必须满足两个前提条件：一是有限责任公司有未分配利润可分配；二是在《股东投资协议》或公司章程或全体股东一致签字同意的《股东分红协议》中约定"**全体股东不按照出资比例分取红利，将公司可分配的未分配利润只分配给一部分股东，其他股东放弃分红**"。

因此创始股东及其家族企业共同签订公司章程并在市场监督管理局备案。 在公司章程中的股东分红条款中必须特别约定：公司经营期间，如果符合《公司法》可以分红的条件，则公司经营期间产生的未分配利润一直分配给"某企业管理咨询有限公司"（家族公司），老板或创始人股东放弃公司股息红利的分红。或者公司章程约定：公司经营期间，如果符合《公司法》可以分红的条件，则公司经营期间产生的未分配利润在一定的年限内（如自公司注册成立后的5年之内或8年之内）一直分配给"某企业管理咨询有限公司"（家族公司），老板或创始人股东放弃公司股息红利的分红。

第四步：工商注册登记。

在赚钱（经营主体公司）公司所在地市场监督管理局办理工商注册登记手续。

温馨提示：一般而言，在进行工商注册登记时，当地工商部门可能强行要求使用市场监督管理局提供的公司章程范本进行备案，但市场监督管理局提供的公司章程范本没有"定向分配红利"条款，只有各股东按照"实缴的出资比例分取红利"的一般性规定。因此，如果工商部门强行要求使用市场监督管理局提供的公司章程范本，而不愿意使用各股东签订的有"定向分配红利"条款的公司章程，则有以下两种方法可供选择：

一是各个股东必须一致同意签订《股东投资协议》或另一份公司章程、《股东分红协议》，其内容与工商部门强行要求使用市场监督管理局提供的公司章程范本规定的内容一致，不同点是含有"定向分配红利"条款。

二是各个股东必须一致同意签订《股东分红协议》，该协议重点约定"定向分红"条款。

（二）股权布局架构

经过以上四步法：建筑公司创立之初，设立"创始人（自然人股东）+家族公司股东+共同持有赚钱公司（主体经营公司）股权"的股权布局架构如图2-8所示。

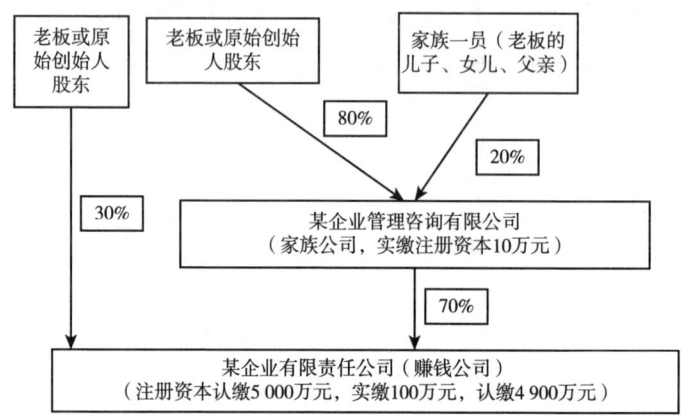

图2-8 创始人+家族公司股东+共同持有赚钱公司股权的股权架构

二、股权布局控税分析

老板或创始人股东直接持有赚钱公司30%的股权比例,家族公司"某企业管理咨询有限公司"持有赚钱公司70%的股权比例,与老板或创始人股东不在赚钱公司占有股权,直接让家族公司"某企业管理咨询有限公司"持有赚钱公司100%的股权比例相比,更能节约老板或创始人股东的税负。分析如下:

(一)老板或创始人股东从赚钱公司分回股息红利比转让赚钱公司的股权更节约税

首先,两种持股方案下,老板或创始人股东最终从赚钱公司分回的股息红利的税负是一样的。

如果老板或创始人股东直接持有赚钱公司30%的股权比例,家族公司"某企业管理咨询有限公司"持有赚钱公司70%的股权比例,则创始人股东从赚钱公司"某企业管理咨询有限公司"分回的股息红利按照20%的税率缴纳个人所得税。如果家族公司"某企业管理咨询有限公司"持有赚钱公司

100%的股权比例，家族公司"某企业管理咨询有限公司"虽然从赚钱公司"某企业有限责任公司"分回股息红利免征企业所得税，但是将从赚钱公司"某企业管理咨询有限公司"分回的股息红利再分配给老板或创始人股东时，仍然要按照20%的税率缴纳个人所得税。

其次，如果赚钱公司是新三板上市的挂靠公司，可以降低老板或创始人股东从赚钱公司套现的税负。

根据《关于继续实施全国中小企业股份转让系统挂牌公司股息红利差别化个人所得税政策的公告》（财政部 税务总局 证监会公告2019年第78号）第一条：个人持有挂牌公司的股票，持股期限超过1年的，对股息红利所得暂免征收个人所得税。基于此税法规定，如果赚钱公司是挂牌公司（新三板），且挂牌公司（新三板）的自然人（老板或创始人）股东持股期限超过1年，则免征分红的个人所得税。

最后，如果老板或创始人股东今后因融资的需要而转让其在赚钱公司的股权，则可以降低税负。

如果老板或创始人股东直接持有赚钱公司30%的股权比例，家族公司"某企业管理咨询有限公司"持有赚钱公司70%的股权比例，当老板或创始人股东转让其在赚钱公司"某企业有限责任公司"的股权时，只按照20%的税率缴纳个人所得税。

如果老板或创始人股东不在赚钱公司占有股权，直接由家族公司"某企业管理咨询有限公司"持有赚钱公司100%的股权比例，则家族公司"某企业管理咨询有限公司"转让其在赚钱公司"某企业有限责任公司"的股权，要按照25%的税率缴纳企业所得税，然后家族公司将其从赚钱公司转让股权的税后利润分配给老板或创始人股东时，要依法代扣代缴20%的个人所得税。即老板或创始人股东承担的税负为：40%［25%+（1-25%）×20%］。

因此，老板或创始人股东直接持有赚钱公司30%的股权比例，家族公司"某企业管理咨询有限公司"持有赚钱公司70%的股权比例，与老板或创始人股东不在赚钱公司占有股权，直接让家族公司"某企业管理咨询有限公司"持有赚钱公司100%的股权比例相比，老板或创始人股东转让股权更节约税负。

（二）基于公司章程"定向分红"条款的约定，老板或创始人将从赚钱公司分回的股息红利只用于投资和转增赚钱公司的注册资本或股本，则更能节约老板或创始人股东的税负。分析如下：

首先，如果老板或创始人股东直接持有赚钱公司30%的股权比例，家族公司"某企业管理咨询有限公司"持有赚钱公司70%的股权比例，则赚钱公司将其税后的未分配利润用于投资设立另外的公司，或者转增赚钱公司的注册资本，赚钱公司必须将投资额或转增注册资本额的30%，按照20%的税率，依法代扣代缴老板或创始人股东的个人所得税。

其次，如果老板或创始人股东不在赚钱公司占有股权，直接让家族公司"某企业管理咨询有限公司"持有赚钱公司100%的股权比例，则赚钱公司将其税后的未分配利润用于投资设立另外的公司，或者转增赚钱公司的注册资本，免征老板或创始人股东的个人所得税。

最后，由于本股权布局策略设计中的第三步，老板或创始人股东与家族公司法人股东"某企业管理咨询有限公司"共同拟订公司章程，在公司章程中特别约定"定向分红条款（同股不同酬）"。因此，赚钱公司在分红时，老板或创始人股东是放弃分红的，全部分配给家族公司"某企业管理咨询有限公司"，根据《中华人民共和国企业所得税法》第二十六条第（二）项和《中华人民共和国企业所得税法实施条例》第八十三条的规定，是免征企业所得税。

第五节　某建筑企业"股权布局控税"设计综合案例

一、相关公司基本情况介绍

（一）甲投资控股有限公司

甲投资控股有限公司是自然人独资的一人有限责任公司，法人代表张先生，成立日期是2019年7月17日，认缴注册资本1 000万元，实缴注册资金0元，经营范围是：经自有资金从事投资活动；企业管理咨询。暂时没有发生业务。

（二）乙建设工程有限责任公司

乙建设工程有限责任公司，法人代表张先生，成立日期是2017年9月30日，认缴注册资本2 000万元，其中张先生认缴800万元、5个自然人股东各自认缴200万元、丙工程租赁公司认缴200万元，张先生实缴注册资金633 927.2元，截至2021年12月31日，账上未分配利润为370万元，经营范围是：对外承包工程等。公司股权架构如图2-9所示。

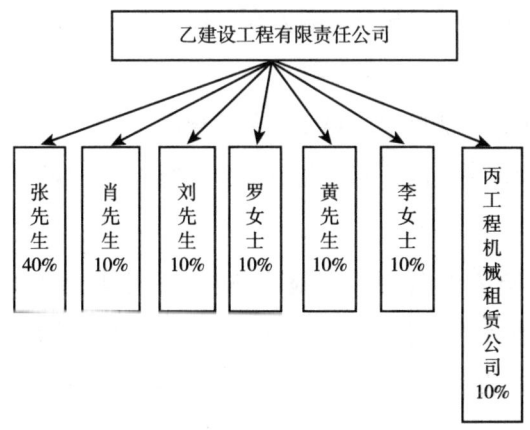

图2-9　乙建设工程有限责任公司股权架构

（三）丙工程机械租赁有限公司

丙工程机械租赁有限公司，法人代表张先生，成立日期为2016年10月17日，认缴注册资本1 000万元，实缴注册资金0元，经营范围是：建筑工程机械与设备租赁等。2021年12月31日，账上未分配利润-57万元，公司股权架构如图2-10所示。

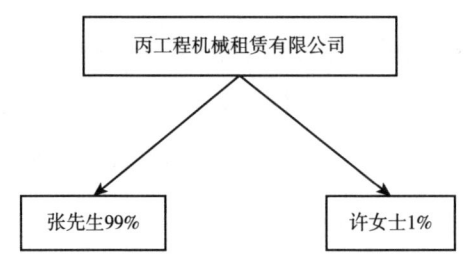

图2-10　丙工程机械租赁有限公司的股权架构

二、公司股权布局的法律风险和税务风险分析

（一）张先生担任多家公司的法人代表存在的法律风险分析

第一，不得参加同一标段投标或者未划分标段的同一招标项目投标，也不得参加同一合同项下的政府采购活动。

根据《政府采购法实施条例》第十八条的规定，单位负责人为同一人或者存在直接控股、管理关系的不同供应商，不得参加同一合同项下的政府采购活动。

《中华人民共和国招标投标法实施条例》第三十四条明确规定，单位负责人为同一人或者存在控股、管理关系的不同单位，不得参加同一标段投标或者未划分标段的同一招标项目投标。违反相关规定的，相关投标均无效。

《工程建设项目货物招标投标办法》第三十二条明确规定，法定代表人为同一个人的两个及两个以上法人、母公司、全资子公司及其控股公司，都不得在同一货物招标中同时投标。

单位负责人主要有两类：一是单位的法定代表人，指依法代表法人单位行使职权的负责人；二是按照法律、行政法规的规定代表单位行使职权的负责人，具体指代表法人单位行使职权的负责人。《公司法》第十三条规定，公司法定代表人依照公司章程的规定，由董事长、执行董事或者经理担任，并依法登记。

基于"（一）相关公司基本情况介绍"可知，乙建设工程有限责任公司、丙工程机械租赁有限公司的法人代表都是张先生，即乙建设工程有限责任公司、丙工程机械租赁有限公司的单位负责人是同一人。

基于以上法律规定，乙建设工程有限责任公司、丙工程机械租赁有限公司不可以参加同一标段投标或者未划分标段的同一招标项目投标，也不得参加同一合同项下的政府采购活动。因此，从税法的角度来看，乙建设工程有限责任公司、丙工程机械租赁有限公司向同一个发包方开具增值税发票，是违法行为，特别是国有单位作为发包方的情况下，在财政审计中是不过关的。

第二，设立一人有限责任公司的股东不能证明公司财产独立于股东自己的财产的，应当对公司债务承担连带责任。

根据《公司法》第六十三条的规定，一人有限责任公司的股东不能证明公司财产独立于股东自己的财产的，应当对公司债务承担连带责任。

由于甲投资控股有限公司是自然人张先生独资的一人有限责任公司。虽然甲投资控股有限公司没有业务，但是在今后发生业务的情况下，张先生不能证明，实践中也很难举证证明甲投资控股有限公司的公司财产独立于股东（张先生）自己的财产，张先生应当对甲投资控股有限公司的债务承担连带责任。

因此，出于法律风险规避的需要，自然人不要作为有限责任公司（赚钱公司）的直接持股股东，但可以作为企业管理咨询有限责任公司或技术服务有限责任公司（家族公司——不发生经济业务，不对外开具发票，只是持股平台）的直接持股股东。

第三，一个自然人股东持股的多家公司（赚钱公司）会导致一家公司的法律风险相互波及和传染。

由于张先生分别持股甲投资控股有限公司、乙建设工程有限责任公司、丙工程机械租赁有限公司，而且都是以上三家公司的法人代表，只要其中一家公司出现法律风险，该家公司的法律风险一定会传递到其他两家公司，**甚至会波及张先生**的家庭成员。

第四，**自然人持股赚钱公司不利于创始人或老板掌握公司的控制权，甚至可能会丧失公司的控制权。**

根据《公司法》第四十三条、第一百零三条的规定，股东会会议作出修改公司章程、增加或者减少注册资本的决议，以及公司合并、分立、解散或者变更公司形式的决议，必须经出席会议的股东所持表决权的三分之二以上通过。

根据《公司法》第三十九条、四十条、一百八十二条的规定，持有公司10%以上表决权的股东，具有请求法院解散公司的权利和召开临时股东（大）会的权利。

根据《公司法》第十六条、九十条、一百零三条和二百一十六条之规定，公司股东会决定的普通事项包括向其他企业投资、为他人提供担保、创立大会等除了须经三分之二以上表决权通过的重大事项以外的事务。股份有限公司股东大会作出普通决议，必须经出席会议的股东所持表决权过半数通过。有限责任公司股东向股东以外的人转让股权，应当经其他股东过半数同意。

基于以上《公司法》的规定，老板或创始人持有公司股权比例的67%、

51%分别称为绝对控制权线和相对控制权线。

由于乙建设工程有限责任公司**存在7个股东：6个自然人股东，一个是法人股东**。股权过于分散，人员关系复杂，没有一个服众的核心人物，就会一盘散沙。老板（张先生）持有乙建设工程有限责任公司**40%的股权比例**，只是拥有一票否决权，对公司没有绝对控制权和相对控制权。

（二）自然人持股乙建设工程有限责任公司、丙工程机械租赁有限公司的股权布局的税务风险——税负重

第一，自然人股东从持股的乙建设工程有限责任公司、丙工程机械租赁有限公司**分回的股息、红利等权益性投资收益必须依法按照20%的比例税率缴纳个人所得税。**

根据《中华人民共和国个人所得税法》第二条第（六）项和第三条的规定，利息、股息红利所得应当缴纳个人所得税，适用比例税率为20%。因此，如果自然人或个人作为创业公司或实业公司的股东，则自然人股东收到创业公司或实业公司分配回来的股息、红利必须依法按照20%的比例税率缴纳个人所得税。

第二，自然人股东作为乙建设工程有限责任公司、丙工程机械租赁有限公司的股东，乙建设工程有限责任公司、丙工程机械租赁有限公司的未分配利润转增资本或用于投资，必须依法按照20%的比例税率缴纳个人所得税。

根据《国家税务总局关于进一步加强高收入者个人所得税征收管理的通知》（国税发〔2010〕54号）第二条第（二）项第1款的规定，加强企业转增注册资本和股本管理，对以未分配利润、盈余公积和除股票溢价发行外的其他资本公积转增注册资本和股本的，要按照"利息、股息、红利所得"项目，依据现行政策规定计征个人所得税。

因此，自然人股东以乙建设工程有限责任公司、丙工程机械租赁有限公

司的未分配利润转增资本或投资必须依法按照20%的比例税率缴纳个人所得税。

第三,自然人股东作为乙建设工程有限责任公司、丙工程机械租赁有限公司股东,从核心公司(被投资法人公司)借钱消费,自借款发生后12个月内未归还,必须依法按照20%的比例税率缴纳个人所得税。

根据《财政部 国家税务总局关于规范个人投资者个人所得税征收管理的通知》(财税〔2003〕158号)第二条的规定,纳税年度内个人投资者从其投资企业(个人独资企业、合伙企业除外)借款,在该纳税年度终了后既不归还,又未用于企业生产经营的,其未归还的借款可视为企业对个人投资者的红利分配,依照"利息、股息、红利所得"项目计征个人所得税。

根据国家税务总局关于印发《个人所得税管理办法》的通知(国税发〔2005〕120号)第三十五条第(四)项的规定,加强个人投资者从其投资企业借款的管理,对期限超过一年又未用于企业生产经营的借款,严格按照有关规定征税。基于此文件规定,并按照新法优于旧法的原则,对老板或股东借款自借款之日起超过一年,且又未用于企业生产经营的,必须依法按照20%的比例税率征个人所得税。

根据《财政部 国家税务总局关于企业为个人购买房屋或其他财产征收个人所得税问题的批复》(财税〔2008〕83号)的规定,符合以下情形的房屋或其他财产,不论所有权人是否将财产无偿或有偿交付企业使用,其实质均为企业对个人进行了实物性质的分配,应依法计征个人所得税。

(1)企业出资购买房屋及其他财产,将所有权登记为投资者个人、投资者家庭成员或企业其他人员的;

(2)企业投资者个人、投资者家庭成员或企业其他人员向企业借款用于购买房屋及其他财产,将所有权登记为投资者、投资者家庭成员或企业其他人员,且借款年度终了后未归还借款的。

因此，根据以上税法的规定，得出以下两点结论：

第一，自然人股东从乙建设工程有限责任公司、丙工程机械租赁有限公司借入资金用于消费，**自借款发生后12个月内未归还，且又未用于企业生产经营的**，其未归还的借款可视为企业对个人投资者的红利分配，依照"利息、股息、红利所得"项目计征个人所得税。

第二，**自然人股东**从乙建设工程有限责任公司、丙工程机械租赁有限公司借入资金用于购买房屋及其他财产将所有权登记为自然人股东名下，且**自借款发生后12个月内未归还的**，视为企业对个人投资者的红利分配，依照"利息、股息、红利所得"项目计征个人所得税。

三、乙建设工程有限责任公司的股权布局控税设计方案和操作要点

（一）第一步：设立一家家族企业——"某企业管理咨询有限责任公司"

以张先生及其一位家庭成员（如张先生的儿女、父亲）共同出资设立一家"某企业管理咨询有限责任公司"，实缴注册资本为10万元以内。其中张先生占股80%、其家庭一员占20%。

（二）第二步：将乙建设工程有限责任公司的现有5个自然人股东和第一步设立的家族企业共同认缴出资份额1 000万元人民币，设立一家股权持股平台——"某有限合伙企业"

实操要点：

1.将第一步设立的家族企业"某企业管理咨询有限责任公司"注册为股权持股平台——"某有限合伙企业"的普通执行事务合伙人（GP），占用"某有限合伙企业"的投资份额为0.2%（即出资份额为2万元人民币）。

2.乙建设工程有限责任公司的原5个自然人股东注册为股权持股平

台——"某有限合伙企业"的有限合伙人（LP），占用"某有限合伙企业"的投资份额为99.8%（即出资份额为998万元人民币）。

3.将乙建设工程有限责任公司的原5个自然人股东各自在"某有限合伙企业"里认缴的出资份额都是199.6万元人民币（998万元÷5）。

4.根据《中华人民共和国合伙企业法》第六十九条的规定，**有限合伙企业不得将全部利润分配给部分合伙人；但是，合伙协议另有约定的除外**。基于此规定，乙建设工程有限责任公司的原5个自然人股东、第一步设立的家族企业"某企业管理咨询有限责任公司"签订的"合伙协议"约定："某有限合伙企业"的全部利润全部分给罗女士等5个自然人合伙人，"某企业管理咨询有限责任公司"不参与利润分配。同时约定："某企业管理咨询有限责任公司"（GP）享有"某有限合伙企业"所有的管理权、决策权、控制权，而罗女士等5个自然人合伙人（LP）只享有"某有限合伙企业"的收益分配权，不享有管理权、决策权、控制权。

（三）第三步：将甲投资控股有限公司重组为一家防火墙公司

操作要点：

1.将自然人股东张先生100%持有"甲投资控股有限公司"的股权，以0元转让价格，全部转让给第一步设立的家族企业（"某企业管理咨询有限责任公司"），致使家族企业（"某企业管理咨询有限责任公司"）100%持股"甲投资控股有限公司"。

法律依据为：国家税务总局2014年公告第67号规定，**甲投资控股有限公司没有开展业务，注册资本是认缴制，公司净资产为零，按照0元进行股权转让，不缴纳个人所得税和印花税**。

2.将甲投资控股有限公司的认缴注册资本1 000万元减资到200万元。

在实践操作过程中，设立防火墙公司必须注意的4个原则。

第一个原则：防火墙公司必须注册为有限责任公司。

第二个原则：防火墙公司的注册资本必须实缴而不能认缴。

第三个原则：防火墙公司注册的经营范围可以是企业管理、企业计算服务、投资管理、企业策划、企业形象设计、企业财税培训、财税咨询等。

第四个原则：防火墙公司的注册资本不能大，一般控制在100万元以下。根据《公司法》的规定，防火墙公司从下一级的或其直接投资的赚钱公司分回的投资收益，必须按照分回投资收益的10%计提法定盈余公积，积累的法定公积金达到注册资本的50%时不再计提。因此，防火墙公司注册资本越大，防火墙公司账上计提积累的法定盈余公积越大，该笔盈余公积就没办法再提到防火墙公司上级的家族企业里面，从而造成资金的浪费和闲置。

基于以上分析，建议将甲投资控股有限公司的认缴注册资本1 000万元减资到200万元。当然，如果不进行认缴注册资本减资也可以，该防火墙公司100%持股股东家族企业必须借钱充实防火墙公司的注册资本。

（四）第四步：将乙建设工程有限责任公司的六个自然人股东和一个法人股东共同签订一份《股东分红协议》（签订时间写为2017年9月）

协议约定：自2018—2023年，乙建设工程有限责任公司产生的全部未分配利润分给丙工程机械租赁有限公司，六个自然人股东不参与未分配利润分配。2024年后的未分配利润，按照股权比例分配。

有关定向分红（同股不同酬）的法律依据分析如下：

1.《公司法》关于"分配红利"的规定及其分析

《公司法》第三十四条规定，"股东按照实缴的出资比例分取红利；公司新增资本时，股东有权优先按照实缴的出资比例认缴出资。但是，**全体股东约定不按照出资比例分取红利或者不按照出资比例优先认缴出资的除外**。

基于以上税收法律政策规定，针对有限责任公司在分配股息红利时，允许将公司的未分配利润只分配给某些股东，而另外一些股东可以放弃分红。即存在"同股不同酬"现象，但是必须满足两个前提条件：一是有限责任公司有未分配利润可分配；二是在《股东投资协议》或公司章程或全体股东一致签字同意的《股东分红协议》中约定"**全体股东不按照出资比例分取红利，将公司可分配的未分配利润只分配给一部分股东，其他股东放弃分红**"。

2.《中华人民共和国企业所得税法》及其实施条例关于"分配红利免税"的规定及其分析

《公司法》第一百六十六条第四款、第五款规定，公司弥补亏损和提取公积金后所余税后利润，有限责任公司依照本法第三十四条的规定分配；股份有限公司按照股东持有的股份比例分配，但股份有限公司章程规定不按持股比例分配的除外。股东会、股东大会或者董事会违反前款规定，在公司弥补亏损和提取法定公积金之前向股东分配利润的，股东必须将违反规定分配的利润退还公司。基于此法律规定，公司没有未分配利润是不可以向股东进行利润分配的。

《中华人民共和国企业所得税法》第二十六条第（二）项规定，符合条件的居民企业之间的股息、红利等权益性投资收益为免交企业所得税的收入。《中华人民共和国企业所得税法实施条例》第八十三条规定，企业所得税法第二十六条第（二）项所称符合条件的居民企业之间的股息、红利等权益性投资收益，是指居民企业直接投资于其他居民企业取得的投资收益。企业所得税法第二十六条第（二）项和第（三）项所称股息、红利等权益性投资收益，不包括连续持有居民企业公开发行并上市流通的股票不足12个月取得的投资收益。基于此税法规定，对于被投资的有限责任公司而言，只要有限责任公司（被投资的居民企业）的法人股东，通过投资形式成为被投资居民企业的法人股东，与其自投资之日起多久时间没有任何关系，都可以享受被投资居民企业的分红所得。

基于以上税法政策规定，必须明确以下分配红利、股息的涉税处理：

第一，弥补以前年度亏损、提取法定公积金之后，公司账上无未分配利润，不可以向股东分配利润。

第二，如果有限责任公司的股东是自然人，则自然人股东从直接投资的被投资企业（有限责任公司）分回的股息红利必须依法缴纳20%的个人所得税。

第三，如果有限责任公司的股东是法人股东，则法人股东从直接投资的被投资企业（有限责任公司）分回的股息红利等权益性投资收益免征企业所得税。

第四，居民企业自成为被投资居民企业的股东之日起，只要被投资居民企业账上有未分配利润，就可以向其分配股息和红利。

（五）第五步：乙建设工程有限责任公司的未分配利润定向分配到丙工程机械租赁有限公司

实操要点：

1. 2023年上半年第一季度之内，**乙建设工程有限责任公司**作出股东分配利润的股东决议，将账上的未分配利润全部分给丙工程机械租赁有限公司。

2. 依据《中华人民共和国企业所得税法》第二十六条第（二）项的规定，乙建设工程有限公司的未分配利润分配到丙工程机械租赁有限公司，作为投资收益入账，在税法上免征企业所得税。

（六）第六步：将乙建设工程有限责任公司的现有5个自然人股东和老板张先生的股权分别平价转让给"某有限合伙企业"、甲投资控股有限公司（防火墙公司）

实操要点：

1. 将乙建设工程有限责任公司的现有5个自然人股东占有的共50%的股权按照净资产（0元）定价（未缴纳的注册资本1 000万元，由股权受让方"某有限合伙企业"履行出资缴足的义务，实缴注册资本为0元，未分配利润为0元）0元人民币（0×50%）转让给"某有限合伙企业"。

2.根据国家税务总局2014年公告第67号文件的规定，"某有限合伙企业"依法代扣代缴5个自然人股东股权转让的个人所得税共0元（0元×20%）和印花税0元（0元人民币×0.05%）。

3.将老板张先生持有乙建设工程有限责任公司40%的股权按照净资产定价633 927.2元人民币（0元×40%+633 927.2元）转让给甲投资控股有限公司（防火墙公司），甲投资控股有限公司（防火墙公司）继续履行张先生未缴足的出资义务。

4.根据国家税务总局2014年公告第67号文件的规定，"某有限合伙企业"依法代扣代缴老板张先生个人股权转让的个人所得税共0元（股权转让定价633 927.2元-投资成本633 927.2元）×20%和印花税317元（633 927.2元人民币×0.05%）。

（七）第七步：乙建设工程有限责任公司的三个股东修改公司章程，签订《股东投资协议》和《股东分红协议》：约定增资和分红事宜

实操要点：

1.约定增资事宜如下：乙建设工程有限责任公司的三个股东共同一致同意修改公司章程**或**签订《股东投资协议》，新的公司章程或《股东投资协议》规定：一是"乙建设工程有限责任公司在出现公司增资时，公司内部股东有优先认缴出资权利，公司内部各自股东不按照其实缴的出资比例和认缴的出资比例出资。二是"某企业管理咨询有限责任公司""某有限合伙企业"**放弃优先认缴出资权利**，出资后，各自股东按照新的认缴出资额计算出资比例。

法律依据是：《公司法》第三十四条第二款规定："公司新增资本时，股东有权优先按照实缴的出资比例认缴出资。但是，**全体股东约定不按照出资比例优先认缴出资的除外**。"

2.**乙建设工程有限责任公司**的三个股东：某企业管理咨询有限责任公司、丙工程机械租赁有限公司和某有限合伙企业共同一致同意修改公司章程**或签订《股东分红协议》**，新的公司章程或《**分红协议**》规定：增资后，各自股东的认缴出资比例发生变化，但是不按照实缴出资比例分红，具体分红比例如下：某有限合伙企业为50%，某企业管理咨询有限责任公司、丙工程机械租赁有限公司按照增资后变化的认缴出资比例分红。

法律依据：

《公司法》第三十四条规定，"股东按照实缴的出资比例分取红利，但是，**全体股东约定不按照出资比例分取红利的除外**。"

基于以上税收法律政策规定，有限责任公司在分配股息红利时，允许将公司的未分配利润只分配给某些股东，而另外一些股东可以放弃分红。即存在"同股不同酬"现象，但是必须满足两个前提条件：一是有限责任公司有未分配利润可分配；二是在《股东投资协议》或公司章程或全体股东一致签字同意的《股东分红协议》中约定"**全体股东不按照出资比例分取红利，只将公司可分配的未分配利润只分配给一部分股东，其他股东放弃分红，或少分红**"。

（八）第八步：到乙建设工程有限责任公司管辖区的市场监督管理局办理工商变更手续

经过以上八步后的股权布局如图2-11所示。

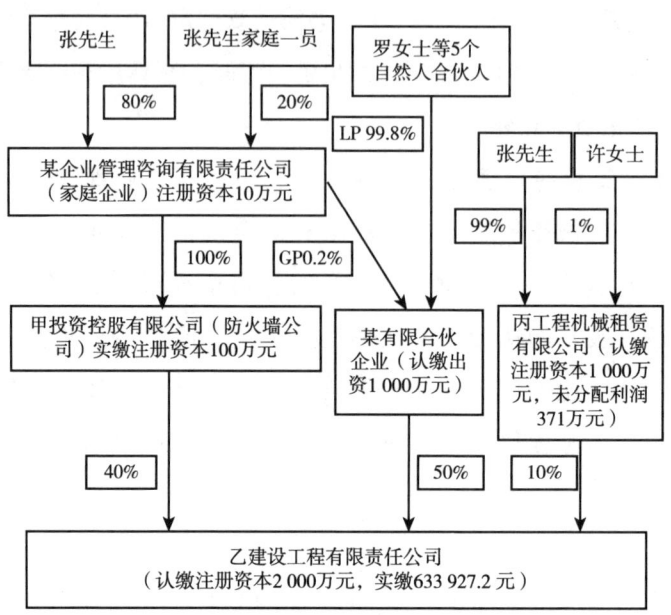

图2-11 乙建设工程有限责任公司的股权布局

（九）第九步：丙工程机械租赁有限公司弥补累计5年内的亏损

实操要点：

2023年6月，丙工程机械租赁有限公司从乙建设工程有限责任公司分回的投资收益，在财务上记入投资收益，用于弥补工程机械租赁有限公司5年内累计发生的亏损57万元，账上还剩"未分配利润"314万元。

（十）第十步：将丙工程机械租赁有限公司账上的全部未分配利润314万元（温馨提醒：该未分配利润以丙工程机械租赁有限公司弥补亏损后的实际数据为准）对乙建设工程有限责任公司进行增资

实操要点：

1.乙建设工程有限责任公司的三个股东："某企业管理咨询有限责任公司"、丙工程机械租赁有限公司和"某有限合伙企业"一致签字确认《公司增资的股东决议》。

2.按照各自股东认缴的出资额重新计算各自股东在乙建设工程有限责任公司的出资比例。

假设丙工程机械租赁有限公司以其弥补亏损后,实际用于增资的未分配利润为A万元。则乙建设工程有限责任公司增资后的注册资本为(2 000万元+A元)。各自股东的出资比例如下:

(1)"甲投资控股有限公司(防火墙公司)"认缴的出资比例为800万元÷(2 000万元+A万元)×100%;

(2)丙工程机械租赁有限公司认缴的出资比例为(200+A万元)÷(2 000万元+A万元)×100%;

(3)"某有限合伙企业"认缴的出资比例为1 000万元÷(2 000万元+A万元)×100%。

通过以上第九步弥补亏损、第十步增资后的股权布局如图2-12所示。

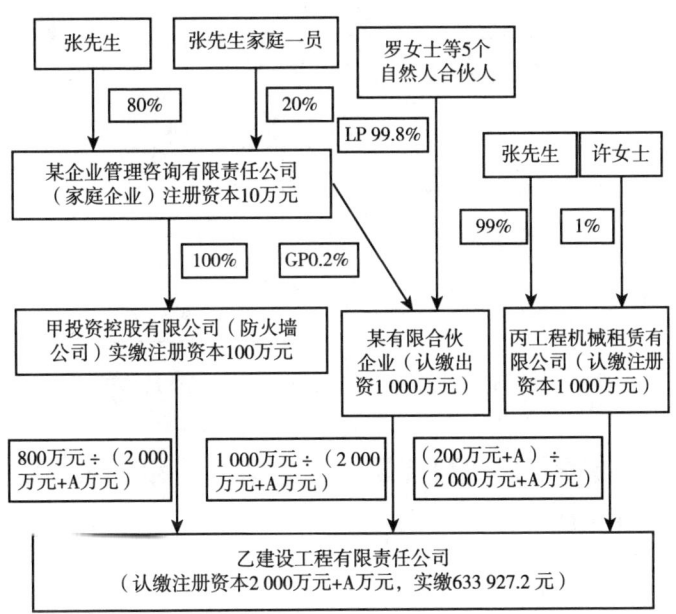

图2-12 增资后乙建设工程有限责任公司的股权布局

(十一)第十一步:将张先生持有丙工程机械租赁有限公司99%的股权按照净资产转让给第一步设立的家族企业:"某企业管理咨询有限责任公司"

由于丙工程机械租赁有限公司注册资本时采取认缴制,该公司一直处于亏损状态,而且经过分回投资收益、弥补亏损、转增资本等法律程序,账上的未分配利润为0。因此,按照净资产0元转让股权,不缴纳自然人股权转让的个人所得税和印花税。

乙建设工程有限责任公司最终的股权布局控税设计如图2-13所示。

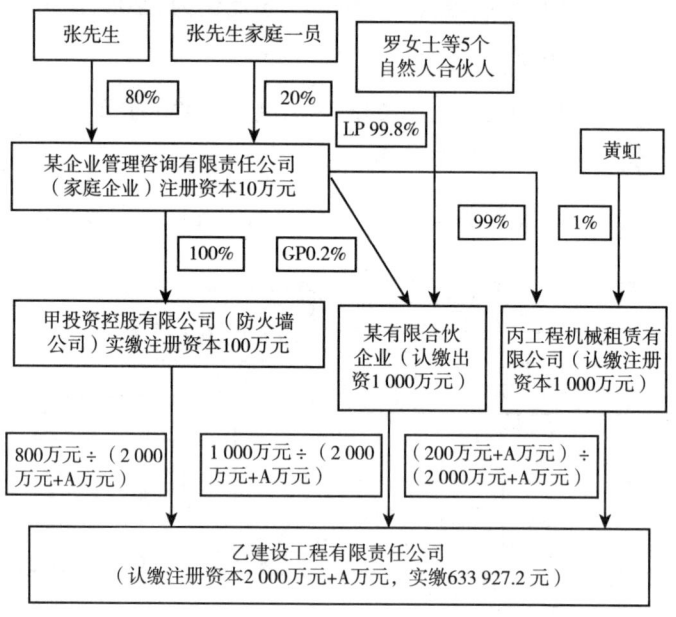

图2-13 乙建设工程有限责任公司的最终股权布局

四、"钱袋子"公司可实现老板家庭消费和个人消费少交税的股权布局设计方案

(一)什么是"钱袋子"公司

所谓的"钱袋子"公司是指老板的家族人员注册的个体工商户、个人独资企业。

（二）个体工商户、个人独资企业的税负

1.依据现有税法的规定，小规模增值税纳税人（年销售额500万元以下，含500万元），按照3%征收率计征增值税。根据国家税务总局2023年公告第1号文件的规定，自2023年1月1日至2023年12月31日，合计月销售额在10万元（含本数）以下，季度销售额30万元（含本数）以下，免征增值税，合计月销售额超过10万元（含本数），季度销售额超过30万元（含本数）的，减按1%征收增值税。

2.依据《中华人民共和国民法典》和《中华人民共和国企业所得税法》的规定，个体工商户和个人独资企业不是法人单位，不缴纳企业所得税，只是按照5%—35%的五档累进税率缴纳经营所得的个人所得税。

3.个体工商户、个人独资企业依法缴纳经营所得的个人所得税后，税后收入直接从对公账户转入个体工商户业主和个人独资企业投资者是合法的"公转私"。

（三）解决老板家庭消费和个人消费合法节税的股权布局设计策略

第一步：注册个体工商户和个人独资企业。

以老板张先生的家庭成员（该家庭成员在第一条股权布局设计路线的股权架构的公司中不可以担任任何职务）注册设立两家个体工商户或个人独资企业，专门从事建筑辅料或很难取得采购发票的辅材采购，或专门从事建筑劳务中的某一工种的专业作业劳务的业务。

第二步：将乙建设工程有限责任公司的辅助业务外包给"钱袋子"公司。

通过第一路线设立的企业股权布局中的最底层的赚钱公司（建筑企业），将一部分辅料采购、专业作业劳务外包给第一步设立的个体工商户和个人独资企业。

**第三步："钱袋子"公司在"四流一致"的情况下，开票给乙建设工程

有限责任公司。

将第一步设立的个体工商户和个人独资企业在真实业务发生且符合"四流一致"的情况下,开发票给乙建设工程有限责任公司(赚钱公司)。

第四步:合法的公转私,将个人独资企业和个体工商户的钱从其公账上转入个人独资企业投资者和个体工商户业主。

通过以上股权布局控税设计策略,最终版的股权布局如图2-14所示。

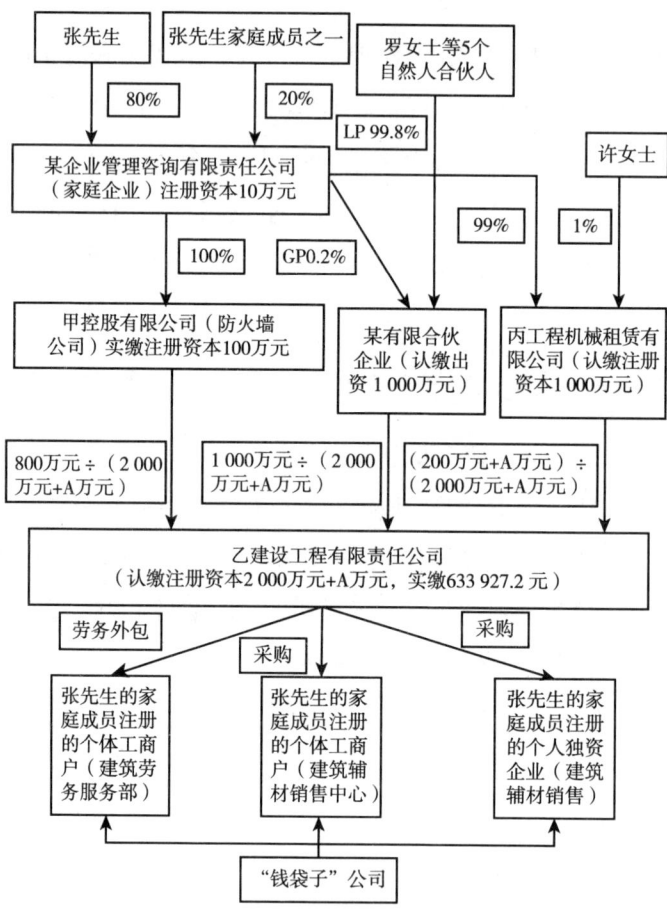

图2-14 乙建设工程有限责任公司最终版的股权布局

五、公司控制权和合法控税分析

（一）公司控制权分析

1. 张先生持有"某企业管理咨询有限责任公司"（家族企业）80%的股权，是家族企业的实际控制人。

2. "某企业管理咨询有限责任公司"（家族企业）是"某有限合伙企业"的GP，是该股权持股平台"某有限合伙企业"的实际控制人。

3. "某企业管理咨询有限责任公司"（家族企业）100%持股甲投资控股有限公司（防火墙公司），张先生间接控制甲投资控股有限公司（防火墙公司）80%的股权，大于绝对控制线67.7%。

因此，张先生通过甲投资控股有限公司（防火墙公司）间接掌握了**乙建设工程有限责任公司**的控制权。

4. 张先生通过"某有限合伙企业"直接掌握了**乙建设工程有限责任公司**的控制权。

5. 张先生通过丙工程机械租赁有限公司间接掌握了**乙建设工程有限责任公司**的控制权。

因此，张先生最终掌握了广东品建基础工程有限公司的控制权。

（二）节税分析

1. **乙建设工程有限责任公司**的未分配利润分配到甲投资控股有限公司（防火墙公司）是免缴企业所得税。

2. 甲投资控股有限公司（防火墙公司）依法计提法定公积金后，再分配到"某企业管理咨询有限责任公司"（家族企业）的未分配利润是免缴企业所得税。

3. **乙建设工程有限责任公司**的未分配利润分配到"某有限合伙企业"，根据财税〔2008〕159号文件第二条的规定，合伙企业本身不缴税，合伙企业的合伙人是缴税义务人。如果合伙企业是自然人，则按照"股息红利"税目以20%税率依法申报缴纳个人所得税。因此，**乙建设工程有限责任公司**的未分配利润分配到"某有限合伙企业"，该"某有限合伙企业"本身不缴税，由罗女士等5个自然人自己申报缴纳个人所得税。

4.丙工程机械租赁有限公司从**乙建设工程有限责任公司**分回来的未分配利润免缴企业所得税，依法计提法定公积金后，再分回"某企业管理咨询有限责任公司"（家族企业）也是免缴企业所得税。

5."某企业管理咨询有限责任公司"（家族企业）从**乙建设工程有限责任公司分回的股息和红利主要用于以下支出是免税的：**

第一，同于家族成员发放工资、缴纳社保费用，作为家族公司的费用列支。

第二，用于投资设立别的公司的投资款。

第三，用于购买家族成员的车辆，车辆产权在家族公司名下，车辆的保险费用、油费、修理费用、停车费用，都可以当作家族公司的成本费用报销。

第四，将现金资产委托给信托公司进行运营，信托收益给予指定的家族成员免个人所得税。

第五，将现金资产用于购买不动产，产权登记在家族公司名下，然后交给信托公司运营，信托收益给予指定的家族成员免个人所得税。

第六，由于给某有限责任公司转增资本，增加某有限责任公司的注册资本免税。

以上是通过家族企业解决老板从**乙建设工程有限责任公司分回的股息和红利，用于投资消费免税。**

另外，解决老板家庭消费和其他个人支出的钱来自以下渠道：

第一，家族企业可与老板家庭成员签订劳动合同，给予其工资，并缴纳社保费用；

第二，通过钱袋子公司实现"公转私"合法化，解决个人消费支出。

第三章

建筑企业税收安全之策："业财税法融合控税"三大计

所谓的"业财税法融合控税"思维是指企业从财务、税务和法务三个维度对同一笔经营业务进行综合防范税收风险、财务风险和法律风险的管理控制方法。"业财税法融合控税"的目标是"三个安全"，即企业从事的每一笔经济业务都实现企业的法律安全、财务安全和税务安全。业务流程与法务、财务和税务相互融合控税是企业实现"三个安全"的必备手段！从操作层面来讲，"业财税法融合控税"就是要做到四个方面的融合：一是法律相关条款的规定与交易合同的签订相融合；二是企业的财务处理与交易合同相融合；三是企业的税务处理与交易合同相融合；四是企业的财务、税务处理、法务处理与业务模式相融合。

因此，在实际业务操作过程中，针对企业发生的每一笔经济业务，只有从财务角度、税务角度和法律角度进行审视和防控风险才能真正达到控制财税风险的目标。

本章主要讲解建筑企业税收安全之策的"业财税法融合控税"战略的四

大计：（1）第一计：企业经济业务的财务、税务、法务处理必须与业务模式相匹配；（2）第二计：以税法与相关法律规定的融合佐证为税务处理之依据；（3）第三计：以民商法、司法解释的相关条款规定为税务处理之依据。

第一节 "业财税法融合控税"第一计：企业经济业务的财务、税务、法务处理必须与业务模式相匹配

所谓的"企业经济业务的财务、税务、法务处理必须与业务模式相匹配"是指企业合法的经济业务模式决定了企业的账务处理、税务处理和法务处理。具体而言有三层含义：一是交易合同签订涉及的相关法律条款规定与业务模式相匹配；二是企业的财务处理与业务模式相匹配；三是企业的税务处理与业务模式相匹配。

一、认缴建筑公司注册资本的"业财税法融合"控税

自2014年3月1日起，《公司法》（2015年版）将注册资本实缴登记制改为认缴登记制。注册资本认缴登记制是我国工商登记制度的一项改革措施，此项改革涉及企业如何进行账务处理、税务处理和股权转让的涉税处理，以及出资未到位的股东在出资期限届满之前，是否要承担公司的债务清偿连带责任等问题。本节针对股东认缴公司注册资本的出资业务模式的"业财税法融合"控税进行详细分析。

（一）公司注册资本的两种出资业务模式

自2014年，根据《公司法》（2015年版）的规定，股东注册公司时，注册资本的出资方式**有两种模式：一是注册资本认缴制模式；二是注册资本实缴制模式**。在注册资本认缴制模式下，股东认缴注册资本涉及财务处理、税

务处理、法务处理。

（二）注册资本认缴制模式下的法务处理

1. 注册资本改为认缴制后的相关法律规定

根据《公司法》（2015年版）和《国务院关于印发注册资本登记制度改革方案的通知》（国发〔2014〕7号）的规定，注册资本的修改主要涉及五个方面：

一是将注册资本实缴登记制改为认缴登记制。

二是取消了一人有限责任公司股东应一次足额缴纳出资的规定，转而采取公司股东自主约定认缴出资额、出资期限。

三是放宽注册资本登记条件。除法律、行政法规以及国务院决定对特定行业注册资本最低限额另有规定的外，取消有限责任公司最低注册资本3万元、一人有限责任公司最低注册资本10万元、股份有限公司最低注册资本500万元的限制。不再限制公司设立时全体股东（发起人）的首次出资比例，不再限制公司全体股东（发起人）的货币出资金额占注册资本30%的比例。

四是取消公司股东（发起人）未缴足的出资必须在工商登记后的两年内缴足。

五是注册资本由实缴登记制改为认缴登记制，工商部门不再收取验资报告。

《注册资本登记制度改革方案》第二条规定：注册资本是公司在设立时，在公司工商登记机关登记的由公司股东认缴的出资总额或者发起人认购的股本总额。

《公司法》（2015年版）第二十六条规定："有限责任公司的注册资本为在公司登记机关登记的全体股东认缴的出资额。"第八十条规定："股份有限公司采取发起设立方式设立的，注册资本为在公司登记机关登记的全体发起人认购的股本总额。在发起人认购的股份缴足前，不得向他人募集股份。股份有限公司采取募集方式设立的,注册资本为在公司登记机关登记的实收股本总额。"

2. 注册资本认缴制下的股东承担公司债务清偿责任的法律界定

(1)股东以其认缴的出资额为限对公司承担责任。

根据《公司法》第三条的规定,有限责任公司的股东以其认缴的出资额为限对公司承担责任;股份有限公司的股东以其认购的股份为限对公司承担责任。《中华人民共和国公司法解释(二)》第二十二条第2款规定:"公司财产不足以清偿债务时,债权人主张未缴出资股东,以及公司设立时的其他股东或者发起人在未缴出资范围内对公司债务承担连带清偿责任的,人民法院应依法予以支持。"

(2)出资未到位股东在出资期限届满前是否承担公司未偿还债务的连带赔偿责任。

根据最高人民法院关于印发《全国法院民商事审判工作会议纪要》的通知(法〔2019〕254号)第二条第6款的规定,在注册资本认缴制下,股东依法享有期限利益。债权人以公司不能清偿到期债务为由,请求未届出资期限的股东在未出资范围内对公司不能清偿的债务承担补充赔偿责任的,人民法院不予支持。但是,下列情形除外:(1)公司作为被执行人的案件,人民法院穷尽执行措施无财产可供执行,已具备破产原因,但不申请破产的;(2)在公司债务产生后,公司股东(大)会决议或以其他方式延长股东出资期限的。

基于以上法律规定,只有认缴出资资本的股东,在出资期限未届满前,出资未到位的股东,在未出资范围内对公司不能清偿的债务不承担补充赔偿责任,但是在出资期限届满后,对于出资未到位的股东,必须在未出资范围内对公司不能清偿的债务承担补充赔偿责任。

(3)注册资本认缴制下的股东承担公司债务清偿责任的法律界定。

第一,在股东出资认缴期限未届满前,出资未到位的股东,在未出资范围内对公司不能清偿的债务不承担补充赔偿责任。

第二，在公司章程约定的股东出资认缴期限届满后，出资未到位的股东，在未出资范围内对公司不能清偿的债务必须承担补充赔偿责任。

（三）认缴注册资本制下的财务处理

《企业会计准则——应用指南》附录——《会计科目和主要账务处理》规定，"实收资本"科目核算企业接受投资者投入的实收资本。注册资本和实收资本是有一定的区别和联系。两者的区别是：（1）注册资本是公司在设立时筹集的、由章程载明的、经公司登记机关登记注册的资本，是股东认缴或认购的出资额。（2）实收资本是公司成立时实际收到的股东的出资总额，是公司现实拥有的资本。实收资本在某段时间内可能小于注册资本，但以后可能会大于注册资本。两者的联系是：在注册资本实缴制的情况下，注册资本与实收资本一般是一致的，而在认缴制的情况下，注册资本与实收资本不一致，一般体现为注册资本大于实收资本。在注册资本缴足前，实收资本小于注册资本；一旦缴足认缴的全部出资，实缴资本与注册资本相等。

关于实收资本问题应如何进行账务处理？基于以上实收资本和注册资本的区别和联系的分析，在注册资本从实缴制改为认缴制的情况下，公司对于未收到股东的出资额是不进行账务处理，只针对公司收到股东出资的部分进行账务处理。

（四）注册资本改为认缴制后的税务处理

1. 印花税的处理

《中华人民共和国印花税法》[中华人民共和国主席令（第八十九号）]第五条第（三）款规定，应税营业账簿的计税依据，为账簿记载的实收资本（股本）、资本公积合计金额。

基于以上税收法律政策，将注册资本实缴制改为认缴制后，公司只能按股东实缴的实收资本申报缴纳印花税，而未缴足的实收资本部分不缴纳印花税。

2.个人所得税的处理

《财政部 国家税务总局关于规范个人投资者个人所得税征收管理的通知》(财税〔2003〕158号)规定：纳税年度内个人投资者从其投资企业(个人独资企业、合伙企业除外)借款，在该纳税年度终了后既不归还，又未用于企业生产经营的，其未归还的借款可视为企业对个人投资者的红利分配，依照"利息、股息、红利所得"项目计征个人所得税。

国家税务总局关于印发《个人所得税管理办法》的通知(国税发〔2005〕120号)规定：各级税务机关应强化对个体工商户、个人独资企业和合伙企业投资者以及独立从事劳务活动的个人的个人所得税征管。加强个人投资者从其投资企业借款的管理，对期限超过一年又未用于企业生产经营的借款，严格按照有关规定征税。

基于以上税收法律政策，如果公司对未收到股东的注册资本在会计上按照"借：其他应收款，贷：实收资本"进行了账务处理，不仅要按照实收资本金额提前缴纳印花税，还要将挂在"其他应收款"科目上的股东未缴足注册资本视为自然人股东向公司的借款，超过一年期限的，要依法按照20%的税率缴纳个人所得税。因此，注册资本实缴制改为认缴制后，对于自然人股东未缴足的注册资本部分绝对不能进行账务处理，在"其他应收款"会计科目中核算。

3.股权转让的所得税处理

在注册资本从实缴制改为认缴制的情况下，当股东转让股权，在计算股权转让所得时，股权转让的原始计税基础是减实收资本还是减注册资本呢？

股权转让所得是股权转让价格减去转让股权的初始投资价值(计税基础)，股权转让价格中包括了实收资本。因为在不符合采用市场评估法评估公司净资产时，股权转让价格是按照净资产法进行定价的，而净资产是实收资本、资本公积和未分配利润的总和，实收资本包括在股权转让价格中。因此分情况得出以下结论：

一是在注册资本实施实缴制的情况下，注册资本等于实收资本，也等于投资的计税基础，股权转让所得是股权转让价格减去注册资本。

二是在注册资本改为认缴制的情况下，注册资本不等于实收资本，股东未缴足的注册资本为税收筹划是不进行账务处理的，股权转让所得是股权转让价格减去实收资本（股东向公司实际缴纳的部分册资本）。

三是在注册资本改为认缴制的情况下，在股权转让之际，如果股权转让合同生效之前，未缴足的部分注册资本已经缴足，则该补缴足的部分注册资本一定含在股权转让价格中，则股权转让所得是股权转让价格减去注册资本；如果股权转让合同生效之前，股东未缴足的部分注册资本仍然未缴足，根据《公司法》的规定，未缴足部分的注册资本必须由股权受让方在接受股权后继续补足，则该补缴足的部分注册资本一定不含在股权转让价格中，股权转让所得是股权转让价格减去实收资本（股东向公司实际缴纳的部分册资本）。

4. 企业投资者投资未到位而发生的利息支出的企业所得税处理

《中华人民共和国企业所得税法》第四十六条规定："企业从其关联方接受的债权性投资与权益性投资的比例超过规定标准而发生的利息支出，不得在计算应纳税所得额时扣除。"

《财政部 国家税务总局关于企业关联方利息支出税前扣除标准有关税收政策问题的通知》（财税〔2008〕121号）规定，为规范企业利息支出税前扣除，加强企业所得税管理，根据《中华人民共和国企业所得税法》第四十六条和《中华人民共和国企业所得税法实施条例》第一百一十九条的规定，在计算应纳税所得额时，企业实际支付给关联方的利息支出，不超过规定比例和税法及其实施条例有关规定计算的部分，准予扣除，超过的部分不得在发生当期和以后年度扣除。企业接受关联方债权性投资与其权益性投资的比例，金融企业为5∶1；其他企业为2∶1。

《国家税务总局关于企业投资者投资未到位而发生的利息支出企业所得

税前扣除问题的批复》（国税函〔2009〕312号）规定，凡企业投资者在规定期限内未缴足其应缴资本额的，该企业对外借款所发生的利息，相当于投资者实缴资本额与在规定期限内应缴资本额的差额应计支付的利息，其不属于企业合理的支出，应由企业投资者负担，不得在计算企业应纳税所得额时扣除。

因此，在注册资本认缴制度下，根据税法规定，如果企业设立时认缴的注册资本过大，逾期未缴足资本金对应数额借款利息无法在企业所得税前进行扣除。

[案例13]
某建筑企业在注册资本从实缴制改为认缴制后的财税处理分析

（一）案情介绍

某建筑工程有限责任公司于2019年3月登记成立，注册资本为500万元，由甲和乙两人发起认缴，在公司章程中约定，甲出资300万元，乙出资200万元。公司章程规定，甲出资300万元于2020年5月1日投入公司，甲到期实际投资350万元，乙出资200万元于2024年1月1日投入公司。其中2021年1月1日至2021年2月31日，该公司向当地银行申请流动资金贷款1 000万元，发生的年利息为100万元。2022年3月1日，自然人股东甲转让其在某建筑工程有限责任公司的全部股权给丙，转让价格为400万元，请分析某建筑工程有限责任公司自登记成立到转让股权的财务和税务处理。

（二）财务处理

1. 2019年3月公司登记成立，不需要做任何账务处理，实收资本为0，不需要缴纳个人所得税。

2. 2020年5月1日，甲出资300万元投入公司，甲到期实际投资350万元的账务处理如下：

借：银行存款　　　　　　　　　　　　　　　　　3 500 000
　　贷：实收资本——甲股东　　　　　　　　　　　3 000 000
　　　　资本公积——甲股东（资本溢价）　　　　　　500 000

3. 乙出资200万元并于2024年1月1日投入公司的账务处理如下：

借：银行存款　　　　　　　　　　　　　　　　　2 000 000
　　贷：实收资本——乙股东　　　　　　　　　　　2 000 000

（三）税务处理

1. 缴纳印花税

2020年5月缴纳印花税时：

借：管理费用——印花税　　　（3 500 000×0.5‰）1 750
　　贷：银行存款　　　　　　　　　　　　　　　　　1 750

2024年1月缴纳印花税时：

借：管理费用——印花税　　　（2 000 000×0.5‰）1 000
　　贷：银行存款　　　　　　　　　　　　　　　　　1 000

2. 企业投资者投资未到位而发生的利息支出的企业所得税处理

2021年度，某建筑工程有限责任公司不可以在企业所得税前扣除的利息是：$100 \times 200 \div 1\,000 = 20$万元。

3. 股权转让的个人所得税处理

2022年3月1日，甲股东转让股权给丙，根据国家税务总局2014年公告第67号文件的规定，甲股东应申报缴纳股权转让的个人所得税为$(400-300) \times 20\% = 20$万元。

二、设立农民工工资专户的建筑企业代发与其签订劳务分包合同的劳务公司雇佣农民工工资的"业财税法融合"控税

（一）业务模式：设立农民工工资专户的建筑企业代发与其签订劳务分包合同的劳务公司雇佣农民工工资

假设A公司为一般纳税人，为施工总承包单位，采取一般计税方法，将其中某专业作业劳务分包给B劳务公司，B公司选择简易计税方法。当月，双方经过验工劳务计价，劳务工程量1 000万元（含税），约定A公司通过农民工资专户代发与B劳务公司签订固定期限劳动合同的农民工工资500万元，转账支付B劳务公司300万元的工程款，200万元劳务工程款在竣工结算后一次性支付。B公司按实际收到的工程款和代发工资合计数800万元为A公司开具增值税专用发票；未收到的工程款，约定收到工程价款后再开具增值税专用发票。请分析设立农民工工资专用账户的施工总承包单位A公司、B劳务公司的账务处理？农民工工资个税和社保费用是由施工总承包单位A公司还是B劳务公司进行代扣代缴？"农民工工资表""工时考勤表"、身份证复印件等是作为施工总承包单位A公司还是B劳务公司的会计原始凭证？

本案例中的**农民工工资发放和劳务进度款支付业务模式是**：建筑总承包方A公司与B劳务公司**之间**结算工程进度款，A公司按照工程进度款的一定比例通过其设立的农民工工资专户代发劳务公司的农民工工资，同时支付B劳务公司一部分劳务款时，拖欠另一部分劳务款。

（二）法务处理

1.建筑企业与劳务公司签订合同的秘诀

（1）建筑企业与劳务公司签订两份协议：一份是《委托代发农民工工资协议书》；另一份是《建筑劳务分包合同》。

（2）可以与建筑劳务公司签订劳务分包合同的三种合法承包单位。

根据《住房和城乡建设部关于印发建筑工程施工发包与承包违法行为认定查处管理办法的通知》（建市规〔2019〕1号）第十九条、第八条第（五）项的规定，承包单位包括施工总承包单位、专业承包单位和专业分包单位。因此，与建筑劳务公司签订劳务分包合同的三种合法承包单位是：施工总承包单位、专业承包单位和专业分包单位。施工总承包单位、专业承包单位均指直接承接建设单位发包的工程的单位；专业分包单位是指承接施工总承包或专业承包企业分包专业工程的单位。

（3）与设立农民工工资专用账户的建筑总承包企业签订规避法律风险的劳务分包合同的五步法。

第一步：建筑企业与劳务公司签订劳务分包合同，劳务分包合同约定以下两条法律风险规避条款：

第一条是"农民工工资支付"条款。该条款约定：劳务公司聘请的农民工工资由建筑公司通过其设立的农民工工资专用账户代发到农民工本人工资卡，具体的农民工工资和劳务公司的劳务款支付办法如下：

每次劳务款结算完毕，应扣除每次结算价格3%的质量保证金。在建筑企业（甲方）收到劳务公司（乙方）提供合法合规，且发票"备注栏"中注明"建筑服务发生地所在县（市、区）和项目名称"（**特别提醒：该项目名称一般填写"建筑工程施工许可证"或"建筑工程规划许可证"上注明的工程项目名称**）的建筑服务增值税发票时，劳务公司（乙方）必须提供给建筑企业（甲方）经农民工本人签字按手印并由劳务公司（乙方）负责人签字的"农民工工资表""农民工工时考勤表"和农民工身份证复印件，建筑企业（甲方）通过其设立的农民工工资专用账户将农民工工资划入农民工的工资卡，然后建筑企业（甲方）扣除其通过农民工工资专用账户代发的农民工工资金额，将剩下的劳务分包款，采用银行承兑汇票形式或银行转账支付形式，按照劳务分包合同中"工程劳务款结算和支付"条款约定的"劳务款支付时间节点"，通过建筑企业（甲方）的基本账户转入劳务公司（乙方）的基本户。

第二条是"**发票开具**"条款。该条约定：劳务公司向建筑企业开具3%的增值税专用（普通）发票；劳务公司向建筑企业开具发票时，在增值税发票的"备注栏"注明"建筑工程所在地的县、市（区）和项目的名称"的字样。且必须在增值税发票的"备注栏"注明"含建筑企业通过农民工工资专用账户代发农民工工资×××元"的字样。

例如，某建筑公司与挂靠的劳务公司签订劳务分包合同1 000万元，工程所在地和项目名称为：江西省宁都县翠微路桥项目。该建筑公司给该劳务公司6%的税费和管理费用，劳务公司为建筑公司开具1 000万元（含增值税）的发票，则劳务合同的签订要点如下：

一是在劳务分包合同中"劳务人员工资发放办法"条款中明确"注明建筑企业代发劳务公司农民工工资"。

二是在劳务分包合同中的"发票开具"条款中约定：劳务公司为建筑公司开具劳务发票时必须在发票"备注栏"中写明两点：

①建筑企业通过农民工工资专用账户或通过其基本账户代发农民工工资940万元。

②江西省宁都县翠微路桥项目。

第二步：如果建筑公司通过其设立的农民工工资专用账户代发劳务公司农民工工资，则建筑公司与劳务公司必须签订一份《劳务公司委托建筑公司代发农民工工资协议》。

第三步：劳务公司聘用的农民工、班组长与劳务公司签订固定期限的劳动合同（适用于房建和市政工程项目，在劳动合同中的"合同期限"条款中选择约定"固定期限的劳动合同"）或灵活用工协议书，或者班组长与劳务公司签订专业作业劳务分包合同（适用于"非房建和非市政工程项目"）。

第四步：劳务公司办公室必须出一份文件，如《关于组建××××工程项目部的通知》，通知里明确担任项目部负责人、劳资专管员、班组长的名字和身份证号码。

第五步：劳务公司办公室下达项目部负责人、劳资专管员、班组长任命书，明确各负责人。

第六步：劳务公司项目负责人每月月底必须将本月已经完成的劳务工程量计量确认单递交给建筑企业项目负责人进行签字确认。

第七步：劳务公司项目负责人每月与建筑企业进行工程劳务款进度结算或根据劳务分包合同中约定的结算时间节点进行劳务款进度结算，双方负责人必须在进度结算书上签字盖章确认。

第八步：劳务工程竣工后，建筑企业与劳务公司必须进行最终劳务款决算，双方项目负责人在劳务款决算书上签字盖章确认。

第九步：建立**农民工工资发放公示制度**。劳务公司项目负责人每月必须将农民工的工资表（见图3-1）在工地项目部的"公示栏"张贴"农民工工资"公示表并附上工资名单进行公示，**公示期不得少于5日**，接受农民工的监督和投诉。

农民工工资发放公示表

_____项目_____标段工友位：

我公司将于近日通过银行汇款方式发放你们在本项目自 年 月 日至 年 月 日结算的劳务工资款。

本次发放工资名单如下，如对工资核算存有异议的，请及时向本公司项目部投诉反映。

××（建设单位）劳资监督员姓名：　　　　联系电话：
××（施工总承包企业）劳资管理员姓名：　　　　联系电话：
××（用工主体/承包企业）劳资管理员姓名：　　　　联系电话：

工资名单

序号	工种	工人姓名	本次工资核算截止日期	备注
1				
2				
3				
4				
5				
6				
7				

说明：1.在本名单中如有不属于本班组工人的，请工友向项目部投诉，避免有人冒领工资。
　　　2.本公示名单需加盖用工主体单位公章。

图3-1　附件：通过农民工工资专用账户代发农民工工资的发放公示表

（4）建筑劳务公司可以签订的四种合法劳务分包合同。

①劳务分包合同的分类：清包工分包合同和纯劳务分包合同。

根据财税〔2016〕36号附件2——《营业税改征增值税试点有关事项的规定》第一条第（七）项的规定，以清包工方式提供建筑服务，是指施工方不采购建筑工程所需的材料或只采购辅助材料，并收取人工费、管理费或者其他费用的建筑服务。基于此规定，建筑劳务分包分两种：清包工分包和纯劳务分包。其中，"纯劳务分包"是指施工方不采购建筑工程所需的材料（包括主要材料和辅助材料），只收取人工费用、管理费或者其他费用的建筑服务。因此，实践中提及的"劳务分包合同"实际上是指清包工分包合同和纯劳务分包合同。

②劳务分包的相关法律依据分析。

《住房和城乡建设部关于印发建筑工程施工发包与承包违法行为认定查处管理办法的通知》（建市规〔2009〕1号）第十二条第（四）项规定："专业分包单位将其承包的专业工程中非劳务作业部分再分包的，是违法分包行为。"建市规〔2009〕1号第十二条（五）项规定："专业作业承包人将其承包的劳务再分包的，是违法分包行为。"建市规〔2009〕1号第十二条第（六）项规定："专业作业承包人除计取劳务作业费用外，还计取主要建筑材料款和大中型施工机械设备、主要周转材料费用的，是违法分包行为。"

基于此规定，专业分包单位（即分包人包工包料）就专业工程中的劳务作业部分再进行分包是合法行为，或者专业分包单位（即分包人包工包料）就专业工程中的部分辅料和劳务作业部分再进行分包是合法行为。如果劳务公司转型为劳务总承包企业，则劳务总承包企业将其承包的劳务分包给专业作业的劳务企业、作业专业的个体工商户和专业作业的建筑技术工人是合法行为；但是，如果劳务公司转型为专门从事建筑项目工地上的钢筋工、模板工、砼工、砌筑工、抹灰工、架子工、防水工、水电暖安装工、油漆工、外墙保温工等专业作业的劳务专业作业企业，则劳务专业作业企业将其承包的专业作业劳务再分包给作业专业的个体工商户和专业作业的建筑技术工人是违法行为。

建市规〔2009〕1号第八条第（五）项规定："专业作业承包人承包的范围是承包单位承包的全部工程，专业作业承包人计取的是除上缴给承包单位'管理费'之外的全部工程价款的，是违法转包行为。"建市规〔2009〕1号第八条第（八）项规定："专业作业的发包单位不是该工程承包单位的，是违法转包行为。"

基于以上规定，施工总承包单位、专业承包单位和专业分包单位将承包的工程全部交给劳务公司、专业作业承包人施工，只向劳务公司、专业作业承包人收取一定的管理费用的行为是违法转包行为。

③建筑劳务公司可以签订的四种合法的劳务分包合同。

根据以上法律依据分析，建筑劳务公司可以签订以下四种合法的劳务分包合同。

一是建筑劳务公司与施工总承包单位、专业承包单位和专业分包单位签订纯劳务作业的劳务分包合同（纯劳务分包合同）。

二是劳务公司（实质上是具有不同专业作业资质的劳务总承包企业）与施工总承包单位、专业承包单位和专业分包单位方签订含有部分辅料和纯劳务部分的劳务分包合同（或者称为清包工劳务分包合同）。

三是如果劳务公司转型为具有不同专业作业资质的劳务总承包企业，则劳务公司与不同专业作业的个体工商户、小微劳务企业、设立临时税务登记的自然人班组长、既没有设立临时税务登记又没有办理工商税务登记的个体工商户的自然人班组长，签订某一工种的专业作业分包合同。

四是施工总承包单位、专业承包单位和专业分包单位可以直接与班组长签订专业作业的劳务分包合同。

（5）建筑劳务公司严禁签订的五种违法劳务分包合同。

根据建市规〔2009〕1号的规定，以下五种建筑劳务分包行为是违法的。

①专门从事某一工种作业的专业作业劳务公司与施工总承包单位、专业承包单位和专业分包单位签订的某一工种的专业作业劳务分包合同再分包给专业作业的班组长、个体工商户、劳务公司是违法分包行为。(法律依据:建市规〔2009〕1号第十二条(五)项规定:"专业作业承包人将其承包的劳务再分包的,是违法分包行为")

②施工总承包单位、专业承包单位和专业分包单位将其承包的工程全部交给劳务公司、专业作业承包人施工,只向劳务公司、专业作业承包人收取一定的管理费用的行为是违法转包行为。(法律依据:建市规〔2009〕1号第八条第(五)项规定:"专业作业承包人承包的范围是承包单位承包的全部工程,专业作业承包人计取的是除上缴给承包单位"管理费"之外的全部工程价款的,是违法转包行为。")

③施工总承包单位、专业承包单位和专业分包单位签订劳务分包合同,在劳务分包合同的"材料和设备"条款中约定:劳务施工过程中所需的主要建筑材料由劳务公司提供。在劳务款结算时,劳务公司除计取劳务作业费用外,还计取主要建筑材料费用,是违法分包行为。(法律依据:《住房和城乡建设部关于印发建筑工程施工发包与承包违法行为认定查处管理办法的通知》(建市规〔2009〕1号)第十二条第(四)项规定:"专业分包单位将其承包的专业工程中非劳务作业部分再分包的,是违法分包行为。")

④施工总承包单位、专业承包单位和专业分包单位签订劳务分包合同,在劳务分包合同的"材料和设备"条款中约定:劳务施工过程中所需的大中型施工机械设备、主要周转材料由劳务公司提供。在劳务款结算时,劳务公司除计取劳务作业费用外,还计取主要大中型施工机械设备、主要周转材料费用的,是违法分包行为。(法律依据:建市规〔2009〕1号第十二条第(六)项规定:"专业作业承包人除计取劳务作业费用外,还计取主要建筑材料款和大中型施工机械设备、主要周转材料费用的,是违法分包行为。")

⑤劳务总承包的劳务公司或建筑企业与班组长签订某一工种的专业作业劳务分包合同后，班组长又将其从劳务公司或建筑企业承包的专业作业劳务分包给另外一个班组长，是违法分包行为。（法律依据：建市规〔2009〕1号第十二条（五）项规定："专业作业承包人将其承包的劳务再分包的，是违法分包行为。"）

（三）税务处理

1. 农民工工资的个税和社保费用不由设立农民工专用账户的建筑企业代扣代缴

本案例中的税务处理涉及农民工工资是由建筑总承包方A还是劳务公司B代扣代缴个人所得税？社保入税后的农民工社保费用是**由建筑总承包方A还是劳务公司B进行代扣代缴？**

要正确进行以上两方面的税务处理，必须要依据《中华人民共和国劳动合同法》和《中华人民共和国社会保险法》等相关条款的规定以及《企业会计准则》和《中华人民共和国个人所得税法》的规定。

根据《中华人民共和国劳动合同法》的规定，企业的用工关系分为劳动关系和劳务关系。所谓的"劳动关系"是指用工单位与雇员签订劳动合同的用工关系；所谓的"劳务关系"是指用人单位与劳动者签订劳务合同的用工关系。用工单位与用人单位有严格的区别，用人单位是与雇员签订劳动合同的单位，用工单位是指实际使用雇员劳动的单位。用人单位与用工单位可以是相同的单位，也可以是不同的单位。根据《中华人民共和国社会保险法》和《中华人民共和国个人所得税法》的规定，用工单位不是雇员社保费用和个税的扣缴义务人，而用人单位是雇员社保费用和个税的扣缴义务人。

基于以上法律规定，**本案例中的建筑总承包方A是用工单位，劳务公司B是用人单位。因此，建筑总承包方A**不是与劳务公司B签订劳动合同的农民工个税和社保费用的代扣代缴义务人。

2.发票开具时间、证明"资金流"和"票流"一致性的法律凭证

（1）设立农民工工资专用账户的建筑总承包企业通过农民工工资专用账户代发行代发农民工工资的法律实质是：向建筑劳务公司支付部分工程劳务款。因此，农民工工资专用账户代发行代发农民工工资时，建筑劳务公司必须为设立农民工工资专用账户的建筑总承包企业开具增值税发票，否则延期缴纳增值税，将受到税务稽查处罚。

（2）为了解决"资金流"和"票流"不一致性的问题，并证明建筑劳务公司开具增值税发票业务的真实性问题，设立农民工工资专用账户的建筑总承包企业必须将农民工工资代发行盖章的农民工工资流水单的复印件递交给建筑劳务公司进行账务处理。

（3）如果农民工工资专用账户资金有余额，则建筑劳务公司可以将劳务公司项目上的管理人员、技术人员、负责人的工资表通过农民工工资专用账户发放。

（四）财务处理

1.设立农民工工资专用账户代发劳务公司农民工工资的账务处理

根据以上税法、法律的规定，农民工的工资表、工时考勤表、身份证复印件是劳务公司B而不是**建筑总承包方A**的会计核算凭证。有关的账务处理如下：

（1）建筑企业总承包方发生劳务分包工程结算的会计核算（劳务公司向建筑总承包方开具增值税专用发票）及凭证管理。

①会计核算

借：合同履约成本——工程施工——劳务分包合同成本

　　应交税费——应交增值税（待认证抵扣进项税额）[（支付劳务公司部分劳务款+通过农民工工资专户代发农民工工资）÷（1+3%）×3%]

贷：应付账款（建筑分包合同中约定拖欠的部分劳务款到工程最后验收合格后再进行支付）

　　　银行存款——通过总承包方农民工工资专户代发农民工工资

　　　　　　　——支付劳务公司部分劳务款

当建筑企业总承包方认证抵扣增值税专用发票时的会计核算：

借：应交税费——应交增值税（进项税额）

　　贷：应交税费——应交增值税（待认证抵扣进项税额）［（支付劳务公司部分劳务款+通过农民工工资专户代发农民工工资）÷（1+3%）×3%］

②**会计核算凭证管理**

第一，劳务公司提供的其盖章且经农民工本人签字的"农民工工资表""农民工工时考勤表"、身份证复印件。

第二，劳务公司与建筑总承包方双方签字的劳务款进度结算单或工程劳务计量确认单。

第三，劳务公司开具的增值税专用（普通）发票，且发票的"备注栏"标明：建筑工程所在地的市区县和项目的名称。

第四，劳务公司与建筑总承包方签订的劳务分包合同和委托代付农民工工资委托协议书。

（2）劳务公司与建筑企业总承包方进行劳务结算收入的会计核算和凭证管理（劳务公司与农民工签订固定期限劳动合同的会计核算）。

①**会计核算**

借：银行存款——收到总承包方支付的部分劳务款

　　应付职工薪酬——通过总包农民工工资专户代付农民工工资

　　应收账款（建筑分包合同中约定拖欠的部分劳务款到工程最后验收合格后再进行支付）

　　贷：合同结算——价款结算［（**劳务公司与建筑总承包方结算的工

程劳务款÷（1+3%）]

应交税费——应交增值税（销项税额）[（**收到总承包方支付的部分劳务款+通过总包方农民工工资专户代付农民工工资**）÷（1+3%）×3%]

——待转销项税额［总承包方拖欠劳务公司的部分劳务工程进度款÷（1+3%）×3%］

②会计核算凭证管理

第一，建筑总承包方农民工工资专户银行盖章的代付农民工工资流水单。

第二，劳务公司提供的其盖章且经农民工本人签字的"农民工工资表""农民工工时考勤表"、身份证复印件。

第三，劳务公司与建筑总承包方双方签字的劳务款进度结算单或工程劳务计量确认单。

第四，劳务公司开具的增值税专用（普通）发票，且发票的"备注栏"标明：建筑工程所在地的市区县和项目的名称。

第五，劳务公司与建筑总承包方签订的劳务分包合同和委托代付农民工工资委托协议书。

2.本案例中的建筑企业总承包方A公司的账务处理

第一，**当建筑企业总承包方A公司结算支付劳务进度款和代发农民工工资的会计核算。**

借：合同履约成本——劳务分包合同成本　　9 767 000

　　应交税费——应交增值税（待认证抵扣进项税额）

　　　　［（5 000 000+3 000 000）÷（1+3%）×3%］233 000

贷：银行存款——通过农民工工资专户代发B公司工资 5 000 000

　　　　　　　——支付B公司工程款　　　　　3 000 000

　　应付账款——B公司　　　　　　　　　　　2 000 000

第二:**当建筑企业总承包方A公司认证抵扣增值税专用发票时的会计核算。**

借:应交税费——应交增值税(进项税额)　　　　　　233 000
　　贷:应交税费——应交增值税(待认证抵扣进项税额)　233 000

第三:竣工结算时,收到B公司开具200万元的增值税专用发票的会计核算。

借:应交税费——应交增值税(待认证抵扣进项税额)
　　　　　[2 000 000÷(1+3%)×3%] 58 300
　　贷:合同履约成本——劳务分包合同成本　　　　58 300

第四:**当建筑企业总承包方A公司认证抵扣增值税专用发票时的会计核算。**

借:应交税费——应交增值税(进项税额)　　　　　58 300
　　贷:应交税费——应交增值税(待认证抵扣进项税额)　58 300

3.本案例中的B劳务公司的账务处理

第一:劳务公司与建筑企业总承包方进行劳务结算收入的会计核算(劳务公司与农民工签订固定期限劳动合同的会计核算)。

借:银行存款——收到总承包方支付的部分劳务款　3 000 000
　　应付职工薪酬——通过总包农民工工资专户代付农民工工资
　　　　　　　　　　　　　　　　　　　　　　　5 000 000
　　应收账款(建筑分包合同中约定拖欠的部分劳务款到工程最后验收合格后再进行支付)　　　　　　　　　　　2 000 000
　　贷:合同结算——价款结算[(**劳务公司与建筑总承包方结算的工程劳务款**÷(1+3%)]　　　　　　　　　　9 708 700
　　　　应交税费——应交增值税(销项税额)[(**收到总承包方支付的部分劳务款+通过总包方农民工工资专户代付农民工工资**)÷(1+3%)×3%]　　　　　　　　　　　　233 000

——待转销项税额［总承包方拖欠劳务公司的部分劳务工程进度款÷（1+3%）×3%］［2 000 000÷（1+3%）×3%］
　　　　　　　　　　　　　　　　　　　　　　　　　　58 300

第二：竣工结算后，B公司开具200万元的增值税专用发票的会计核算。

借：应交税费——应交增值税（待转销项税额）　　　58 300
　　贷：应交税费——应交增值税（销项税额）　　　58 300

第三：劳务公司计提工资并由总包方代为发放工资500万元的会计核算。

借：合同履约成本——人工费用　　　　　　　5 000 000
　　贷：应付职工薪酬——农民工工资　　　　　5 000 000

三、总公司中标，分公司施工模式的"业财税法融合"控税

建筑企业总公司中标，分公司施工分两种情况：一是财务独立核算的分公司施工；二是财务统一核算（以总公司的名义进行统一财务核算）的分公司施工。实践中由于工程所在地政府要求把工程项目的各项税收都留在工程所在地财政部门，外来施工企业在工程施工所在地成立的分公司都必须要求财务独立核算。因此，本文主要分析财务独立核算的分公司施工的财税法风险管控。

（一）总公司中标，分公司（财务独立核算）施工模式法律风险管控

1. 存在的法律风险

没有建筑资质的分公司承接工程业务是违法行为。

根据《公司法》的规定，总公司是独立法人，可以对外承接业务、签订合同，具有独立承担民事责任的能力。而分公司不具有法人资格，不具有独立承担民事责任的能力。在建筑领域，分公司不是法人因而没有建筑资质，总公司是独立法人而且具有建筑资质。《中华人民共和国建筑法》（中华人民共和国主席令第46号）第二十九条第三款规定："总承包单位将建设工程分包给不具有相应资质条件的单位是违法分包行为。"

《住房和城乡建设部关于印发建筑工程施工发包与承包违法行为认定查处管理办法的通知》（建市规〔2019〕1号）第十二条第（一）和第（二）项规定："承包单位将其承包的工程分包给个人的，施工总承包单位或专业承包单位将工程分包给不具备相应资质单位的，是违法分包行为。"基于以上政策规定，没有建筑资质的分公司显然不能参与工程招投标，与发包方签订工程承包合同，视为违法行为；另外，总公司中标后与业主签订总承包合同后，总公司与分公司签订转包合同的行为，由于分公司没有建筑资质，也是一种违法分包行为。根据《最高人民法院关于审理建设工程施工合同纠纷案件适用法律问题的解释》（法释〔2020〕25号）第一条第（二）项的规定，没有资质的实际施工人借用有资质的建筑施工企业名义而签订的建筑施工合同无效。人民法院可以根据《中华人民共和国民法典》的规定，收缴当事人已经取得的非法所得。

2.法律风规避策略

根据《中华人民共和国民法典》的规定，由于分公司不是法人单位，因此，分公司没有建筑资质，分公司没有资格从事建筑工程的招标、投标工作。实际中出现的总公司中标分公司施工的现象，必须采用以下策略规避法律风险。具体的实际操作要点如下：

（1）招投标环节的法律风险规避策略。

基于建筑总公司（被挂靠方）是法人单位，分公司不是法人单位的考虑，在招投标环节，必须由建筑总公司参与投标，分公司绝对不可以参与投标。因此，在业主或建设单位发出招标文件后，建筑总公司（被挂靠方）必须以建筑总公司（被挂靠方）的名义进行投标，编制投标文件参与竞标工作。

（2）建筑总承包合同**签订环节**的法律风险规避策略。

如果建筑总公司（被挂靠方）参与竞标，中标后，必须由建筑总公司与发包方或建设单位签订建筑总承包合同，绝对不允许分公司与建设单位或发包方签订建筑总承包合同。

3.分公司施工环节的法律风险规避策略

当前,全国各地的地方政府为了把工程项目的全部税收,包括但不限于增值税、企业所得税,留在工程施工所在地财政部门,强制要求外来施工企业在当地成立分公司进行施工。为了配合地方政府抢夺税源的意愿,外来施工企业要在工程施工所在地成立分公司,让分公司进行施工,必须采用以下合同策略规避总公司中标分公司施工的法律风险规避策略。

根据《国家税务总局关于进一步明确营改增有关征管问题的公告》(国家税务总局公告2017年第11号)第二条的规定,**建筑企业与发包方签订建筑合同后,以内部授权或者三方协议等方式,授权集团内其他纳税人(以下称"第三方")为发包方提供建筑服务,并由第三方直接与发包方结算工程款的,由第三方缴纳增值税并向发包方开具增值税发票,与发包方签订建筑合同的建筑企业不缴纳增值税。发包方可凭实际提供建筑服务的纳税人开具的增值税专用发票抵扣进项税额。**基于此文件的规定,建设单位或发包方所在地的政府必须要求中标的建筑总公司(被挂靠方)设立分公司施工的法律风险规避的合同策略如下:

中标的建筑总公司(被挂靠方)、总公司设立的分公司、建设单位或发包方必须签订三方协议,或中标的建筑总公司与其设立的分公司签订内部授权协议,授权建筑总公司设立的分公司为发包方或建设单位提供建筑服务。三方协议或授权协议书上必须明确约定以下四项事宜:

第一,约定建筑总公司(被挂靠方)在工程所在地分公司全权履行建筑总公司与发包方或建设单位签订的建筑总承包合同中约定的各项事项。

第二,约定建筑总公司(被挂靠方)与发包方或建设单位进行工程进度结算或最后的工程决算。

第三,约定发包方或建设单位直接支付工程款给建筑分公司。

第四,约定建筑分公司直接开具增值税专用发票或增值税普通发票给发包方或建设单位。

（二）总公司中标，分公司（财务独立核算）施工的税务风险管控

1.存在的税务风险：虚开发票行为

总公司与业主或发包方签订了建筑总承包合同，总公司给业主或发包方开具增值税发票；财务独立核算的分公司分别与供应商、机械设备出租方签订进项类合同，这些成本进项发票开给分公司。但是为了增值税销项发票的抬头是分公司的名字以实现增值税抵扣的链条不断，分公司给总公司全额开具增值税专用发票。这种开票方法，表面上理顺了财务独立核算的分公司实现增值税抵扣，但是不合法。总公司根本没有参与施工活动，具体的施工活动全是分公司开展的，总公司给发包方开具增值税专用发票或增值税普通发票，显然是没有真实交易活动的开票行为，依据《中华人民共和国发票管理办法》和最高人民法院印发《关于适用〈全国人民代表大会常务委员会关于惩治虚开、伪造和非法出售增值税专用发票犯罪的决定〉的若干问题的解释》的通知（法发〔1996〕30号）第一条的规定，总公司构成虚开增值税专用发票罪的行为。

2.税收风险管控策略

（1）遵循增值税抵扣的原则：四流合一。

《国家税务总局关于进一步明确营改增有关征管问题的公告》（国家税务总局公告2017年第11号）第二条规定："建筑企业与发包方签订建筑合同后，以内部授权或者三方协议等方式，授权集团内其他纳税人（以下称"第三方"）为发包方提供建筑服务，并由第三方直接与发包方结算工程款的，由第三方缴纳增值税并向发包方开具增值税发票，与发包方签订建筑合同的建筑企业不缴纳增值税。发包方可凭实际提供建筑服务的纳税人开具的增值税专用发票抵扣进项税额。"根据此规定，总公司与业主尽量沟通，只要业主同意与分公司结算工程款，接受分公司向其开具的增值税发票这两个条件，建筑行业中存在的总公司中标分公司施工和母公司中标子公司施工的法律税

收风险，可以通过"内部授权或者签订三方协议"的方式进行规避。

基于以上税法政策规定，建筑总公司（被挂靠方）中标分公司施工的项目部，分公司抵扣增值税的税务风险规避策略是"四流合一"策略，具体操作要点如下：

第一，合同流管控：实际施工过程中，所有的采购合同、劳务分包合同、租赁合同、劳动合同等合同的签订，在总公司（被挂靠方）授权下，由分公司对外统一签订。

第二，资金流管控：所有的采购材料、设备资金、租赁款、农民工工资或劳务分包款的支付，统一由分公司的银行账户对外公对公支付给材料、设备供应商，劳务公司和农民工等。同时发包方直接将工程款支付给分公司而不能支付给总公司（被挂靠方）。

第三，发票流管控：收入发票由分公司直接开具增值税发票给发包方或建设单位；成本发票由材料、设备供应商，出租方，劳务公司直接开具增值税专用（普通）发票给分公司。发包方或建设单位凭收到分公司开具的增值税专用发票抵扣增值税进项税额。

第四，劳务流、物流管控：发包方直接与分公司进行工程计量、签订工程进度结算书或最终工程决算书，绝对不可以与总公司（被挂靠方）进行工程计量和签订工程进度结算书和最终工程决算书。材料、设备供应商直接发货给分公司，分公司在项目工地上与材料供应商或设备供应商签订材料、设备验收确认单，分公司直接与材料、设备供应商进行材料、设备款结算，签订材料、设备货款结算书。劳务公司直接与分公司进行劳务工程量计量，进行劳务款结算，签订劳务款进度结算书或劳务款最终决算书。

（2）项目部预缴增值税的管控策略。

《国家税务总局关于进一步明确营改增有关征管问题的公告》（国家税务总局公告2017年第11号）第三条规定："纳税人在同一地级行政区范围内跨县（市、区）提供建筑服务，不适用《纳税人跨县（市、区）提供建筑服务增值税征收管理暂行办法》（国家税务总局公告2016年第17号）。国家税务总局公告2016年第17号第三条规定：纳税人跨县（市、区）提供建筑服务，应按照财税〔2016〕36号文件规定的纳税义务发生时间和计税方法，向建筑服务发生地主管税务机关预缴税款，向机构所在地主管税务机关申报纳税。基于此税法规定，总公司（被挂靠方）中标分公司（财务独立核算）施工的项目（即分公司直接管辖下的项目）的所在地与分公司注册地在同一地级行政区域之内的同一个地方，**预缴增值税的纳税管理策略如下：**

第一，分公司在管辖分公司的所在地税务部门（其实是项目所在地的税务部门）预缴增值税。如果适用一般计税方法计税的项目，则按照2%预征率在建筑企业机构所在地预缴增值税；如果适用简易计税方法计税的项目，则按照3%预征率在建筑企业机构所在地预缴增值税。

第二，预缴增值税金额的计算。

如果分公司发生分包业务，预交增值税计算公式为：

一般计税项目应预缴增值税税款=（收到工程款或预收账款−支付的分包款）÷（1+税率9%）×2%；

简易计税项目应预缴增值税税款=（收到工程款或预收账款−支付的分包款）÷（1+征收率3%）×3%。

如果分公司没有发生分包业务，预交增值税计算公式为：

一般计税项目应预缴增值税税款=收到工程款或预收账款÷（1+税率9%）×2%；

简易计税项目应预缴增值税税款=收到工程款或预收账款÷（1+征收率3%）×3%。

（3）缴纳企业所得税的纳税管控策略。

《国家税务总局关于跨地区经营建筑企业所得税征收管理问题的通知》（国税函〔2010〕156号）第六条规定，跨地区经营的项目部（包括二级以下分支机构管理的项目部）应向项目所在地主管税务机关出具总机构所在地主管税务机关开具的外出经营活动税收管理证明,未提供上述证明的,项目部所在地主管税务机关应督促其限期补办;**不能提供上述证明的,应作为独立纳税人就地缴纳企业所得税**。同时,项目部应向所在地主管税务机关提供总机构出具证明该项目部属于总机构或二级分支机构管理的文件。

《国家税务总局关于创新跨区域涉税事项报验管理制度的通知》(税总发〔2017〕103号)第二条第二款规定,纳税人跨省(自治区、直辖市和计划单列市)临时从事生产经营活动的,**不再开具外出经营活动税收管理证明,改向机构所在地的国税机关填报跨区域涉税事项报告表**。

《国家税务总局关于创新跨区域涉税事项报验管理制度的通知》(税总发〔2017〕103号)第三款规定,**取消跨区域涉税事项报验管理的固定有效期。税务机关不再按照180天设置报验管理的固定有效期,改按跨区域经营合同执行期限作为有效期限**。合同延期的,纳税人可向经营地或机构所在地的国税机关办理报验管理有效期限延期手续。

《跨地区经营汇总纳税企业所得税征收管理办法》(国家税务总局公告2012年第57号)二十四条规定,以总机构名义进行生产经营的非法人分支机构,无法提供汇总纳税企业分支机构所得税分配表,也无法提供本办法第二十三条规定相关证据证明其二级及以下分支机构身份的,**应视同独立纳税人计算并就地缴纳企业所得税**,不执行本办法的相关规定。按上款规定视同独立纳税人的分支机构,其独立纳税人身份一个年度内不得变更。

综上,基于分公司管辖下项目部所在地地方政府要求将工程项目涉及的各项税收全部留在工程项目所在地财政部门的考虑,**总公司(被挂靠方)中标分公司施工的项目的企业所得税纳税管控策略如下:**

第一,分公司不向总公司(被挂靠方)**所在地的税务机关填报跨区域涉税事项报告表。**

第二,分公司不提供汇总纳税企业分支机构所得税分配表,不提供总公司相关证据证明其是总公司的分公司(即二级分支机构)身份。

第三,同时符合以上两个策略的情况下,分公司应视同独立纳税人计算并就地缴纳企业所得税。

第四,分公司的收入(产值)不并入总公司收入(产值),在总公司缴纳企业所得税。

[案例14]
某总公司中标分公司施工项目规避税收风险的合同策略

(一)案情介绍

甲建筑公司通过招投标,中标一条城市道路施工项目,与某交通厅签订一份总承包合同。甲建筑公司(以下简称"甲公司")通过招投标选中乙建筑公司作为专业分包人,与乙建筑公司签订专业分包合同,但是乙建筑公司(以下简称"乙公司")没有施工技术团队,将其与甲公司签订的专业分包合同中约定的工程范围,全部交给其财务独立核算的分公司丙进行施工。请问应如何签订合同,才能规避税收风险和法律风险?

(二)法律税收风险分析

(1)乙公司开具增值税发票给甲公司的行为构成虚开增值税专用发票的违法行为。由于本案例中的乙公司具有专业分包施工资质,与总包甲公司签订专业分包合同。为了实行增值税进项税额的抵扣,依据增值税抵扣的合同流、资金流和票流的统一性,甲公司的工程款应付给专业分包方乙公司,向乙公司索取增值税专用发票。可是乙公司没有参与施工,而是将工程全部交给分公司丙来完成。由于乙公司没有开展施工活动而向总承包方甲公司开具增值税发票,依据《中华人民共和国发票管理办法》和最高人民法院印发《关于适用〈全国人民代表大会常务委员会关于惩治虚开、伪造和非法出售增值税专用发票犯罪的决定〉的若干问题的解释》的通知(法发〔1996〕30

号)第一条的规定,乙公司构成虚开增值税发票的行为。

(2)财务独立核算的分公司丙无法抵扣增值税进项税额。

由于总公司乙公司跟发包方甲公司签订工程总承包合同,虽然工程是分公司丙负责施工的,但是一般而言发包方(某交通厅)只认可总公司乙公司,不认可分公司丙,在工程结算和支付工程款问题上,发包方(某交通厅)一般只会将工程款支付给总公司乙公司,也必然向总公司乙公司索取增值税发票,而不会将工程款支付给分公司丙,向分公司丙索取增值税发票。由于分公司丙实行财务独立核算,分公司丙必须在总公司乙的授权下,对外与有关材料供应商、机械设备出租方和建筑劳务分包商分别签订合同,所有的成本发票(增值税进项税额抵扣的增值税专用发票)必须开给分公司丙,结果增值税进项发票上的抬头是分公司丙的名字,而发包方(某交通厅)又因总公司乙与其签订总承包合同而要求总公司乙开具增值税发票,则增值税销项税发票的抬头是总公司乙的名字。根据增值税抵扣制度的规定,要实现增值税进项税的抵扣,必须要求增值税销项税专用发票(收入票)与增值税进项税专用发票(成本票)上抬头的名字是同一家公司。因此,作为增值税独立纳税人的分公司丙不能抵扣增值税进项税额。

(三)规避法律、税收风险的合同策略

为了解决以上存在的法律风险和税收风险,依据国家税务总局公告2017年第11号第二条的规定,可采取以下策略:总公司乙公司与总承包方甲公司通过协商,总承包方甲公司同意与分公司丙结算工程款,同意接受分公司丙向其开具的增值税发票两个条件,总公司乙公司、分公司丙和总承包方甲公司必须签订三方补充协议,协议中明确以下三点:

一是总公司乙授权分公司丙全权代表总公司乙履行总公司乙与总承包方甲签订的专业分包合同中的各项约定事项,为发包方甲提供建筑服务。

二是分公司直接与发包方结算工程款,发包方甲按照工程进度,依据甲

与乙的结算单,将工程款转入分公司丙的银行账户,账号为××××。

三是分公司缴纳增值税并向发包方甲公司开具正规合法的增值税专用发票。

(四)结论

符合以上合同签订技巧,则与发包方甲签订建筑专业分包合同的总公司乙不缴纳增值税,直接由分公司丙依法申报缴纳增值税。发包方甲公司可凭实际提供建筑服务的分公司丙开具的增值税专用发票抵扣进项税额。

(三)总公司中标,分公司(财务独立核算)施工的财务风险管控策略

1. 存在的财务风险

总公司中标分公司施工的项目体现的财务风险有两方面:一是会计核算主体确定不明确,有的以总公司进行会计核算,有的以分公司进行会计核算;二是会计核算凭证混乱,收入发票是总公司抬头的名字,项目成本发票是分公司抬头的名字。

2. 财务风险管控策略

第一,必须确定分公司作为工程项目的会计核算主体。总公司中标分公司施工的项目必须以分公司作为工程项目的会计核算主体,以分公司的名义进行会计核算。

第二,必须规范工程项目的会计核算凭证。收入发票必须由分公司向发包方开具增值税专用(普通)发票,分公司收取发包方工程款。成本发票必须由材料、设备供应商,设备出租方,劳务公司向分公司开具增值税专用(普通)发票。

第三,分公司保管好工程项目的会计核算凭证,直到分公司工商注销前,依法进行销毁。

四、建筑企业债权债务转让业务中的"业财税法融合控税"

(一)业务模式介绍

1. 2019年10月12日,李小明(丁方)与某建筑劳务有限公司(丙方)签订借款合同,借入资金1 350万元人民币,借款合同约定:李小明(借入方)从某建筑劳务有限公司借入的资金,直接从某建筑劳务有限公司(借出方)的对公账户转入某建设工程有限公司(乙方)的对公账户,并作为李小明挂靠某建设工程有限公司施工的垫资款。

2. 截至2022年8月,某置业有限公司与某建设工程有限公司工程结算,某置业有限公司(甲方)拖欠某建设工程有限公司工程的工程结算款4 780万元人民币。

3. 经过四方协议一致同意:某置业有限公司以其开发的价值为1 350万元人民币的商品房抵减某置业有限公司拖欠某建设工程有限公司工程的工程结算款4 780万元人民币中的1 350万元。

4. 通过"以房抵工程款",以上四方之间的债权债务相互抵销。

5. 四方之间的债权债务的法律关系如图3-2所示。

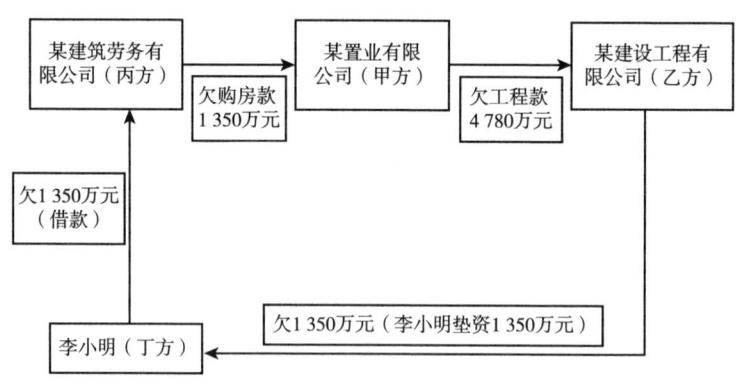

图3-2 四方之间的债权债务的法律关系

（二）法务处理

甲、乙、丙、丁四方签订"以房抵工程款及其债权债务转让四方协议"，协议约定以下内容。

1.签订售房合同

丙方与甲方签订《商品房销售合同》，合同含增值税金额为1 350万元人民币整，即甲方享有丙方的债权1 350万元人民币。

2.丁方与丙方签订《借款合同》，合同约定：丁方从丙方借入的资金直接由丙方支付给乙方。通过上述资金流，丁方享有乙方的债权1 350万元人民币。

3.债权转让

（1）乙方享有甲方的债权1 350万元人民币转让给丙方，由丙方向甲方主张债权1 350万元人民币。通过债权转让，丙方享有甲方的债权1 350万元人民币，乙方享有丙方的债权1 350万元人民币。

（2）丙方享有丁方的债权1 350万元人民币转让给乙方，由乙方向丁方主张债权1 350万元人民币。通过债权转让，乙方享有丁方债权1 350万元人民币，丙方享有乙方的债权1 350万元人民币。

4.债务抵销

（1）丙方享有甲方的债权1 350万元人民币，与甲方享有丙方的债权1 350万元人民币，等额相互抵销。

（2）乙方享有丙方的债权1 350万元人民币，与丙方享有乙方债权1 350万元人民币，等额相互抵销。

（3）乙方享有丁方债权1 350万元人民币，与丁方享有乙方的债权1 350万元人民币，等额相互抵销。

（三）财务处理（单位：万元）

1.债权债务转让之前各方的财务处理

（1）某建筑劳务有限公司（丙方）借钱给丁方时的原账务处理如下（会计

核算凭证是丙方对公账户转账到乙方对公账户的银行转出凭证）。

借：其他应收款——李小明（丁方）　　　　13 500 000
　　贷：银行存款　　　　　　　　　　　　　　13 500 000

（2）某建设工程有限公司（乙方）的账务处理。

第一，收到李小明委托某建筑劳务公司转入的李小明垫资款的账务处理如下：

借：银行存款　　　　　　　　　　　　　　13 500 000
　　贷：其他应付款——李小明（垫资款）　　13 500 000

第二，某建设工程有限公司（乙方）与某置业有限公司（甲方）的工程结算进度款的账务处理如下：

借：应收账款——某置业有限公司（甲方）　　47 800 000
　　贷：合同结算——价款结算　　　　　　　　43 853 000
　　　　应交税费——待转销项税额　　　　　　 3 947 000

（3）某置业有限公司（甲方）拖欠某建设工程有限公司工程结算进度款的账务处理（未收到发票前的暂估价入账）。

借：开发成本　　　　　　　　　　　　　　13 500 000
　　贷：应付账款——某建设工程有限公司（乙方）　13 500 000

2. 甲、乙、丙、丁四方签订"以房抵工程款及其债权债务转让四方协议"之后，各方的财务处理（单位：万元）

（1）某置业有限公司（甲方）的账务处理。

第一，某建设工程有限公司（乙方）应收某置业有限公司（甲方）的 **1 350 万元工程进度款的债权转让给某建筑劳务有限公司（丙方），乙方开具建筑服务业增值税专用发票给甲方。**

借：应付账款——某建设工程有限公司（乙方）　　13 500 000
　　贷：应付账款——某建筑劳务有限公司（丙方）　　13 500 000
借：应交税费——应交增值税（进项税额）　　　　　1 115 000

贷：开发成本　　　　　　　　　　　　　　　　　1 115 000

第二，**某置业有限公司（甲方）销售商品房给**某建筑劳务有限公司（丙方）抵减某建筑劳务有限公司（丙方）享有**某置业有限公司（甲方）债权，甲方开具销售不动产的增值税专用发票给丙方。**

借：应付账款——某建筑劳务有限公司（丙方）　　13 500 000
　　贷：主营业务收入　　　　　　　　　　　　　　12 385 000
　　　　应交税费——应交增值税（销项税额）　　　 1 115 000

（2）某建设工程有限公司（乙方）的账务处理。

第一，某建设工程有限公司（乙方）应收**某置业有限公司（甲方）的1 350万元工程进度款的债权转让给某建筑劳务有限公司（丙方），乙方开具建筑服务业增值税专用发票给甲方。**

借：应收账款——某置业有限公司（甲方）　　　　13 500 000
　　贷：应收账款——某建筑劳务有限公司（丙方）　13 500 000
借：应交税费——待转销项税额　　　　　　　　　 1 115 000
　　贷：应交税费——应交增值税（销项税额）　　　 1 115 000

第二，某建筑劳务有限公司（丙方）应收李小明（丁方）的债权转让给某建设工程有限公司（乙方）后，某建设工程有限公司（乙方）享有李小明（丁方）的债权与李小明（丁方）享有某建设工程有限公司（乙方）的债权等额相抵销。

借：其他应付款——李小明（垫资款）　　　　　　13 500 000
　　贷：其他应收款——李小明（丁方）　　　　　　13 500 000

（3）某建筑劳务有限公司（丙方）的账务处理。

第一，**某置业有限公司（甲方）销售商品房给**某建筑劳务有限公司（丙方）抵减某建筑劳务有限公司（丙方）享有**某置业有限公司（甲方）债权，甲方开具销售不动产的增值税专用发票给丙方。**

借：固定资产——商品房　　　　　　　　　　　　12 385 000

应交税费——应交增值税（进项税额）　　　1 115 000
　　　贷：应收账款——某置业有限公司（甲方）　　13 500 000

第二，某建筑劳务有限公司（丙方）应收李小明（丁方）的债权转让给某建设工程有限公司（乙方）时，某建筑劳务有限公司（丙方）享有某建设工程有限公司（乙方）的应收债权转让款1 350万元与某建筑劳务有限公司（丙方）应付某建设工程有限公司（乙方）享有某建筑劳务有限公司（丙方）的债权1 350万元等同抵销。

　　借：应付账款——某建设工程有限公司（乙方）　　13 500 000
　　　贷：其他应收款——某建设工程有限公司（乙方）　　13 500 000

（四）税务处理

1.丁方与丙方签订《借款合同》的税务处理

第一，丁方从丙方借入资金，根据财税〔2016〕36号文件的规定，丙方必须向丁方收取利息，缴纳增值税。

第二，丁方将借来的资金垫资给乙方，根据财税〔2016〕36号文件的规定，不属于视同销售行为，可以免利息借给乙方使用，不缴纳增值税。

2.丙方与甲方签订《商品房销售合同》的税务处理：甲方必须给丙方开具增值税专用发票。

3.乙方应收甲方1 350万元工程进度款的债权转让给丙方，乙方开具建筑服务业增值税专用发票给甲方的账务处理。

4.甲方出售商品房给丙方抵减丙方享有甲方的债权，甲方开具销售不动产的增值税专用发票给丙方。

五、建筑施工设备出租的"业财税法融合控税"

所谓的"经营租赁服务"，是指在约定时间内将有形动产或者不动产转让他人使用且租赁物所有权不变更的业务活动。按照标的物的不同，经营租赁服务可分为有形动产经营租赁服务和不动产经营租赁服务。纳税人依据经营性出租的不同业务模式分别签订合同，进行财税处理。

（一）建筑施工设备出租的两种业务模式

纳税人将建筑施工设备出租给承租方使用分为以下两种出租业务模式：

（1）出租业务模式一：湿租。

纳税人将建筑施工设备出租给承租方，出租方配备设备操作人员，设备操作人员的劳动报酬由出租方承担。

（2）出租业务模式二：干租。

纳税人将建筑施工设备出租给承租方，出租方不配备设备操作人员，设备操作人员的劳动报酬由承租方承担。

（二）建筑施工设备的租赁合同签订与出租业务模式相匹配

1.租赁合同约定的最长租赁期限为20年

根据《中华人民共和国民法典》第七百零五条的规定，租赁期限不得超过20年。超过20年的，超过部分无效。租赁期限届满，当事人可以续订租赁合同；但是，约定的租赁期限自续订之日起不得超过20年。因此，**建筑施工设备经营性出租业务的出租方与承租方签订的经营性租赁合同的租赁期限不能超过20年，否则租赁合同无效。**

2.租赁期限六个月以上的，必须签订书面形式的租赁合同

根据《中华人民共和国民法典》第七百零七条"租赁合同形式"的规定，租赁期限六个月以上的，应当采用书面形式。当事人未采用书面形式，无法确定租赁期限的，视为不定期租赁。因此，**建筑施工设备经营性出租业务的出租方与承租方签订的经营性租赁合同的租赁期限，如果在六个月以上的，则必须签订书面形式的租赁合同。**

3.租赁合同必须约定出租方是否配备操作人员和租赁设备的购买时间

由于租赁合同约定出租方是否配备操作人员和是否约定租赁设备的购买时间涉及出租方开具发票适用的增值税税率,因此,租赁合同必须约定出租方是否配备操作人员和租赁设备的购买时间。

(1)租赁合同约定:建筑机械设备的购买时间或出厂日期。

建筑企业采用经营性租赁方法租赁建筑机械设备时,必须在租赁合同中明确建筑企业租赁建筑机械设备的购买时间或出厂日期。设备租赁数量表如表3-1所示。

表3-1　　　　　　　　　　设备租赁数量表

序号	设备名称	规格及型号	出厂日期	设备原值	数量(台)	单价(元)	租赁方式
1							干租或湿租
2							干租或湿租
3							干租或湿租
4							干租或湿租
5							干租或湿租

同时,在租赁合同的附件资料中必须注明以下附件资料:一是盖有出租方发票专用章的该机械设备原购买时的发票复印件;二是盖有出租方合同章的该租赁设备的原购买合同复印件。

(2)在租赁合同中约定"设备配备人员"条款。

该条款约定参考范文如下:**设备出租方为租赁工程设备配备操作人员_____名,代表出租方负责监督、跟踪管理设备以及操作设备,向承租方提供优质服务。出租方负责承担其工资。**

(三)建筑施工设备出租的税务处理与设备出租业务模式相匹配

1.建筑施工设备的湿租和干租,适用的增值税税率

根据《关于明确金融房地产开发教育辅助服务等增值税政策的通知》(财税〔2016〕140号)第十六条的规定,纳税人将建筑施工设备出租给他人

使用并配备操作人员的，按照"建筑服务"缴纳增值税。而依据现有的国家税法规定，"建筑服务"的增值税税率为9%（一般计税项目）和3%（简易计税项目）。动产设备经营性租赁业务的增值税税率为13%（一般纳税人资格的出租方）和3%（小规模纳税人资格的出租方）。

特别提醒：

（1）湿租**按照"建筑服务"**缴纳增值税。只是在税目上按照"建筑服务"缴纳增值税，这个业务的实质属于动产租赁业务，而不是建筑服务，不用考虑出租方是否具备建筑业资质；租赁合同不是分包合同，无须去建筑行业主管部门备案；出租方也不一定要有建筑工程承包经营范围。

（2）承租方不能把此类业务理解为建筑工程中的**工程分包**，建筑业企业作为承租方接受此类服务所支付的租赁款，不属于税法所称的"支付的分包款"，在预缴增值税时或简易计税申报缴纳增值税时，**不得进行差额扣除**。

2.2013年8月1日前后购买的设备出租适用的增值税税率

因为动产租赁行业于2013年8月1日实行营改增，因此，设备租赁适用的增值税税率存在以下两种情况。

（1）如果建筑机械设备租赁公司于2016年5月1日后，将2013年8月1日之前购买的设备出租给建筑企业，则租赁公司按照3%的征收率采用简易计税方法征收增值税，并向承租方的建筑企业开具3%的专票（用于一般计税方法的项目）或普通发票（用于简易计税方法的项目）。

（2）如果建筑机械设备租赁公司于2016年5月1日后，将2013年8月1日之后购买的设备出租给建筑企业，且租赁业务是2019年4月1日之后发生的，则租赁公司按照13%的税率计算征收增值税，并向承租方的建筑企业开具13%的专票（用于一般计税方法的项目）或普通发票（用于简易计税方法的项目）。

3.建筑机械设备出租业务情况一的税务处理

（1）如果出租的建筑机械设备是2013年8月1日之前购买的，在出租并配备设备操作人员的情况下，出租方按照"建筑服务"简易计税方法开具

3%的增值税专用发票或增值税普通发票给承租方。

（2）如果出租的建筑机械设备是2013年8月1日之后购买的，在出租并配备设备操作人员的情况下，出租方按照"建筑服务"一般计税方法开具9%的增值税专用发票或增值税普通发票给承租方。

4.建筑机械设备出租业务情况二的税务处理

（1）如果出租的建筑机械设备是2013年8月1日之前购买的，在出租并配备设备操作人员的情况下，出租方按照**"动产租赁服务"**简易计税方法开具3%的增值税专用发票或增值税普通发票给承租方。

（2）如果出租的建筑机械设备是2013年8月1日之后购买的，在出租并配备设备操作人员的情况下，出租方按照**"动产租赁服务"**一般计税方法开具13%的增值税专用发票或增值税普通发票给承租方。

5.经营性出租收入的企业所得税处理

《中华人民共和国企业所得税法实施条例》（中华人民共和国国务院令第512号）第十九条规定："企业所得税法第六条第（六）项所称租金收入，是指企业提供固定资产、包装物或者其他有形资产的使用权取得的收入。**租金收入，按照合同约定的承租人应付租金的日期确认收入的实现。**"

《国家税务总局关于贯彻落实企业所得税法若干税收问题的通知》（国税函〔2010〕79号）第一条规定："根据《中华人民共和国企业所得税法实施条例》第十九条的规定，企业提供固定资产、包装物或者其他有形资产的使用权取得的租金收入，**应按交易合同或协议规定的承租人应付租金的日期确认收入的实现**。其中，如果交易合同或协议中规定租赁期限跨年度，且租金提前一次性支付的，根据《中华人民共和国企业所得税法实施条例》第九条规定的收入与费用配比原则，出租人可对上述已确认的收入，在租赁期内，分期均匀计入相关年度收入。出租方如为在我国境内设有机构场所，且采取据实申报缴纳企业所得的非居民企业，也按本条规定执行。"

基于以上税法规定，出租企业发生出租行为收取承租人租金时，企业所得税的收入是按照收付实现制进行确认的,即按交易合同或协议规定的承租人应付租金的日期确认收入的实现。但是,如果交易合同或协议中规定租赁期限跨年度,且租金提前一次性支付的,则预收租金收入按照权责发生制原则进行确认,即在租赁期内,分期均匀计入相关年度收入。需要指出的是,上述的收入确认是所得税意义上的,企业在进行会计核算时,仍应按财务会计制度的有关规定进行核算,如税法与财务会计制度一致,则不需要进行纳税调整,否则就要进行纳税调整。

6.建筑施工设备出租业务预收租金的增值税纳税义务时间

根据财税〔2016〕36号文件附件1——《营业税改征增值税试点实施办法》第四十五条第(二)项的规定,纳税人提供租赁服务采取预收款方式收取租金的,其增值税纳税义务发生时间为收到预收款的当天。因此,**建筑施工设备经营性出租业务中,预收租金的增值税纳税义务时间为预收租金的当天。**

例如,某建筑施工设备经营性出租企业2021年1月将2013年8月1日之后购买的建筑机械设备出租给A建筑公司,且出租方配备设备操作人员2名,合同约定租期三年,租金每年10万元(不含增值税),并在建筑机械设备交付A建筑公司时一次性收取,如何缴纳增值税?

根据财税〔2016〕36号文件附件1——《营业税改征增值税试点实施办法》第四十五条第(二)项的规定,**建筑施工设备经营性出租**企业一次性收取的租金收入属于预收款性质,应按规定在收到预收款的当天确认纳税义务发生,既缴纳增值税30万×9%=2.7万元,而不应按财务会计制度在每月月底确认该笔预收款项的纳税义务,否则会有延期缴纳增值税的税收风险。

(四)建筑施工设备出租的财务处理与出租业务模式相匹配

根据新的2018年新修订的《企业会计准则第21号——租赁》,对**建筑施工设备出租业务的出租方和承租方进行财务处理。**新修订的《企业会计准则第21号——租赁》的核心变化有两个:一是从承租人角度来说,取消承租人关于融资租赁与经营租赁的分类，要求承租人对所有租赁（**选择简化处理的短期租赁和低价值资产租赁除外**）确认**使用权资产和租赁负债，并分别确认折旧和利息费用**。二是从出租人角度来说，基本沿袭了原租赁准则的会计处理规定，但改进了出租人的信息披露，要求出租人披露对其保留的有关租赁资产的权利所采取的风险管理战略、为降低相关风险所采取的措施等。

新准则要求承租方新设"使用权资产"与"租赁负债"两个科目。"使用权资产"科目记录承租人持有的使用权资产的原价。"租赁负债——租赁付款额"科目记录承租人尚未支付的租赁付款额的现值，并在后期支付租金时逐步减少；"使用权资产"科目与"租赁负债"科目之间的差额计入"租赁负债——未确认融资费用"科目。当资产发生折旧时，承租人可以按照直线法也可以采用其他更能反映使用权资产有关经济利益预期实现方式的折旧方法，借方计入费用或成本类科目，贷方计入"使用权资产累计折旧"科目。

[案例15]
某建筑企业租入某建筑设备的财务处理分析

（一）基本情况

承租人甲建筑公司与出租人乙公司签订了一份为期5年的建筑设备租赁合同。甲公司每年的租赁付款金额固定为10 000元，于每年年末支付。甲公司无法确定租赁内含率，其增量借款利率为5%。请分析如何进行财务处理。

（二）财务处理

1.取得使用权时

"使用权资产"=$10\,000 \times (P/A, 5\%, 5)$=43 300（元）

"租赁负债——租赁付款额"=$10\,000 \times 5$=50 000（元）

"租赁负债——未确认融资费用"=50 000-43 300=6 700（元）

借：使用权资产　　　　　　　　　　　　　　　　　43 300
　　租赁负债——未确认融资费用　　　　　　　　　 6 700
　　贷：租赁负债——租赁付款额　　　　　　　　　50 000

2.折旧计提或资产减值

借：合同履约成本——某工程项目——机械费用
　　　　　　　　　　　　　　　　（43 300÷5）8 660
　　贷：使用权累计折旧　　　　　　　　　　　　　 8 660
借：资产减值损失
　　贷：使用权资产减值准备

3.按实际利率摊销

借：合同履约成本——某工程项目——财务费用
　　　　　　　　　　　　　　　　（43 300×5%）2 165
　　贷：租赁负债——未确认融资费用　　　　　　　 2 165

4.支付租金

借：租赁负债——租赁付款额　　　　　　　　　　　10 000
　　贷：银行存款——应付账款　　　　　　　　　　 10 000

重要提醒：企业所得税目前依然沿用的是旧的租赁准则，经营性租赁可以在税前扣除的为实际支付的租金成本，而准则中摊销的未确认融资费用和计提的折旧及减值准备都是不允许税前扣除的。企业在所得税汇算清缴时需要把这部分金额调减，同时调增实际支付的租赁成本。

六、"甲供材"工程的"业财税法融合"控税

"甲供材"工程有两种业务模式，每一种业务模式的法务处理、财务处理、税务处理完全不一样。为了防控涉税风险，在法律视角，每一种业务模式必须与"甲供材"合同的签订相匹配；每一种业务模式的财务、税务、法

务处理必须与"甲供材"合同相匹配!

(一)"甲供材"工程的两种业务模式

1.业务模式一——不含"甲供材"金额

在招投标环节,发包方从工程造价中剥离"甲供材"金额,即以不含"甲供材"金额的工资造价对外进行公开招标。在合同签订环节,将不含"甲供材"金额的合同额签订在建筑施工合同中的"合同价"条款中。例如,一项工程的工程造价是1 000万元(含增值税),假设"甲供材"金额为200万元(含增值税),如果将200万元"甲供材"从工程造价1 000万元(含增值税)剥离,以800万元(含增值税)对外招投标,且以800万元签在建筑施工合同中的"合同价"条款中。

2.业务模式二——含"甲供材"金额

在招投标环节,发包方不从工程造价中剥离"甲供材"金额,即以含"甲供材"金额的工资造价对外进行公开招标。在合同签订环节,将含"甲供材"金额的合同额签订在建筑施工合同中的"合同价"条款中。

(二)法务管控:法律的相关条款规定与合同相融合

1."甲供材"金额是否含在合同价中

《中华人民共和国招标投标法实施条例》第五十七条规定:"招标人和中标人应当依照招标投标法和本条例的规定签订书面合同,合同的标的、价款、质量、履行期限等主要条款应当与招标文件和中标人的投标文件的内容一致。招标人和中标人不得再行订立背离合同实质性内容的其他协议。"基于此规定,在实践中存在两种"甲供材"的合同签订方法:

一是建筑合同中"合同价"含有"甲供材"的金额;

二是建筑合同中"合同价"不含有"甲供材"金额(发包方将"甲供材"部分在招投标时剔除,直接将不含"甲供材"金额的工程对外进行招标,发包方在与施工企业签订建筑合同时,在合同中"合同价"中以不含有"甲供材"金额签订建筑合同）。

2."甲供材"合同的签订必须与招投标文件规定保持一致

由于"甲供材"合同的承包方可以选择简易计税方法（即选择3％的征收率）计征增值税，建筑企业与发包方签订"甲供材"合同时，必须要看招标文件中是否允许签订"甲供材"合同。具体操作要点如下：

第一，建筑企业与业主或发包方签订包工包料的建筑合同，而且在发包方的招标文件中没有约定"不允许甲供材"的情况下，经双方协商一致后，建筑企业与业主或发包方可以签订"甲供材"的补充协议，享受"甲供材"合同的简易计税方法计征增值税的税收优惠政策。

第二，如果发包方的招标文件中明确约定"不允许甲供材和甲供设备"，经双方协商一致后，建筑企业与业主或发包方签订有关业主或发包方自行采购建筑工程所用的部分主材、辅料、设备或全部电、水、机油的补充协议是有效的协议，但是违反管理性强制性规定，从审计的角度看，以招标文件为准，而不以建筑合同为准，有一定的法律风险。

第三，如果发包方的招标文件中明确约定"不允许甲材料或工程设备"，经双方协商一致后，建筑企业与业主或发包方可以签订有关业主或发包方自行采购建筑工程所用的部分或全部电、水、机油的补充协议，享受"甲供材"合同的简易计税方法计征增值税的税收优惠政策。

3.合同价款条款的节税签订方法：按照价税分离

《中华人民共和国印花税法》第五条第（一）项、第（二）项的规定，印花税的计税依据如下：（1）应税合同的计税依据，为合同所列的金额，不包括列明的增值税税款；（2）应税产权转移书据的计税依据，为产权转移书据所列的金额，不包括列明的增值税税款。第六条规定，应税合同、产权转移书据未列明金额的，印花税的计税依据按照实际结算的金额确定。

因此，"甲供材"合同的合同价款条款的签订规范格式范本为：合同价为×××元（含增值税），其中不含增值税合同额为×××元，增值税金额为×××元。这样签订合同价的好处是，在计算印花税时以不含增值税合同额作为计税依据。

4."甲供材"业务规避税收风险的两种合同签订方法

（1）建筑企业销售额的总额法和差额法的特征分析。

《财政部 国家税务总局关于全面推开营业税改征增值税试点的通知》（财税〔2016〕36号）附件1——《营业税改征增值税试点实施办法》第三十七条规定："销售额，是指纳税人发生应税行为取得的全部价款和价外费用，财政部和国家税务总局另有规定的除外。"基于此条款规定，根据"甲供材"金额是否计入建筑企业的销售额，计算建筑企业销售额的方法，分为总额法和差额法。

① **总额法的特点。**

首先，甲方或发包方购买的"甲供材"部分计入施工企业的销售额（或产值）和结算价。

其次，建筑企业必须按照含"甲供材"的结算额向甲方开具增值税发票。

再次，甲方必须就"甲供材"部分向施工企业开具增值税发票，而且甲方不可以平价买卖，而必须按照"甲供材采购价×（1+10%）"计征增值税的依据向施工企业开具增值税发票。

最后，甲方发出材料给施工企业使用时，财务上在"合同资产"科目核算，而施工企业领用甲供材时，财务上在"合同负债"科目核算。

② **差额法的特点。**

首先，甲方或发包方购买的"甲供材"部分不计入施工企业的销售额（或产值）和结算价。

其次，施工企业按照不含"甲供材"的工程结算额向甲方开具增值税发票。

最后，甲方发出材料给施工企业使用时，财务上在"在建工程"（发包方为非房地产企业）科目核算或"开发成本——材料费用"（发包方为房地产企业）科目核算，而施工企业领用甲供材时，财务上不进行账务处理。

例如，甲房地产公司与乙建筑企业签订的甲供材合同约定：合同总价款为1亿元（含增值税），其中甲方自己采购主材2 000万元，选择一般计税方法计算增值税的乙建筑公司在计算增值税销售额时，如果采用总额法，则施工企业的产值或销售额为1亿元；如果采用差额法，则施工企业的产值或销售额为8 000万元。

（2）涉税分析。

对于发包方和承包方而言，"总额法"都存在一定的税收风险；对于发包方和施工方而言，"甲供材"的业务模式二，选择"差额法"签订合同更节税。

（3）"甲供材"业务模式二节税的合同签订技巧：差额法签订合同的四步法。

第一步：在建筑企业与甲方签订建筑合同中的"合同价条款"中约定：×××元（含增值税，且含甲方提供的材料和设备金额，具体的金额以建筑企业领用甲方提供的材料和设备后，甲乙双方结算金额为准），其中不含增值税合同金额为×××元，增值税金额为×××元。

第二步：在建筑企业与甲方签订建筑合同中的"工程结算和支付条款"中约定：甲供材部分不计入乙方工程结算价中，甲方按照扣除甲供材部分后的工程结算金额向乙方支付工程款。

第三步：在建筑企业与甲方签订建筑合同中的"发票开具条款"中约定：建筑企业选择简易计税方法计征增值税，向甲方开具3%的增值税发票。建筑企业按照扣除甲供材部分后的工程结算金额向甲方开具增值税发票。

第四步：在建筑企业与甲方签订建筑合同中的"材料和设备条款"中约定：甲方提供乙方在工程施工中所用的主要材料和设备，具体的材料和设备详见附件——材料和设备清单。

(4)"甲供材"业务模式一的涉税分析及合同签订要点。

①建筑合同中"合同价款"中的合同价不含"甲供材"金额的涉税分析：符合"甲供材"销售额的差额法。

如果发包方将"甲供材"部分在招投标时剔除，直接将不含"甲供材"的工程对外进行招标，则发包方在与施工企业签订建筑合同时，在"合同价款"中的合同价自然不含有"甲供材"金额。这种合同的实质是"甲供材"金额没有计入建筑企业的销售额或产值中，建筑企业向甲方开具的增值税发票中不含有"甲供材"金额，符合前面分析的"甲供材"销售额差额法的特点。

②建筑合同中"合同价款"中的合同价不含"甲供材"金额的合同签订要点。

第一步：在建筑企业与甲方签订建筑合同中的"合同价条款"中约定：×××元（含增值税，且不含甲方提供的材料和设备金额。）

第二步：在建筑企业与甲方签订建筑合同中的"材料和设备条款"中约定：甲方提供乙方在工程施工中所用的主要材料和设备，具体的材料和设备详见附件——材料和设备清单。

第三步：在建筑合同中的"发票开具"条款中约定：建筑企业选择简易计税方法计征增值税，向甲方开具3%的增值税发票。建筑企业按照扣除甲供材部分后的工程结算金额向甲方开具增值税发票。

5. 坚决杜绝三种假的"甲供材"业务

（1）第一种假的"甲供材"现象，是指建筑施工企业在与发包方签订的建筑合同中的"材料和设备供应"条款中约定：发包方（甲方）自行采购建筑企业施工中的某一型号、品种、规格和技术标准的材料、设备。发包方（甲方）进行了材料、设备的采购行为，但是发包方（甲方）购买的材料、设备的型号、品种、规格和技术标准与"甲供材"建筑施工合同中约定的"发包方（甲方）自行采购建筑企业施工中设备、材料的型号、品种、规格和技术标准"不一致。

（2）**第二种假的"甲供材"现象**，是指建筑施工企业在与发包方签订的建筑合同中的"材料和设备供应"条款中约定：发包方（甲方）自行采购建筑企业施工中的某一型号、品种、规格和技术标准的材料、设备。但是发包方（甲方）根本没有从事设备、材料的采购行为，建筑施工中所需的材料、设备实际上全是施工企业自行购买。

（3）**第三种假的"甲供材"现象**，是指建筑施工企业在与发包方签订的建筑合同中的"材料和设备供应"条款中约定：发包方（甲方）自行采购建筑企业施工中的某一型号、品种、规格和技术标准的材料、设备。发包方（甲方）进行了材料、设备的采购行为，但是发包方（甲方）购买的材料、设备的型号、品种、规格和技术标准在本工程项目的工程造价清单中不存在。

（三）财务管控："甲供材"业务模式二的财务处理

业务模式一的"甲供材"业务的会计核算，在实践中没有财税风险，而业务模式二的"甲供材"现象的会计核算，很容易出现税收风险。因此，下面主要介绍"甲供材"业务模式二的财务处理。

1. 甲方的会计核算

第一步，当甲方采购"甲供材"时：

借：原材料

　　应交税费——应交增值税（待认证进项税额）

贷：银行存款/应付账款/应付票据

第二步，当甲方将未认证的购买"甲供材"增值税专用发票进行认证时：

借：应交税费——应交增值税（进项税额）

　　贷：应交税费——应交增值税（待认证进项税额）

第三步，甲方将"甲供材"发送给施工企业领用或工地项目部时：

借：在建工程（工业企业）/开发成本（房地产企业）

  贷：原材料

2.乙方（施工企业）的会计核算

由于业务模式二的"甲供材"，必须按照差额法签订"甲供材"合同。"甲供材"不计入建筑企业的产值或销售额，"甲供材"在甲方入账进入成本。因此，基于"甲供材"不可以在甲乙双方重复进成本的考虑，施工企业收到甲方发送的"甲供材"，只做领料的相关登记手续备查，不进行账务处理。

（四）税务管控

1."甲供材"工程计价与增值税计税方法相匹配

（1）"甲供材"工程的计价依据。

第一，工程计价的法律依据。

《住房城乡建设部办公厅关于做好建筑业营改增建设工程计价依据调整准备工作的通知》（建办标〔2016〕4号）第二条规定，按照前期研究和测试的成果工程造价可按以下公式计算：工程造价=税前工程造价×（1+11%）。其中，11%为建筑业拟征的增值税税率，税前工程造价为人工费、材料费、施工机具使用费、企业管理费、利润和规费之和，各费用项目均以不包含增值税可抵扣进项税额的价格计算，相应计价依据按上述方法调整。另外，《住房城乡建设部办公厅关于调整建设工程计价依据增值税税率的通知》（建办标〔2018〕20号）规定：按照财政部 税务总局关于调整增值税税率的通知（财税〔2018〕32号）要求，现将《住房城乡建设部办公厅关于做好建筑业营改增建设工程计价依据调整准备工作的通知》（建办标〔2016〕4号）规定的工程造价计价依据中增值税税率由11%调整为10%。

第二，"甲供工程"一般计税方法的工程计价原则为：价税分离原则。

根据以上工程计价的政策规定，营改增后的建筑工程，在实施一般计税方法计征增值税时，必须按照"价税分离"的原则进行工程计价。

第三，"甲供工程"一般计税方法的工程计价规则。

当出现"甲供工程"的情况下，工程造价在2018年4月30日之前，必须按照（不含增值税的人工费+不含增值税的材料费+不含增值税的施工机具使用费+不含增值税的企业管理费+不含增值税的规费+利润）×（1+11%)"作为计价依据；在自2018年5月1日至2019年3月31日之前，必须按照（不含增值税的人工费+不含增值税的材料费+不含增值税的施工机具使用费+不含增值税的企业管理费+不含增值税的规费+利润）×（1+10%)"作为计价依据。在2019年4月1日之后，必须按照（不含增值税的人工费+不含增值税的材料费+不含增值税的施工机具使用费+不含增值税的企业管理费+不含增值税的规费+利润）×（1+9%)"作为计价依据。

第四，"甲供工程"简易计税方法的工程计价规则。

在国家层面，对于"甲供工程"简易计税方法的工程计价规则没有明确的文件规定，只是《住房城乡建设部办公厅关于做好建筑业营改增建设工程计价依据调整准备工作的通知》（建办标〔2016〕4号）第三条规定："有关地区和部门可根据计价依据管理的实际情况，采取满足增值税下工程计价要求的其他调整方法。"即在国家层面，允许各省根据实际情况制定各省行政区域范围内适应的工程计价调整规定。例如，河南省、广东省、山西省、江苏省、浙江省和山东省都有关于营改增后的工程计价的相关文件规定，其中相同的规定是"选择简易计税方法的建筑工程老项目（符合财税〔2016〕36号文件规定的老项目标准）、甲供工程业务、清包工工程业务的工程计价参照营改增前的计价规则规定，但是城建税、教育附加及地方教育附加列为管理费用"。

因此，"甲供工程"简易计税方法的工程计价规则是参照营改增前的计价规则，即建筑安装工程税前造价由各项组成费用包含可抵扣增值进项税额（即人工、材料、机械单价及各项费用中"含增值税税金"的含税金额）计算，税金按营业的纳税额（工程造价×税率）及附加税费计算的计价规则。计算公式表述如下：

营业税下的工程计价或"甲供工程"简易计税方法的工程计价=（含增值税的人工费+含增值税的材料费+含增值税的施工机具使用费+含增值税的企业管理费+含增值税的规费+利润）×（1+3%）"

根据以上"建筑企业'甲供工程'业务选择简易计税方法向甲方开具3%增值税发票的税法依据及分析"及"甲供工程"的工程计价的分析，建筑企业选择简易计税方法计征增值税的"甲供工程"项目向发包方开具3%增值税发票的工程计价有以下两种：

第一，参照营业税下的工程计价公式为：（含增值税的人工费+含增值税的材料费+含增值税的施工机具使用费+含增值税的企业管理费+含增值税的规费+利润）×（1+3%）。

第二，一般计税方法的工程计价公式为：（不含增值税的人工费+不含增值税的材料费+不含增值税的施工机具使用费+不含增值税的企业管理费+不含增值税的规费+利润）×（1+9%）。

因此，当建设单位或发包方按照"工程造价（招投标控制价）=（不含增值税的人工费+不含增值税的材料费+不含增值税的施工机具使用费+不含增值税的企业管理费+不含增值税的规费+利润）×（1+9%）=税前工程造价×（1+9%）"对工程项目计算工程造价时，除了财税〔2017〕58号文件第一条和税总发〔2017〕99号第一条第（三项）所规定的"建筑工程总承包方为房屋建筑的地基与基础、主体结构提供工程服务，建设单位自行采购全部或部分钢材、混凝土、砌体材料、预制构件的情况下，建筑工程总承包方必须选择简易计税计征增值税"之外，建筑企业可以选择简易计税方法计征增值税，向发包方开具3%的增值税专用（普通）发票，也可以选择一般计税方法计征增值税，向发包方开具9%的增值税专用（普通）发票。

（2）"甲供工程"项目的工程造价与增值税计税方法的协同管理。

第一，"甲供工程"项目的工程造价与增值税计税方法协同管理策略一。

如果发包方与建筑企业协商一致，建筑企业承包的"甲供工程"项目选择一般计税方法计征增值税，向发包方开具9%的增值税专用（普通）发票，则该工程项目的工程造价（招投标控制价）=税前工程造价×（1+9%）。其中"税前工程造价"=（不含增值税的人工费+不含增值税的材料费+不含增值税的施工机具使用费+不含增值税的企业管理费+不含增值税的规费+利润）。

第二，"甲供工程"项目的工程造价与增值税计税方法协同管理策略二。

如果发包方与建筑企业协商一致，建筑企业承包的"甲供工程"项目选择简易计税方法计征增值税，向发包方开具3%的增值税专用（普通）发票，则该工程项目的工程造价（招投标控制价）可以采用以下两种工程计价公式中的任一种：

计价公式一：工程造价（招投标控制价）=（含增值税的人工费+含增值税的材料费+含增值税的施工机具使用费+含增值税的企业管理费+含增值税的规费+利润）×（1+3%）。

计价公式二：工程造价（招投标控制价）=（不含增值税的人工费+不含增值税的材料费+不含增值税的施工机具使用费+不含增值税的企业管理费+不含增值税的规费+利润）×（1+9%）=税前工程造价×（1+9%）。

由于不同工程项目成本的体量、成本结构不同，使用以上两种计价公式测算的工程造价，不能得出"计价公式二测算的工程造价比计价公式一测算的工程造价大"的结论。从建设单位节约工程项目成本的角度来看，以上两个计价公式到底用哪一个计价公式更节约成本呢？笔者建议计算造价时，使用以上两种计价公式分别测算工程造价，然后选择计算结果最小的工程造价。

2.工程结算环节"甲供材"业务的税务问题处理

(1)业务模式一的"甲供材"现象的工程结算法:差额法。

招投标"甲供材"现象在工程结算环节中,由于业务模式一的"甲供材"中的施工企业与发包方或甲方进行工程结算时,采用的"差额结算法",即结算价中不含"甲供材"金额,施工企业按照不含"甲供材"金额向发包方开具发票,向发包方收取不含"甲供材"金额的工程款计入收入。发包方和施工企业双方不存在税收风险。

(2)业务模式二的"甲供材"的工程结算法的选择:必须选择差额法而不能选择总额法。

业务模式二的"甲供材"存在两种结算法:"总额结算法"和"差额结算法"。所谓的"总额结算法"是指发包方将"甲供材"金额计入工程结算价中的一种结算方法;所谓的"差额结算法"是指发包方不将"甲供材"金额计入工程结算中的一种结算方法。

如选择"总额结算法",则存在一定的税收风险,分析如下:

①发包方的税收风险。

业务模式二的"甲供工程"选择"总额结算法"有以下特征:一是发包方发出"甲供材"给施工企业使用时,财务上在"预付账款"科目核算,而施工企业领用"甲供材"时,财务上在"预收账款"科目核算。二是甲方或发包方购买的"甲供材"计入施工企业的销售额(或产值)或结算价。三是根据结算价必须等于发票价(发票上的含税增值税销售额)的原理,建筑企业必须按照含"甲供材"金额的结算额向发包方开具增值税发票。

基于以上特征,在业务模式二的"甲供材"选择"总额结算法"下,施工企业开给发包方的增值税发票中含有的"甲供材"金额,发包方享受了9%(一般计税项目)或3%(简易计税项目)的增值税进项税额。同时由于"甲供材"是发包方自行向供应商采购的材料而从供应商获得了13%的增值税专用发票,又享受了13%的增值税进项税额抵扣。换句话说,发包方就"甲供材"成本享受两次抵扣增值税进项税和两次抵扣企业所得税（如发包方式房地产企业，则房地产企业就"甲供材"成本两次抵扣了土地增值税）的优惠。这显然是重复多做成本、骗取国家税款的行为。如果被税务稽查发现，则发包方肯定要转出多抵扣的增值税进项税额，补交企业所得税并接受罚款和加收滞纳金的行政处罚。

如果发包方要规避以上分析的税收风险，则必须就"甲供材"向施工企业开具增值税发票，而且发包方不可以平价买进卖出，必须按照"甲供材采购价×（1+10%）计征增值税的依据向施工企业开具增值税发票。但是在实际操作过程中，由于发包方没有销售材料的经营范围，根本无法开具销售材料的增值税发票给施工企业。也就是说，在实际操作过程中，发包方将"甲供材"视同销售，向施工企业开具增值税发票是行不通的，即使行得通，发包方采购进来的"甲供材"享受抵扣的增值税进项税额，被视同销售产生的增值税销项税额抵销了，没有实际意义。

②施工企业的税收风险。

基于业务模式二"甲供材"现象的"总额结算法"的特征，施工企业没有"甲供材"的成本发票（因"甲供材"成本发票在发包方进行成本核算时计入了成本），从而施工企业就"甲供材"无法抵扣增值税进项税额，纯粹要申报缴纳10%（一般计税项目）或3%（简易计税项目）的增值税销项税额。同时由于无"甲供材"的成本发票，只有领用"甲供材"的领料清单，在企业所得税税前可以抵扣。依据《中华人民共和国企业所得税法》第八条的规定，"甲供材"是施工企业实际发生的与施工企业收入直接相关的成本支出，是完全可以在企业所得税税前扣除的。

但是不少地方税务执法人员依据"唯发票论"，没有发票就不可以在企业所得税税前进行扣除，因此，考虑到施工企业与税务执法人员沟通成本的问题，不少施工企业凭"甲供材"的领料清单并未享受在企业所得税税前扣除的税收政策红利。

因此，第二种"甲供材"现象的工程结算绝对不能采用"总额结算法"。

第二节 "业财税法融合控税"第二计：以税法与相关法律规定的融合佐证为税务处理之依据

所谓的"以税法与相关法律规定的融合佐证为税务处理之依据"，是指在对一项经济业务进行税务处理时，税法上的条款规定必须与相关法律的条款规定相互一致，不可以相互矛盾。由于税法的规定不可以与相关国家法律、行政法规、行政规章的规定相矛盾，所以，"以税法与相关法律规定的融合佐证为税务处理之依据"在实际业务操作过程中，有以下两种处理方法：

一是在应用税法条文的规定进行税务处理时，对税法条文中没有明确规定的地方，需要参照相关法律的条款规定，对税法条文没有明确规定的地方进行补充和佐证，再作为税务处理之依据；

二是针对每一笔经济业务的税务处理，所依据的税法条文规定与相关法律的条款规定必须保持一致，既符合相关法律的规定又符合税法的相关规定。

一、"以房抵工程款"的"业财税法融合控税"

房地产企业以房屋抵付工程款（以下简称"以房抵工程款"），是指房地产开发企业将建设工程施工发包给建筑商，建筑商承包工程后，房地产开发企业由于某种原因不能支付工程款，将其所有的或已建成尚未出售或将来某时建成的房屋抵给建筑商，以代替货币形式支付工程款，从而履行支付工程款义务的商业行为。一般而言，"**以房抵工程款**"主要包括三种形式：一是房地产开发企业以其所有的并已取得房屋所有权的房屋抵付工程款。二是房地产开发企业以其建成未出售的商品房抵付工程款。三是房地产开发企业以在建商品房抵付工程款。

"以房抵工程款"的交易行为处理不当，将存在一定的法律、财务和税务风险，要提升房地产企业和建筑企业的税收安全，必须对"以房抵工程款"的交易行为采取一定的"财税法风险"防控策略。

（一）"以房抵工程款"的业务模式

实践中的"以房抵工程款"业务存在三种业务模式：

一是建筑企业将"以房抵工程款"的商品房抵供应商材料款；

二是建筑企业将"以房抵工程款"的商品房留给建筑企业自用；

三是被挂靠的建筑企业将"以房抵工程款"的商品房抵销挂靠方（自然人）垫资款而将房屋产权办到挂靠方名下。

以上三种业务模式涉及《中华人民共和国民法典》债务抵销中的"合意抵销"和法释〔2020〕25号文件中的"建筑企业工程价款优先受偿权的履行"的法务处理，同时涉及会计上"非货币性交易行为"的财务处理和税法上"视同销售"的税务处理。

（二）"以房抵工程款"的法务处理："合意抵销"和建筑企业工程价款优先受偿权的履行

1. 债务抵销的法理分析

（1）债务抵销的法律界定和两种分类。

债务抵销是指二人互负债务时，各以其债权充当债务的清偿而使其债务与对方的债务在**同等数额内**互相抵销的一种债权债务相互抵销行为。债的抵销依其不同的发生根据，可分为**法定抵销（法定的债务抵销）与合意抵销（约定的债务抵销）**。其中，法定抵销由法律规定其构成要件，法定抵销的抵销权性质上为形成权，依有抵销权的当事人的单方意思表示即可发生法律效力。**而合意抵销因重视当事人的意思自由，可不受法律规定的构成要件约束，当事人须就抵销达成一致，即可发生效力。**

（2）法定抵销的构成要件。

根据《中华人民共和国民法典》第五百六十八条和第五百六十九条的规

定，法定抵销的构成要件如下：

第一，当事人双方互负债务互享债权。

抵销发生的基础在于当事人双方**既互负债务，又互享债权**，只有债务而无债权或者只有债权而无债务，均不发生抵销。双方当事人互负债务互享债权，一般因两个法律关系而发生，但也不排除当事人双方基于多个法律关系而累计的对等债权债务。

第二，双方债务均已到期。

法定抵销具有用相互清偿的作用，因此只有履行期限届至时，才可以主张抵销，否则，等于强制债务人提前履行债务，牺牲其期限利益。

第三，债务的标的物种类、品质相同。

种类相同，是指合同标的物本身的性质和特点一致。如都是支付金钱，或者交付同样的种类物。品质相同，是指标的物的质量、规格、等级无差别，如都是一级天津大米。**债务种类品质不相同，原则上不允许抵销**。债务的标的物品质种类相同还表明，用以抵销的债务应当是物而非行为，因为行为具有特定的人身性质，不具有可比性，很难使双方债权在对等额内抵销。

第四，当事人双方互负到期债务的，任何一方可以将自己的债务与对方的债务抵销，但下列情况除外。

①依照法律规定不得抵销的；

②按照合同的性质不得抵销的。

当事人主张抵销的，必须以意思表示为之，该意思表示以口头或者书面通知对方时发生效力，对方为无行为能力人或者限制行为能力人的，通知到达其法定代理人时发生效力。

第五，法定抵销不得附条件或附期限。

附条件的债权在条件不成就时，不能实际享有，而条件有可能不成就。附期限的债权在期限尚未到期时也并未存在，将效力不确定的债权抵销，可能损害一方当事人的权利。

在当事人双方债权债务相等的情况下，法定抵销产生合同关系消灭的法律后果，但如果债务的数额大于抵销金额，则法定抵销不能消灭合同关系，而只是在法定抵销范围内减少债权。

（3）**法定抵销与约定抵销的区别。**

第一，抵销的根据不同。

法定抵销是基于法律规定，只要具备法定条件，任何一方可以将自己的债务与对方的债务抵销；约定抵销，双方必须协商一致，不能由单方决定抵销。

第二，对抵销的债务的要求不同。

法定抵销要求标的物的种类、品质相同；约定抵销标的物的种类、品质可以不同。

第三，对抵销的债务的期限要求不同。

法定抵销当事人双方互负的债务必须均已到期；约定抵销，双方互负的债务即使没有到期，只要双方当事人协商一致，愿意在履行期到来前将互负的债务抵销，也可以抵销。

第四，程序要求不同。

法定抵销，当事人主张抵销的，应当通知对方，通知未到达对方，抵销行为不生效；约定抵销，双方达成抵销协议时，即发生抵销的法律效力，不必履行通知义务。

2."以房抵工程"是债务抵销中的"约定抵销"

由于房地产企业拖欠建筑企业的工程款，不是双方互负债务，而是单方债权债务的法律关系。因此基于上述"**法定抵销与约定抵销的区别**"来看，"**以房抵工程**"是债务抵销中的"**约定抵销**"行为。

3.建筑企业工程价款优先受偿权的履行

当房地产开发企业以其建成未出售的商品房或已在建商品房抵付工程款时，建筑企业、房地产企业必须将"以房抵工程款"业务的债务抵销模式与其涉及的税务处理、财务处理和法务处理相融合。"以房抵工程款"主要涉及以房抵建筑企业工程价款的优先受偿权的履行问题和债务抵销的合法性和程序性问题。其中**建设工程价款优先受偿权涉及**建设工程价款优先受偿权期限及其起算点，享受优先受偿权的权利主体、优先受偿权受偿的范围。

（1）正确把握建设工程价款优先受偿权的期限及其起算点。

①**法律依据。**

根据《最高人民法院关于审理建设工程施工合同纠纷案件适用法律问题的解释（一）》（法释〔2020〕25号）第四十一条的规定，承包人应当在合理期限内行使建设工程价款**优先受偿权，但最长不得超过十八个月，自发包人应当给付建设工程价款之日起算。**

②**如何认定"发包人应当给付建设工程价款之日"？**

第一，如果承包人向发包人提交催告工程价款书，则发包人应当给付建设工程价款之日为催告工程价款书载明的合理期限结束的第二天。

根据《中华人民共和国合同法》第二百八十六条的规定，发包人未按照约定支付价款的，承包人可以催告发包人在合理期限内支付价款。发包人逾期不支付的，除按照建设工程的性质不宜折价、拍卖的以外，承包人可以与发包人协议将该工程折价，也可以申请人民法院将该工程依法拍卖。建设工程的价款就该工程折价或者拍卖的价款优先受偿。根据此法律规定，如果工程竣工验收，或已竣工但未验收的工程，发包人应当给付建设工程价款之日为承包人给发包人提交的催告工程价款书载明的合理期限结束的第二天。

第二，如果建筑合同中"工程款支付"条款约定"支付工程进度款的时间节点，剩下的工程款为工程竣工验收合格之后支付"，则"发包人应当给付建设工程价款之日"为竣工验收报告书载明的日期的第二天。

第三，如果建筑合同中"工程款支付"条款中没有约定"支付工程进度款的时间节点，剩下的工程款为工程竣工验收合格之后支付"，则"发包人应当给付建设工程价款之日"为工程决算书载明的日期的第二天。

（2）明确界定建设工程价款优先受偿的范围。

①法律依据。

《最高人民法院关于审理建设工程施工合同纠纷案件适用法律问题的解释（一）》（法释〔2020〕25号）第四十条规定，承包人建设工程价款优先受偿的范围依照国务院有关行政主管部门关于建设工程价款范围的规定确定。承包人就逾期支付建设工程价款的利息、违约金、损害赔偿金等主张优先受偿的，人民法院不予支持。

法释〔2020〕25号对建设工程价款优先受偿权的范围采用了引用加排除的方法，**引用"国务院有关行政主管部门的规定"作为界定建设工程价款优先受偿权范围的基础，同时将"利息、违约金、损害赔偿金等"排除在建设工程价款的范围之外。而国务院有关行政部门关于建设工程价款的规定文件有两个：一是**住房城乡建设部 财政部关于印发《建筑安装工程费用项目组成》的通知（建标〔2013〕44号），建筑安装工程费用按构成要素组成划分为人工费、材料费、施工机具使用费、企业管理费、利润、规费和税金；二是《建设工程施工发包与承包价格管理暂行规定》第五条，工程价格由成本（直接成本、间接成本）、利润（酬金）和税金构成。

②建设工程价款优先受偿的范围。

根据以上法律依据，建设工程价款优先受偿的范围如下：

第一，建设工程价款优先受偿范围的判断原则是宜折价、拍卖的建设工程。因此，以公益为目的的事业单位、社会团体和组织机构的教育设施、医疗设施等不宜折价或拍卖，但以营利为目的私立学校、私立医院等建设工程可以折价或拍卖，且承包人就折价款或拍卖款优先受偿。

第二，建设工程价款优先受偿的范围可界定为：如果是已竣工工程，应指竣工结算价；未竣工工程则应以施工预算价为基础进行评估确定工程价款，包含承包人的正常利润，也包括承包人的垫资款，但不包括承包人因发包人违约造成的损失。

因此，发包人逾期支付给承包人建设工程价款的利息、违约金、损害赔偿金不在优先受偿范围内。

（三）"以房抵工程款"的税务处理

1."以房抵工程款"的协议折让价"明显偏低且不合理"的税务风险及管控策略

"以房抵工程款"的协议折让价"明显偏低且不合理"将导致房地产企业减少收入而少缴纳土地增值税，引起税务机关对房地产企业进行纳税调整的税务风险。

（1）"以房抵工程款"的抵债行为必须视同销售依法缴纳土地增值税、增值税和企业所得税。

根据财税〔2016〕36号文附件1——《营业税改征增值税试点实施办法》的规定，销售服务、无形资产或者不动产，是指有偿提供服务、有偿转让无形资产或者不动产。有偿，是指取得货币、货物或者其他经济利益。以房抵债属于取得其他经济利益的销售，需要缴纳增值税。《中华人民共和国企业所得税法实施条例》第二十五条规定，企业发生非货币性资产交换，以及将货物、财产、劳务用于捐赠、偿债、赞助、集资、广告、样品、职工福利或者利润分配等用途的，应当视同销售货物、转让财产或者提供劳务，但国务院财政、税务主管部门另有规定的除外。基于以上税收政策的规定，房地产企业与建筑企业签订的以房抵工程款的协议，该协议工程折价的实质是房地产企业通过协议工程折价销售其建筑工程抵偿建筑企业的工程款，房地产企业要视同销售缴纳增值税、土地增值税和企业所得税。房地产企业与建筑企业达成的协议工程折价的价格往往偏低又无正当理由，导致视同销售收入减少，最终的结果使房地产企业少缴纳土地增值税。

（2）税务机关对交易价款偏低且不合理给予纳税调整的法律依据。

《中华人民共和国税收征管法》第三十五条第六款规定：纳税人申报的

计税依据明显偏低，又无正当理由的，税务机关核定应纳税额的具体程序和方法由国务院税务主管部门规定。

根据《中华人民共和国增值税暂行条例》第七条及《中华人民共和国增值税暂行条例实施细则》第十六条之规定，纳税人销售货物或者应税劳务的价格明显偏低并无正当理由的，由主管税务机关按下列顺序确定销售额：

①按纳税人最近时期同类货物的平均销售价格确定；
②按其他纳税人最近时期同类货物的平均销售价格确定；
③按组成计税价格确定。组成计税价格的公式为：

组成计税价格=成本×（1+成本利润率）

属于应征消费税的货物，其组成计税价格中应加计消费税税额。

公式中的成本是指：销售自产货物的为实际生产成本；销售外购货物的为实际采购成本。公式中的成本利润率由国家税务总局确定。

财税〔2016〕36号文之附件1——《营业税改征增值税试点实施办法》第四十四条规定：纳税人发生应税行为价格明显偏低或者偏高且不具有合理商业目的的，或者发生本办法第十四条所列行为而无销售额的，主管税务机关有权按照下列顺序确定销售额：

①按照纳税人最近时期销售同类服务、无形资产或者不动产的平均价格确定。
②按照其他纳税人最近时期销售同类服务、无形资产或者不动产的平均价格确定。
③按照组成计税价格确定。组成计税价格的公式为：

组成计税价格=成本×（1+成本利润率）

成本利润率由国家税务总局确定。

不具有合理商业目的，是指以谋取税收利益为主要目的，通过人为安排，减少、免除、推迟缴纳增值税税款，或者增加退还增值税税款。

(3)"价款明显偏低且不合理"的司法界定。

最高人民法院关于印发《全国法院贯彻实施民法典工作会议纪要》的通知(法〔2021〕94号)第一条第九款的规定,对于《民法典》第五百三十九条规定的明显不合理的低价或者高价,人民法院应当以交易当地一般经营者的判断,并参考交易当时交易地的物价部门指导价或者市场交易价,结合其他相关因素综合考虑予以认定。

转让价格达不到交易时交易地的指导价或者市场交易价70%的,一般可以视为明显不合理的低价;对转让价格高于当地指导价或者市场交易价30%的,一般可以视为明显不合理的高价。当事人对于其所主张的交易时交易地的指导价或者市场交易价承担举证责任。

(4)税务机关对"价款明显偏低且不合理"的价格进行纳税调整的尺度:不得低于市场价的70%。

根据以上法律税收政策分析,如果房地产企业与建筑企业发生"以房抵工程款"的情况,一定要保证房地产企业以房抵工程款的折价金额不得低于房地产企业用于抵建筑商工程款的开发成品的市场价格的70%。

例如,如果房地产企业拖欠建筑企业工程款1 000万元,房地产企业抵建筑企业工程款的开发成品的市场交易价为2 000万元,则1 000万元小于1 400万元(2 000万元×70%),该交易行为"价款明显偏低且不合理",房地产企业必须依照1 400万元申报缴纳土地增值税。

2.建筑企业将"以房抵工程款"的商品房留给建筑企业自用而签订合同的税务风险及节税的合同签订技巧

(1)签订合同多缴纳税的税务风险。

实践中,当房地产企业拖欠建筑企业材料,建筑企业拖欠材料供应商或其他个人借款的情况下,为了相互抵债,房地产企业与建筑企业签订"以房抵工程协议",然后建筑企业又与材料供应商或个人签订以房抵材料款或欠款的合同。以上签订的合同将对建筑企业和房地产企业视同销售征收增值税、企业所得税和土地增值税。

（2）建筑企业将"以房抵工程款"的商品房留给建筑企业自用的合同签订技巧。

"以房抵工程款"自用的房屋，其实质就是建筑商向房地产开发企业购买房屋，支付购房款，房地产开发企业支付工程款，依据《中华人民共和国合同法》第九十一条第三款规定，在等额范围内两者相抵销。在实践中，以房抵工程款建筑商自用的房屋，往往是前面所谈到的第一种和第二种形式的房屋。针对这种以房抵工程款建筑商自用的房屋，房地产企业都会给予建筑商优惠的价格，以房抵完建筑商工程款后，还有一定的差额。因此，**建筑企业将"以房抵工程款"的商品房留给建筑企业自用**的合同必须按照以下方法进行签订：

第一，实际工程款与用以抵付的房屋价款差额的处理。实际工程款与用以抵付的房屋价款很难完全一致，必将出现差额，因此在以房抵款合同中一定要说明此差额如何处理。

第二，必须在"以房抵工程款"的协议中明确房屋交付的具体期限。

第三，在协议中明确抵付工程款的房屋面积和单价，销售单价按照协议约定的抵付工程款除以用于抵工程款房屋的建筑面积进行计算。

第四，发票开具和税费的处理。在以房抵工程款协议中，必须明确房地产企业按照抵付工程款金额向建筑商开具销售不动产的增值税专用发票，建筑企业向房地产公司开具建筑业的增值税专用发票，有关税费各自承担。

第五，在以房抵款合同中双方应明确用以抵付工程款的具体房屋。

在一些以房抵款合同中，关于用以抵付的房屋，有的合同约定以房地产开发企业指定为准；有的约定由建筑商在房地产开发企业开发建设的楼盘中自行选择，但两者均未明确哪套房屋用以抵付工程款。若产生纠纷，双方对于用以抵付的房屋说法不一，法院可能以约定不明为由判决房地产开发企业直接以货币形式向建筑商支付工程款。因此，应在以房抵款合同中明确约定具体房屋的楼号、房号等内容，最好附图。

（四）以房抵工程款的账务处理

在房地产企业的开发过程中，特别是在房地产行业不景气的情况下，为了及时收回资金，房地产企业往往会发生以开发完毕的开发产品抵建筑企业的工程款的现象。对于这些以房抵工程款在财务和税务上应如何进行处理，一直是许多企业财务人员和税务执法人员很困惑的地方。笔者结合国家财税政策，就房地产企业以房抵工程款的财务税务处理问题做了详细分析。

根据财税〔2016〕36号文件附件1——《营业税改征增值税试点实施办法》第一条、第十条和第十一条的规定，在中华人民共和国境内销售服务、无形资产或者不动产的单位和个人，为增值税纳税人。销售服务、无形资产或者不动产，是指有偿提供服务、有偿转让无形资产或者不动产。其中"有偿"，是指取得货币、货物或者其他经济利益。房地产公司以房抵工程款就是有偿取得其他经济利益的行为。因此，房地产公司以房抵银行贷款是增值税纳税义务人，应视同销售依法缴纳增值税。因为以房抵施工企业的建筑工程款的法律实质是建筑施工企业从房地产公司收回拖欠的建筑工程款和再用收回的建筑工程款向房地产公司购买房屋。房地产企业以房抵工程款的问题涉及房地产企业向施工企业开具销售不动产增值税发票和建筑企业向房地产企业开具建筑业增值税发票。因此，房地产公司以房抵工程款必须按照现有税法的规定视同销售，依法向当地税务主管部门主动申报缴纳增值税、土地增值税和企业所得税。

根据新修订的《企业会计准则第7号——非货币性资产交换》的规定，房地产企业以房抵工程款是非货币性资产交换行为，按照非货币性资产交换的会计准规定进行账务处理。开盘之后的现房抵工程款的账务处理如下。

1. 房地产企业的会计处理

借：应付账款——应付建筑企业工程款
　　贷：主营业务收入（其他业务收入）——销售建筑工程

应交税费——应交增值税（增值税销售税额）

借：开发成本（在建工程）

　　应交税费——应交增值税（待认证抵扣增值税）

　贷：应付账款——应付承包方工程款

借：开发产品（固定资产）

　贷：开发成本（在建工程）

借：主营业务成本（其他业务支出）

　贷：开发产品（固定资产）

2. 建筑企业的会计处理

借：固定资产——建筑工程

　　应交税费——应交增值税（待认证抵扣增值税）

　贷：应收账款——发包方工程款

借：应交税费——应交增值税（待认证抵扣增值税）

　贷：应交税费——应交增值税（增值税销项税额）

下面分别以房地企业开盘前和开盘后的以房抵工程款为例，进行实证分析。

[案例16]
房地产企业开盘前签订的以房抵工程协议的财税处理分析

（一）案情介绍

甲房地产开发有限公司的开发项目"福满家苑"分两期进行开发，第一期工程在2022年4月12日领取了商品房预售许可证。甲房地产开发有限公司于2022年12月20日与建筑施工企业签订了《以房抵债协议》，协议约定如下：

（1）第一期项目总建筑面积为5万平方米，房地产公司将其中1万平方米建筑面积的开发产品以14 000元/平方米（含增值税）的平均价抵偿应付建筑施工企业工程款15 000万元（含增值税），剩余1 000万元（含增值税）的工程款于本协议签订之日起5天之内付清。后期发生的建筑工程款仍按照原工程承包合同约定的工程进度及支付时间履行付款义务及承担违约责任。

（2）甲房地产有限公司将第一期项目中1万平方米建筑面积的开发产品用于抵建筑施工企业的工程款，在建筑施工企业找到实际购房人时，由甲房地产有限公司与实际购房人签订商品房销售合同，购房款全额用于偿还拖欠建筑施工企业工程款，实际售价超过14 000元/平方米的部分，作为甲房地产有限公司延期支付建筑施工企业工程款项的利息，归建筑施工企业所有。在截至开盘后的2022年7月，甲房地产有限公司账面上的"其他应付款——建筑施工企业"科目贷方余额为14 000万元。根据以上协议，甲房地产有限公司应如何进行财务和税务处理？

（二）甲房地产有限公司的财务处理

（1）甲房地产有限公司于2022年12月20日与建筑商签订以房抵债协议时，根据协议及付款凭证进行财务处理。

借：应付账款——建筑商　　　　　　　　　　150 000 000
　　贷：其他应付款——建筑商（开盘之前抵的工程款相当于诚意金）
　　　　　　　　　　　　　　　　　　　　　140 000 000
　　　　银行存款　　　　　　　　　　　　　 10 000 000

（2）开盘后，甲房地产有限公司与建筑商找到的实际购房人签订商品房买卖合同，收取价款时。

借：银行存款　　　　　　　　　　　　　　　140 000 000
　　贷：预收账款　　　　　　　　　　　　　140 000 000

预缴增值税时：

借：应交增值税——预交增值税

[140 000 000÷(1+9%)]×3%　3 853 200

　　贷：银行存款　　　　　　　　　　　　3 853 200

房地产企业收取建筑商找到的实际购房人支付的购房款后，支付给建筑企业的账务处理为：

借：其他应付款——建筑商（开盘之前抵的工程款相当于诚意金）

　　　　　　　　　　　　　　　　　　140 000 000

　　贷：银行存款　　　　　　　　　　　　140 000 000

（三）甲房地产有限公司的税务处理

1. 增值税纳税义务时间的法律依据

财税〔2016〕36号附件1——《营业税改征增值税试点实施办法》第四十五条规定："纳税人发生应税行为并收讫销售款项或者取得索取销售款项凭据的当天；先开具发票的，为开具发票的当天。收讫销售款项，是指纳税人销售服务、无形资产或者不动产过程中或者完成后收到款项。取得索取销售款项凭据的当天，是指书面合同确定的付款日期；未签订书面合同或者书面合同未确定付款日期的，为服务、无形资产转让完成的当天或者不动产权属变更的当天。"

2. 甲房地产有限公司账面上的"其他应付款——建筑施工企业"科目贷方余额为14 000万元的税务处理

由于本案例中的A房地产公司与建筑企业签订的以房抵工程款协议书的时间（2021年12月20日）发生在领取商品房预售许可证的时间（2022年4月12日）之前，因此，A公司于2021年12月20日与建筑商签订以房抵债协议在法律实质上没有构成"销售不动产"的行为，以房抵债14 000万元没有发生应用增值税的纳税义务时间。但是过了开盘时间（即房地产公司取得商品房预售许可证的时间），在甲房地产公司账面上的"其他应付款——建筑商"科目贷方余额为14 000万元要不要申报缴纳增值税呢？要分以下两种情况处理：

第一，如果该"以房抵债协议"中约定抵债的房号、楼层和建筑面积的房屋在当地建设委员会或建委的网站上进行了备案（或网签），则甲房地产有限公司账面上的"其他应付款——建筑施工企业"科目贷方余额14 000万元，必须向当地主管税务部门，申报缴纳增值税、土地增值税、企业所得税。

第二，如果该"以房抵债协议"中约定抵债的房号、楼层和建筑面积的房屋没有在当地建设委员会或建委的网站上进行了备案（或网签），则甲房地产有限公司账面上的"其他应付款——建筑商"科目贷方余额14 000万元，没有产生纳税义务时间，不需要向当地主管税务部门申报缴纳增值税、土地增值税、企业所得税。

3.房地产企业收到建筑商找到的实际购房人支付的购房款后的税务处理

房地产企业收到购房者支付14 000万元时，在不动产所在地按照预收款的3%预缴增值税，开具"备注栏"载明"不征税"字样的增值税普通发票（其实相当于收据，不是办理不动产的增值税发票）。施工企业为房地产企业开具9%的增值税专用发票。

[案例17]
房地产企业开盘后签订的以房抵债协议的财税处理分析

（一）案情介绍

甲房地产开发有限公司开发项目"福满家苑"分二期开发，第一期建筑工程于2022年4月12日领取商品房预售许可证，将于2022年6月完工。A公司于2022年9月20日与建筑商签订了以房抵债协议，并在当地建委网上进行了备案，协议约定：

(1)甲房地产开发有限公司将其开发的15套住房,用于抵其拖欠建筑施工企业的工程款3 000万元,建筑施工企业将抵债而来的15套商品房用于职工宿舍。

(2)甲房地产开发有限公司与某银行签订《以商品房抵顶银行贷款合同》,以"福满家苑"一栋楼的一层、二层,抵减银行5 000万元贷款。

以上项目是新项目,按照一般计税方法计征增值税,根据以上抵债协议,甲房地产开发有限公司应如何进行财务和税务处理?

(二)甲房地产开发有限公司的财务处理

(1)甲房地产开发有限公司其开发的15套住商品房用于抵其拖欠建筑施工企业3 000万元的工程款的账务处理如下:

借:应付账款——建筑施工企业　　　　　　30 000 000
　　贷:预收账款　　　　　　　　　　　　　　30 000 000

预缴增值税时的账务处理如下:

借:应交增值税——预交增值税
　　　[30 000 000÷(1+9%)]×3%　　　825 700
　　贷:银行存款　　　　　　　　　　　　　　　825 700

(2)甲房地产开发有限公司与某银行签订《以商品房抵顶银行贷款合同》,以"福满家苑"一栋楼的一层、二层抵银行5 000万元贷款的账务处理如下:

借:长期借款——某银行　　　　　　　　　50 000 000
　　贷:预收账款　　　　　　　　　　　　　　50 000 000

预缴增值税时的账务处理如下:

借:应交增值税——预交增值税
　　　[50 000 000÷(1+9%)]×3%　　1 376 200
　　贷:银行存款　　　　　　　　　　　　　　1 376 200

(三）甲房地产开发有限公司的税务处理

根据国家税务总局公告2016年第18号第二节第十条、十一条和十二条有关预缴税款的规定，一般纳税人的房地产企业采取预收款方式销售自行开发的房地产项目，应在收到预收款时按照3%的预征率预缴增值税。应预缴税款按照以下公式计算：应预缴税款=预收款÷（1+适用税率或征收率）×3%。适用一般计税方法计税的，按照9%的适用税率计算；适用简易计税方法计税的，按照5%的征收率计算。一般纳税人应在取得预收款的次月在纳税申报期内向主管国税机关预缴税款。

因此，根据以上政策规定和分析，房地产企业发生的以"房抵工程款"和抵银行贷款必须视同销售进行税务处理。3 000万元和5 000万元在签订协议并在当地建委网上备案后必须依法预缴增值税、预缴土地增值税和按照计税毛利润申报缴纳企业所得税。

肖太寿博士点评：根据《中华人民共和国税收征管法》的规定，交易价格不合理，税务机关有权进行纳税调整。问题是何为"价格不合理"，应如何进行界定"价格不合理"呢？在税法上没有明确规定，在税法没有明确规定的情况下，参照其他法律的规定进行界定，并进行税务处理。根据最高人民法院关于印发《全国法院贯彻实施民法典工作会议纪要》的通知（法〔2021〕94号）第一条第九款的规定，转让价格达不到交易时交易地的指导价或者市场交易价70%的，一般可以视为明显不合理的低价；对转让价格高于当地指导价或者市场交易价30%的，一般可以视为明显不合理的高价。基于此规定，如果房地产企业与建筑企业发生"以房抵工程款"的情况下，一定要掌握和审查房地产企业以"房抵工程款"的折价金额不得低于房地产企业用于抵建筑商工程款的开发成品的市场价格的70%。以上方法就是"业财税法融合"控税思维的应用：当税法规定不明确时，必须参照相关法律的规定，作为税务处理的依据。

二、《民法典》"付款时间"规定与税法"增值税纳税义务时间"规定的融合佐证作为建筑企业工程款增值税纳税义务时间的法律依据

（一）案情基本情况

乙路桥施工企业与业主甲公路局签订的建筑总承包合同中的"合同款支付方式"条款的约定如下：甲公路局按照季度已经完成工程量的80%支付工程款，项目验收合格后支付至90%，审计后支付至95%，剩余质量保证金5%，待项目验收合格满一年后付清。根据以上合同的约定，判断乙路桥施工企业工程款支付的增值税纳税义务发生时间如何确定？施工企业与税务局发生争议：税务局认为乙路桥施工企业必须按照甲公路局签字确认的每季度已经完成的工程量全面申报缴纳增值税；乙路桥施工企业认为增值税纳税义务时间应分情况讨论如下。

1.根据双方签订建筑合同中的"合同款支付方式"条款的约定：按照季度已经完成工程量的80%支付工程款的增值税纳税义务时间是每一个季度施工企业与发包方双方负责人签订工程计量确认单所在月的下一个月的增值税报税期。

2.根据双方签订建筑合同中的"合同款支付方式"条款的约定：项目验收合格后支付至90%，即新增支付10%（90%-80%）工程进度款的增值税纳税义务时间是项目验收合格后，发包方新增支付10%（90%-80%）工程进度款的当天，在支付当天的下个月的增值税申报期报税。

3.根据双方签订建筑合同中的"合同款支付方式"条款的约定：审计后支付至95%，即新增支付5%（95%-90%）工程进度款的增值税纳税义务时间是审计后，发包方新增支付5%（95%-90%）工程进度款的当天，在支付当天的下个月的增值税申报期报税。

4.根据双方签订建筑合同中的"合同款支付方式"条款的约定：剩余质

量保证金5%，待项目验收合格满一年后付清，剩余质量保证金5%的增值税纳税义务时间是发包方项目验收合格满一年后付清的当天，在支付当天的下个月的增值税申报期报税。

到底如何确定工程进度款的增值税纳税义务时间？

（二）税务处理分析

1. 增值税纳税义务时间的税收法律依据

财税〔2016〕36号文件附件1——《营业税改征增值税试点实施办法》第四十五条，关于**"增值税纳税义务、扣缴义务发生时间"**的规定如下：

（1）纳税人发生应税行为并收讫销售款项或者取得索取销售款项凭据的当天；先开具发票的，为开具发票的当天。收讫销售款项，是指纳税人销售服务、无形资产、不动产过程中或者完成后收到款项。取得索取销售款项凭据的当天，是指书面合同确定的付款日期；未签订书面合同或者书面合同未确定付款日期的，为服务、无形资产转让完成的当天或者不动产权属变更的当天。

（2）纳税人提供建筑服务、租赁服务采取预收款方式的，其纳税义务发生时间为收到预收款的当天。纳税人提供租赁服务采取预收款方式的，其纳税义务发生时间为收到预收款的当天。

《财政部 税务总局关于建筑服务等营改增试点政策的通知》（财税〔2017〕58号）第二条规定，《营业税改征增值税试点实施办法》（财税〔2016〕36号）第四十五条第（二）项修改为"纳税人提供租赁服务采取预收款方式的，其纳税义务发生时间为收到预收款的当天"。

2. 建筑企业增值税纳税义务时间确定的法律分析

基于以上税收依据，**建筑企业工程进度结算款的增值税纳税义务时间确定的法律分析**如下：

建筑企业与发包方的工程进度款增值税纳税义务时间分为两种情况：

一是发包方已经支付部分工程进度款的增值税纳税义务时间;二是发包方拖欠已经结算或计量的部分工程进度款的增值税纳税义务时间。具体分析如下:

第一,发包方已经支付部分工程进度款的增值税纳税义务时间的确定。

财税〔2016〕36号文件附件1——《营业税改征增值税试点实施办法》第四十五条第(一)项"关于增值税纳税义务时间"规定:"纳税人发生应税行为并收讫销售款项或者取得索取销售款项凭据的当天。"根据此条规定,**建筑企业在施工过程中与发包方进行工程计量和工程进度结算时的增值税纳税义务时间必须同时具备以下三个条件:**

(1)建筑企业提供了建筑劳务。

特别提醒:**"建筑企业提供建筑劳务",在实践中以施工企业与发包方双方负责人共同签字确认的工程计量确认单作为标志。**

(2)建筑施工企业收到了工程进度款项或者取得索取销售款项凭据的当天。

特别提醒:实践中,"取得索取销售款项凭据"是指**以施工企业与发包方双方负责人共同签字确认的"工程计量确认单或者工程进度款结算单"。**

(3)以上两个条件必须同时具备。

因此,基于以上三个条件,如果发包方与施工企业进行了工程进度计量,且发包方已经支付部分工程进度款的增值税纳税义务时间为建筑施工企业收到发包方工程进度款的当天,建筑企业施工企业必须向发包方开具增值税发票,如果没有开具发票,必须按照未开票收入申报增值税。

第二,发包方拖欠已经结算或计量的部分工程进度款的增值税纳税义务时间的确定。

针对如何确定"发包方拖欠已经结算或计量的部分工程进度款的增值税纳税义务时间"问题,到底是按照建筑施工企业与发包方签订工程计量报告或签订工程进度结算报告的当天确定?还是按照建筑企业与发包方签订"建筑合同"中的"工程计量和工程款支付"条款中约定的"工程进度款支付时间"确定？税收分析如下：

根据财税〔2016〕36号文件附件1——《营业税改征增值税试点实施办法》第四十五条第（一）项"以上增值税纳税义务时间必须同时满足的三个条件"的规定，发包方拖欠的工程进度款的增值税纳税义务时间是纳税人发生应税行为并取得索取销售款项凭据的当天。所谓的**"取得索取销售款项凭据的当天"**，根据财税〔2016〕36号文件附件1——《营业税改征增值税试点实施办法》第四十五条第（一）项第二款的规定，是指"书面合同确定的付款日期；未签订书面合同或者书面合同未确定付款日期的，为服务完成的当天"。在理解本条税法规定时，必须特别注意**"书面合同""确定""付款日期"的界定！**具体法律界定的分析如下：

（1）"书面合同"的法律界定。

《中华人民共和国民法典》第四百六十四条规定，**合同是民事主体之间设立、变更、终止民事法律关系的协议。**第四百六十九条规定，当事人订立合同，可以采用书面形式、口头形式或者其他形式。书面形式是**合同书**、信件、电报、电传、传真等可以有形地表现所载内容的形式。以电子数据交换、电子邮件等方式能够有形地表现所载内容，并可以随时调取查用的数据电文，视为书面形式。第七百八十九条规定，**建设工程合同应当采用书面形式。基于此规定，财税〔2016〕36号文件第四十五条中规定的"书面合同"是指明确发包方与建筑施工方直接设立、变更、终止民事法律关系的书面协议：建设工程合同、工程计量确认书、工程进度款结算书、工程决算书和工程签证报告。**

（2）"确定"和"约定""付款日期"的界定含义。

所谓的"约定"是指当事人双方意思表示达成一致。在法律上，权利与义务分为法定和约定两种，法定是指由法律直接规定，而约定就是指双方自愿设定，只要约定内容不违反法律法规，就对双方都有约束力。所谓

"确定"是指"弄清、确定、查明"的意思。**日期**是指发生某一事情的确定日子或时期，一般指某年某月某日，"付款日期"是指在某年某月某日付款。

（3）"书面合同确定的付款日期"与"书面合同约定的付款日期"的区别。

根据以上对"确定""约定""日期"和"付款日期"的文字含义的理解，所谓的"书面合同约定的付款日期"是指签订合同的双方当事人达成意思表示一致，在书面合同中约定的具体付款的某年某月某日的日期。"书面合同确定的付款日期"是指签订合同的双方当事人在书面合同中没有明确具体付款的某年某月某日的日期，而是要通过合同中的相关条款约定，弄清、确定付款的某一日期、某一时间段。

书面合同中"付款时间"确定的法律依据及其确定标准如下：

《中华人民共和国民法典》第六百二十八条（或《中华人民共和国合同法》**第一百六十一条**）规定，买受人应当按照约定的时间支付价款。**对支付时间没有约定或者约定不明确**，依据本法第五百一十条（或《中华人民共和国合同法》**第六十一条**）的规定仍不能确定的，**买受人应当在收到标的物或者提取标的物单证的同时支付。**

第五百一十条规定，合同生效后，当事人就质量、价款或者报酬、履行地点等内容没有约定或者约定不明确的，可以协议补充；不能达成补充协议的，按照合同相关条款或者交易习惯确定。第五百一十一条规定，当事人就有关合同内容约定不明确，依据前条规定仍不能确定的，适用下列规定：

①质量要求不明确的，按照强制性国家标准履行；没有强制性国家标准的，按照推荐性国家标准履行；没有推荐性国家标准的，按照行业标准履行；没有国家标准、行业标准的，按照通常标准或者符合合同目的的特定标准履行。

②价款或者报酬不明确的,按照订立合同时履行地的市场价格履行;依法应当执行政府定价或者政府指导价的,依照规定履行。

③履行地点不明确,给付货币的,在接受货币一方所在地履行;交付不动产的,在不动产所在地履行;其他标的,在履行义务一方所在地履行。

④履行期限不明确的,债务人可以随时履行,债权人也可以随时请求履行,但是应当给对方必要的准备时间。

⑤ 履行方式不明确的,按照有利于实现合同目的的方式履行。

⑥履行费用的负担不明确的,由履行义务一方负担;因债权人原因增加的履行费用,由债权人负担。

《最高人民法院关于审理建设工程施工合同纠纷案件适用法律问题的解释(一)》(法释〔2020〕25号)第二十七条规定,利息从应付工程价款之日开始计付。当事人对付款时间没有约定或者约定不明的,下列时间视为应付款时间:

①建设工程已实际交付的,为交付之日。

②建设工程没有交付的,为提交竣工结算文件之日。

③建设工程未交付,工程价款也未结算的,为当事人起诉之日。

基于以上法律规定,建筑工程书面合同中的"付款日期"确定标准或方法如下:

如果建筑合同中明确约定付款的具体时间,则"付款日期"是建筑合同中约定的具体付款的某年某月某日。

如果建筑合同中没有明确约定具体付款的日期,且合同双方当事人签订具体付款日期的补充协议,则以补充协议中约定的具体付款日期确定为合同中的"付款时间"。

如果建筑合同中没有明确约定具体付款的日期,且不能达成补充协议的,则按照合同相关条款或者交易习惯确定。在建筑工程领域中的"合同相关条款"是指"工程进度结算书、工程款最终结算书、工程计量确认书",

"交易习惯"是指"按照每月或每季度双方签字确认的工程计量确认单的一定比例，如60%或80%，在多少日之内或在下个月或下个季度前支付工程款，剩余的工程款扣除一定比例的质量保证金后，在工程竣工验收合格后或在工程竣工验收合格后并经审计后进行支付完毕"。

如果建筑合同中没有明确约定具体付款的日期，且不能达成补充协议，也不能按照合同相关条款或者交易习惯进行确定，则按照以下方法确定"付款日期"：履行期限不明确的，债务人可以随时履行，债权人也可以随时请求履行，但是应当给对方必要的准备时间。具体付款时间，根据《最高人民法院关于审理建设工程施工合同纠纷案件适用法律问题的解释（一）》（法释〔2020〕25号）第二十七条的规定，确定如下：

①建设工程已实际交付的，为交付之日；

②建设工程没有交付的，为提交竣工结算文件之日；

③建设工程未交付，工程价款也未结算的，为当事人起诉之日。

如果没有签订书面的建筑合同或相关合同或者签订的书面合同中没有确定付款的"付款日期"，则按照发包方与施工方签订工程计量确认单的当天，即建筑服务部分或最后完成的当天，确定为"付款日期"。

基于以上税法和《中华人民共和国民法典》（或《中华人民共和国合同法》）的规定分析，建筑企业与发包方进行工程进度计量后，或工程进度结算后，发包方拖欠施工企业工程进度款的增值税纳税义务时间分以下两种情况进行确定：

①如果建筑施工企业与发包方签订的建筑施工合同中的"工程款结算支付"条款中约定：发包方按照一定的时间节点（如按月或按季度）进行工程计量，计量后，按照双方负责人签字确认的已完成的工程计量的一定比例（如80%或60%）向发包方支付工程进度款，剩下的工程进度款扣除3%的质量保证金于工程最后竣工验收合格后再进行支付。则发包方拖欠的工程进度款的增值税纳税义务时间是今后工程竣工验收合格后支付工程款的具体时间。

②如果建筑施工企业与发包方签订的建筑施工合同中的"工程款结算支付"条款中没有约定：发包方按照一定的时间节点（如按月或按季度）进行工程计量，计量后，按照双方负责人签字确认的已完成的工程计量的一定比例（如80%或60%）向发包方支付工程进度款，剩下的工程进度款扣除3%的质量保证金于工程最后竣工验收合格后再进行支付。则发包方拖欠的工程进度款的增值税纳税义务时间是建筑施工企业与发包方进行工程计量报告或工程进度结算报告签订之日的时间。

3.建筑企业工程进度款的增值税纳税义务时间确定的分析结论

基于以上增值税纳税义务时间的法律依据分析，建筑业增值税纳税义务总结如下：

发包方拖欠的工程进度款的增值税纳税义务时间依照"合同中付款日期"的确定标准而确定，具体确定方法如下：

（1）如果建筑合同中明确约定未来付款的具体时间，则发包方拖欠的工程进度款的增值税纳税义务时间是建筑合同中约定的具体付款的日期；

（2）如果建筑合同中没有明确约定未来具体付款日期，且合同双方当事人签订未来具体付款日期的补充协议，则发包方拖欠的工程进度款的增值税纳税义务时间以补充协议中约定的未来具体付款的日期；

（3）如果建筑合同中没有明确约定未来具体付款的日期，且不能达成未来付款的具体日期的补充协议，但是建筑施工企业与发包方签订的建筑施工合同中的"工程款结算支付"条款中约定：发包方按照一定的时间节点（如按月或按季度）进行工程计量，计量后，按照双方负责人签字确认的已完成的工程计量的一定比例（如80%或60%）向发包方支付工程进度款，剩下的工程进度款扣除3%的质量保证金于工程最后竣工验收合格后再进行支付。则拖欠工程款的增值税纳税义务时间为今后工程竣工验收合格后支付工程款的具体时间。

（4）如果建筑施工企业与发包方签订的建筑施工合同中的"工程款结算

支付"条款中没有约定：发包方按照一定的时间节点（如按月或按季度）进行工程计量，计量后，按照双方负责人签字确认的已完成的工程计量的一定比例（如80%或60%）向发包方支付工程进度款，剩下的工程进度款扣除3%的质量保证金于工程最后竣工验收合格后再进行支付。则发包方拖欠的工程进度款的增值税纳税义务时间根据《最高人民法院关于审理建设工程施工合同纠纷案件适用法律问题的解释（一）》（法释〔2020〕25号）第二十七条的规定，当事人对付款时间没有约定或者约定不明的，下列时间为应付款时间：

①建设工程已实际交付的，为交付之日；

②建设工程没有交付的，为提交竣工结算文件之日；

③建设工程未交付，工程价款也未结算的，为当事人起诉之日。

根据以上法律规定，发包方拖欠的工程进度款的增值税纳税义务时间具体而言如下：

第一，已竣工验收移交使用，并进行工程决算，但未收工程款的增值税纳税义务时间为工程交付之日。

第二，已竣工验收未交付，并进行工程决算，但未收工程款的增值税纳税义务时间为提交竣工结算文件之日。

第三，已竣工未验收未交付，且未进行工程决算的增值税纳税义务时间为当事人起诉之日。

（三）本案例中工程的增值税纳税义务时间的判断

乙路桥施工企业与业主甲公路局签订的建筑合同中"合同款支付方式"条款的约定如下：按照季度已经完成工程量的80%支付工程款，项目验收合格后支付至90%，审计后支付至95%，剩余质量保证金5%，待项目验收合格满一年后付清。根据以上建筑企业增值税纳税义务时间确认的分析，乙路桥施工企业从事的建筑工程的增值税纳税义务时间的判断标准如下：

1.根据双方签订建筑合同中的"合同款支付方式"条款的约定:按照季度已经完成工程量的80%支付工程款的增值税纳税义务时间是每一个季度施工企业与发包方双方负责人签订工程计量确认单所在月的下一个月的增值税报税期。

2.根据双方签订建筑合同中的"合同款支付方式"条款的约定:项目验收合格后支付至90%,即新增支付10%(90%-80%)工程进度款的增值税纳税义务时间是项目验收合格后,发包方新增支付10%(90%-80%)工程进度款的当天,在支付当天的下个月的增值税申报期报税。

3.根据双方签订建筑合同中的"合同款支付方式"条款的约定:审计后支付至95%,即新增支付5%(95%-90%)工程进度款的增值税纳税义务时间是审计后,发包方新增支付5%(95%-90%)工程进度款的当天,在支付当天的下个月的增值税申报期报税。

4.根据双方签订建筑合同中的"合同款支付方式"条款的约定:剩余质量保证金5%,待项目验收合格满一年后付清,剩余质量保证金5%的增值税纳税义务时间是,发包方项目验收合格满一年后付清的当天,在支付当天的下个月的增值税申报期报税。

点评:财税〔2016〕36号文件"取得索取销售款项凭据的当天,是指书面合同确定的付款日期;未签订书面合同或者书面合同未确定付款日期的,为服务、无形资产转让完成的当天或者不动产权属变更的当天"规定中的"确定的付款日期",在税法上没有明确规定"何为确定的付款日期",参照《中华人民共和国民法典》关于"付款时间"确定的法律规定及其确定标准。绝对不可以将"确定的付款日期"理解为"约定的付款日期",否则有税收征管风险!

三、建筑企业两种"转增资本"业务模式的"业财税法融合"控税

"转增资本"是指公司以其留存收益和资本公积转为增加公司注册资本的行为。其中留存收益包括公司的盈余公积[①]和未分配利润。资本公积包括资本溢价或股本溢价和其他资本公积。在企业转增资本业务的实践中,一般有以下三种业务模式:一是以留存收益转增资本;二是以资本溢价或股本溢价转增资本;三是以其他资本公积转增资本。这三种转增资本业务的财务处理、税务处理、法务处理是有区别的!

在对转增资本业务进行税务处理时,不仅要依据我国关于企业转增资本的现有税法规定,而且还要依据《公司法》进行税务处理,必须保证《公司法》与税法关于转增资本的规定保持一致,才是正确的税务处理。

(一)留存收益转增资本业务模式的"业财税法融合"控税

留存收益是指企业从各年实现的利润中,为实现企业的内部积累而提取

---

① 《公司法》第一百六十六条 公司分配当年税后利润时,应当提取利润的百分之十列入公司法定公积金。公司法定公积金累计额为公司注册资本的百分之五十以上的,可以不再提取。

公司的法定公积金不足以弥补以前年度亏损的,在依照前款规定提取法定公积金之前,应当先用当年利润弥补亏损。

公司从税后利润中提取法定公积金后,经股东会或者股东大会决议,还可以从税后利润中提取任意公积金。

公司弥补亏损和提取公积金后所余税后利润,有限责任公司依照本法第三十四条的规定分配;股份有限公司按照股东持有的股份比例分配,但股份有限公司章程规定不按持股比例分配的除外。

股东会、股东大会或者董事会违反前款规定,在公司弥补亏损和提取法定公积金之前向股东分配利润的,股东必须将违反规定分配的利润退还公司。

公司持有的本公司股份不得分配利润。

或留存的部分，是内源融资的重要来源，公司主要将其用于利润分配、扩大生产再投资或转增资本。留存收益具体包括盈余公积和未分配利润。其中盈余公积分为法定盈余公积和任意盈余公积。企业分配当年利润时，应当提取净利润的10%计入法定公积金，法定公积金累计额达到企业注册资本的50%时可不再提取。企业提取法定盈余公积后，经股东会决议，还可再从净利润中提取任意盈余公积。而未分配利润是企业留待以后年度分配的利润。根据《公司法》及税收相关法律规定，企业当年实现的利润总额一般按照以下顺序进行分配：一是在法定原则下弥补以前年度亏损，二是缴纳企业所得税，三是提取法定、任意盈余公积金，四是一般按照股东的实缴出资比例进行分红，最后剩余部分就是未分配利润。

1. 留存收益转增资本的法律风险防控之策

（1）留存收益转增资本的相关法律依据。

根据《公司法》第四十三条第二款、第六十八条第二款，第一百七十九条第二款的规定，**留存收益转增资本的法律依据如下：**

第一，转增资本后的法定公积金，必须保留的最低限额。

根据《公司法》第一百六十八条第二款的规定，法定公积金转为资本时，所留存的该项公积金不得少于转增前公司注册资本的25%。

第二，未分配利润转增资本没有比例限制。

根据《公司法》的规定，企业税后的未分配利润扣除计提法定盈余公积，弥补亏损后，可以全额转增公司的注册资本，没有比例限制。

第三，留存收益转增资本必须经股东大会决议。

根据《公司法》的第四十三条第二款的规定，股东会决议增加注册资本，必须经代表2/3以上表决权的股东通过。

第四，留存收益转增资本必须办理工商变更登记手续。

根据《公司法》第一百七十九条第二款的规定，公司增加注册资本，应当依法向公司登记机关办理变更登记。

（2）建筑企业留存收益转增资本的法律风险防控之策。

基于留存收益转增资本的法律依据规定，建筑企业要将留存收益转增资本，必须采用以下法律风险防控之策。

第一，转增资本前，必须召开股东大会，必须经代表2/3以上表决权的股东通过，作出公司增加注册资本股东决议。

第二，如果是以公积金转增资本，则法定公积金转为资本时，所留存的该项公积金不得少于转增前公司注册资本的25%。

第三，转增资本后，必须到公司注册地的实践监督管理局办理工商变更登记手续。

2. 建筑企业留存收益转增资本的税务风险防控之策

未分配利润和盈余公积合称为留存收益，留存收益是企业税后利润形成的，即转增资本的留存收益均已缴纳过企业所得税。留存收益转增资本的实质是：先分利润给股东，然后股东再用分红进行投资。因此，企业的留存收益转增资本的税务处理，因公司的股东的不同而不同。下面将以股东分别是自然人股东、法人股东、合伙企业股东三个角度进行税务处理分析。

（1）自然人直接持股的建筑企业留存收益转增资本的三种税务处理。

第一种税务处理：自然人股东必须依照20%[①]的税率缴纳个人所得税。

---

① 《财政部 国家税务总局关于将国家自主创新示范区有关税收试点政策推广到全国范围实施的通知》（财税〔2015〕116号）第三条第二款规定：个人股东获得转增的股本，应按照"利息、股息、红利所得"项目，适用20%税率征收个人所得税。《国家税务总局关于进一步加强高收入者个人所得税征收管理的通知》（国税发〔2010〕54号）指出，应加强股息、红利所得征收管理。重点加强股份有限公司分配股息、红利时的扣缴税款管理，对在境外上市公司分配股息红利，应严格执行现行有关征免个人所得税的规定。加强企业转增注册资本和股本管理，对以未分配利润、盈余公积和除股票溢价发行外的其他资本公积转增注册资本和股本的情况，应按照"利息、股息、红利所得"项目，依据现行政策规定计征个人所得税。

既不是中小高新技术企业，也不是新三挂牌公司，更不是上市公司的建筑企业，发生留存收益转增资本，自然人股东必须依照20%的税率缴纳个人所得税。

第二种税务处理：中小高新技术①的建筑企业，在不超过5个公历年度内（含）依照20%的税率分期缴纳个人所得税。

自2016年1月1日起，全国范围内的中小高新技术企业以未分配利润、盈余公积、资本公积向个人股东转增股本时，个人股东一次缴纳个人所得税确有困难的，可根据实际情况自行制定分期缴税计划，在不超过5个公历年度内（含）分期缴纳，并将有关资料报主管税务机关备案②。

第三种税务处理：个人股东持股期限超过一年的以下三种建筑企业，可以享受免个人所得税。

如果是新三板挂牌、北交所上市的建筑企业，个人股东持股期限超过一

---

① 《财政部 国家税务总局关于将国家自主创新示范区有关税收试点政策推广到全国范围实施的通知》（财税〔2015〕116号）第三条第五款规定：本通知所称中小高新技术企业，是指注册在中国境内实行查账征收的、经认定取得高新技术企业资格，且年销售额和资产总额均不超过2亿元、从业人数不超过500人的企业。

② 《财政部 国家税务总局关于将国家自主创新示范区有关税收试点政策推广到全国范围实施的通知》（财税〔2015〕116号）第三条第一款规定：自2016年1月1日起，全国范围内的中小高新技术企业以未分配利润、盈余公积、资本公积向个人股东转增股本时，个人股东一次缴纳个人所得税确有困难的，可根据实际情况自行制定分期缴税计划，在不超过5个公历年度内（含）分期缴纳，并将有关资料报主管税务机关备案。

年的可以享受免个人所得税①。

如果是除北交所外上市的建筑企业,个人股东持有的限售股自解禁之日起持股期限超过一年的可以享受免个人所得税②。

(2)居民企业直接持股的建筑企业留存收益转增资本的税务处理。

根据《中华人民共和国企业所得税法》第二十六条和《中华人民共和国企业所得税法实施条例》第八十三条的规定,居民企业直接持股的建筑企业留存收益转增资本,按照股东取得的股息红利收入进行税务处理,即免征企业所得税,在办理企业所得税汇算清缴时申请免税待遇。

---

① 《财政部 国家税务总局关于将国家自主创新示范区有关税收试点政策推广到全国范围实施的通知》(财税〔2015〕116号)第三条第六款规定:上市中小高新技术企业或在全国中小企业股份转让系统挂牌的中小高新技术企业向个人股东转增股本,股东应纳的个人所得税,继续按照现行有关股息红利差别化个人所得税政策执行,不适用本通知规定的分期纳税政策。《国家税务总局关于股权奖励和转增股本个人所得税征管问题的公告》(国家税务总局公告2015年第80号)第二条第(二)项规定:上市公司或在全国中小企业股份转让系统挂牌的企业转增股本(不含以股票发行溢价形成的资本公积转增股本),按现行有关股息红利差别化政策执行。《财政部 税务总局 证监会关于继续实施全国中小企业股份转让系统挂牌公司股息红利差别化个人所得税政策的公告》(财政部公告2019年第78号)第一条规定:个人持有挂牌公司的股票,持股期限在1个月以内(含1个月)的,其股息红利所得全额计入应纳税所得额;持股期限在1个月以上至1年(含1年)的,其股息红利所得暂减按50%计入应纳税所得额;上述所得统一适用20%的税率计征个人所得税。本公告所称挂牌公司是指股票在全国中小企业股份转让系统公开转让的非上市公众公司;持股期限是指个人取得挂牌公司股票之日至转让交割该股票之日前一日的持有时间。

② 《财政部 国家税务总局 证监会关于上市公司股息红利差别化个人所得税政策有关问题的通知》(财税〔2015〕101号)第一条规定:个人从公开发行和转让市场取得的上市公司股票,持股期限超过1年的,股息红利所得暂免征收个人所得税。个人从公开发行和转让市场取得的上市公司股票,持股期限在1个月以内(含1个月)的,其股息红利所得全额计入应纳税所得额;持股期限在1个月以上至1年(含1年)的,暂减按50%计入应纳税所得额;上述所得统一适用20%的税率计征个人所得税。

（3）合伙企业直接持股的建筑企业留存收益转增资本的税务处理。

根据《财政部 国家税务总局关于合伙企业合伙人所得税问题的通知》（财税〔2008〕159号）第二条规定，合伙企业以每一个合伙人为纳税义务人。合伙企业合伙人是自然人的，缴纳个人所得税；合伙人是法人和其他组织的，缴纳企业所得税。因此，基于此税法的规定，**合伙企业直接持股的建筑企业留存收益转增资本时，合伙企业本身无须缴纳所得税，由合伙企业的合伙人缴纳所得税。**如果合伙人是自然人的，则按照20%的税率缴纳个人所得税；如果合伙人是法人和其他组织的，则缴纳企业所得税。

如果合伙企业的合伙人依然是合伙企业，则该合伙企业需要将涉税事项继续往上导，直到穿透至最终的公司合伙人和个人合伙人，然后分别依据上述公司合伙人和个人合伙人的税务规则进行涉税处理。

3.建筑企业留存收益转增资本的节税之策：股权布局设计

基于以上建筑企业留存收益转增资本的税务处理分析，可以发现，在留存收益转增资本业务模式下，自然人股东直接持股、法人企业直接持股和合伙企业直接持股建筑企业的税负是不一样。为了控制税负，降低企业的税收风险，**建筑企业留存收益转增资本的节税之策如下。**

策略一：如果建筑企业不打算今后进行上市，则建议建立三层股权架构的股权布局：第一层是自然人（建筑企业老板及其家人）100%直接法人企业（家族公司）；第二层是家族企业100%直接持股防火墙公司；第三层是防火墙公司100%直接持股赚钱的建筑企业。该股权布局如图3-3所示。

策略二：如果建筑企业准备未来上市和进行员工激励，则建立"混合型股权架构"：由自然人股东（建筑企业的老板或创始人）、法人股东（建筑企业老板的家族公司）和合伙人企业（受股权激励的建筑企业的核心骨干员工作为LP，老板的家族公司作为GP）共同持股建筑企业的股权布局。该股权布局如图3-4所示。

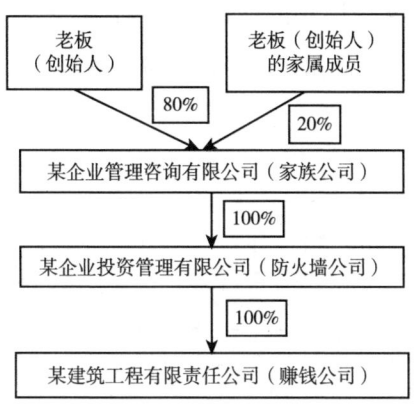

图3-3 三层股权架构的股权布局

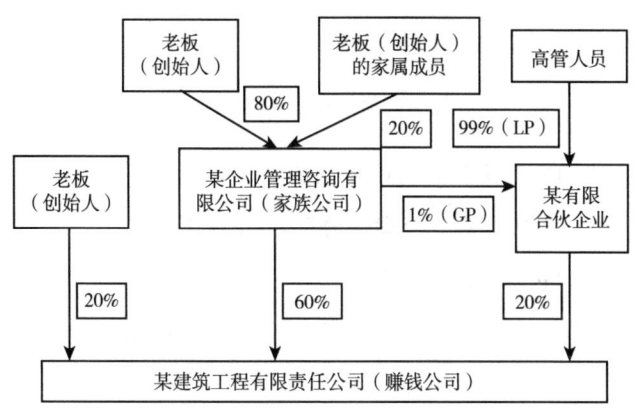

图3-4 "混合型股权架构"的股权布局

策略三：如果建筑企业准备未来升级为中小高新技术企业且不准备未来上市和不进行股权激励，则建立两层股权架构的自然人股东直接持股、法人股东直接持股建筑企业的股权布局。该股权布局如图3-5所示。

（二）建筑企业留存收益转增资本的财务处理

建筑企业留存收益转增资本的财务处理，必须分解为两步进行财务处理：第一步是建筑企业将未分配利润、盈余公积分配给建筑企业的股东的财务处理；第二步是将接受股东的增资投资款的财务处理。如果股东是自然人，则建筑企业必须履行代扣代缴个人所得税的财务处理。具体财务处理方案如下。

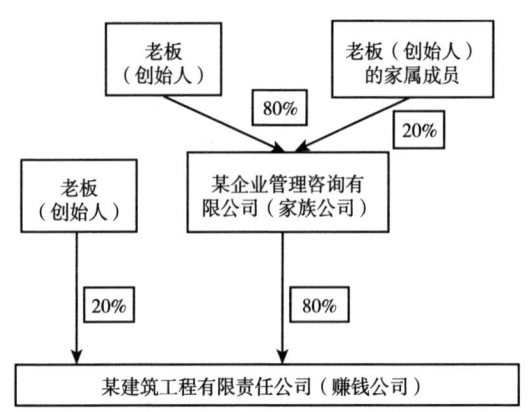

图3-5 两层股权架构的股权布局

1.建筑企业的未分配利润转增资本的财务处理

（1）建筑企业股东会决议公司未分配利润转增资本：

借：利润分配——提取应付股利

　　贷：应付股利——某自然人股东/居民企业股东/有限合伙企业股东

（2）建筑企业要代扣代缴自然人股东"股息、利息、红利所得"的20%个人所得税：

借：应付股利——某自然人股东

　　贷：应交税费——某自然人股东个人所得税

（3）股东取得的分红再投资到建筑企业：

借：应付股利（税后股利）/应付股利（居民企业股东和有限合伙企业股东）

　　贷：实收资本

2.建筑企业的盈余公积转增资本的财务处理

根据《公司法》的规定,公司分配税后利润时,应按照税后利润的10%计提法定盈余公积金,当计提的法定盈余公积金累计金额超过转增前公司注册资本金的50%时,可以不再计提。公司在提取法定盈余公积金之后,经股东会(或股东大会)决议,还可以提取一定的任意盈余公积。盈余公积在转增股本时,法定盈余公积转增后所留存下的部分不得少于转增前公司注册资本金的25%,任意盈余公积转增资本,不受25%的限制。因此,盈余公积转增资本或股本的分录如下:

借:盈余公积——法定盈余公积
　　　　——任意盈余公积

贷:实收资本/股本

例如,某建筑企业计划利用盈余公积转增资本300万元,企业注册资本金为500万元,企业累计计提的法定盈余公积为200万元,累计计提的任意盈余公积为250万元,该企业最多转增多少法定盈余公积?该企业注册资本金为500万元,法定盈余公积转增后留存下来的部分不得低于转增前的25%,即留存下的法定盈余公积不低于500万元×25%=125万元,转增法定盈余公积200万元−125万元=75万元,转增任意盈余公积300万元−75万元=225万元。

账务处理如下:

借:盈余公积——法定盈余公积　　　　　　　750 000
　　　　——任意盈余公积　　　　　　　2 250 000
　贷:实收资本　　　　　　　　　　　　　3 000 000

(三)资本公积转增资本业务模式的"业财税法融合"控税

资本公积包括资本溢价或股本溢价和其他资本公积。在资本公积转增资本业务的实践中,一般有以下两种业务模式:一是以资本溢价或股本溢价转增资本；二是以其他资本公积转增资本。

1. 资本公积转增资本业务的法务处理

根据《公司法》的规定，建筑企业要将资本公积转增资本，必须采用以下法律程序。

第一，转增资本前，必须召开股东大会，必须经代表三分之二以上表决权的股东通过，作出公司增加注册资本股东决议。

第二，资本公积转增资本后，必须到公司注册地的实践监督管理局办理工商变更登记手续。

2. 建筑企业资本公积转增资本业务的财务处理

（1）"资本公积——资本溢价/股本溢价"转增资本的财务处理。

第一，被投资方（建筑企业）的财务处理：

借：资本公积——资本溢价/股本溢价

  贷：实收资本/股本

第二，投资方（企业）的财务处理：

根据《国家税务总局关于贯彻落实企业所得税法若干税收问题的通知》（国税函〔2010〕79号）第四条规定，被投资企业将股权（票）溢价所形成的资本公积转为股本的，不作为投资方企业的股息、红利收入，投资方企业也不得增加该项长期投资的计税基础。基于税法的规定，投资方（居民企业）不改变长期股权投资的计税基础，因此，投资方（居民企业）无须做账务处理。

（2）"资本公积——其他资产公积"转增资本的财务处理。

第一，被投资方（建筑企业）的财务处理：

借：资本公积——其他资产公积

  贷：实收资本

第二，投资方（企业）的财务处理：

借：长期股权投资

  贷：投资收益（增加长期股权投资的计税基础）

3.建筑企业资本公积转增资本业务的税务处理

"资本公积——资本溢价/股本溢价"是由股东的权益性投入形成的，是股东出资额超出其在注册资本或股本中所占份额的部分。根据《企业会计准则——应用指南》的规定，"资本公积"科目核算企业收到投资者出资额超出其在注册资本或股本中所占份额的部分。直接计入所有者权益的利得和损失，也通过本科目核算；本科目应当分别通过"资本公积——资本溢价/股本溢价""资本公积——其他资本公积"进行明细核算。即"资本公积"分为"资本溢价/股本溢价"和"其他资本公积"两个二级科目。

（1）"资本公积——资本溢价/股本溢价"转增资本的税务处理。

根据国税发〔1997〕198号、国税函〔1998〕289号、国税发〔2010〕54号、国家税务总局公告2015年第80号文件的规定，建筑企业发生**"资本公积——资本溢价/股本溢价"转增资本时，建筑企业、建筑企业（被投资企业）的居民企业股东和自然人股东的税务处理如下：**

第一，建筑企业（被投资企业）的税务处理。

根据《国家税务总局关于贯彻落实企业所得税法若干税收问题的通知》（国税函〔2010〕79号）第四条规定，被投资企业将股权（票）溢价所形成的资本公积转为股本的，不作为投资方企业的股息、红利收入，投资方企业也不得增加该项长期投资的计税基础。基于此税法的规定，建筑企业的**"资本公积——资本溢价/股本溢价"转增资本时，建筑企业（被投资企业）不存在应税事务。**

第二，建筑企业（被投资企业）的居民企业股东的税务处理。

根据国税函〔2010〕79号第四条的规定，建筑企业的**"资本公积——资本溢价/股本溢价"转增资本时，建筑企业（被投资企业）的居民企业股东，在"转增资本环节不征税，在今后转让股权环节，不扣除。**

第三，建筑企业（被投资企业）的自然人股东的两种税务处理。

第一种税务处理：如果建筑企业是上市公司和新三板挂牌公司，则"资本公积——股本溢价"转增资本，不征收个人所得税。

第二种税务处理：如果建筑企业是有限责任公司和非公众股份公司（非公众股份公司是未在新三板挂牌也未在证券交易所上市的股份公司，则"资本公积——股本溢价"转增资本，在2016年之前，资本溢价或者股本溢价转增资本，不征收个人所得税；2016年1月1日开始，资本溢价或股本溢价转增资本，自然股东均须依照20%的税率，缴纳个人所得税。

第四，建筑企业（被投资企业）的合伙企业股东的税务处理。

由于合伙企业是税收透明体，其本身的经营所得和其他所得由合伙人分别缴纳所得税，合伙人的税务处理如下。

①如果合伙人是公司合伙人，则建筑企业资本溢价转增资本时，视同公司合伙人直接取得转增资本，无须缴纳企业所得税。

②如果合伙人是公司合伙人，则建筑企业资本溢价转增资本时，个人合伙人的税务处理同公司个人股东包承依照。分两个时间段进行处理：发生在2016年之前的转增，个人合伙人无须缴纳个人所得税；发生在2016年之后的转增，个人合伙人按照"利息、股息、红利所得"项目，适用20%税率征收个人所得税。

③如果合伙人是合伙企业，则合伙企业需要将涉税事项继续往上导，直到穿透至最终的公司合伙人和个人合伙人，然后分别依据上述公司合伙人和个人合伙人的税务规则进行涉税处理。

（2）"资本公积——其他资产公积"转增资本的税务处理。

第一，自然人直接持股的建筑企业"资本公积——其他资本公积"转增资本的税务处理。

根据税法的规定，"资本公积——其他资本公积"转增资本，居民个人股东需要缴纳个人所得税，税率为20%。但以下4类公司转增资本时，个人股东可以申请享受递延纳税的优惠待遇。

第一种税务处理：如果建筑企业是中小高新技术的建筑企业，在不超过

5个公历年度内(含)依照20%的税率分期缴纳个人所得税。

自2016年1月1日起,全国范围内的中小高新技术企业以未分配利润、盈余公积、资本公积向个人股东转增股本时,个人股东一次缴纳个人所得税确有困难的,可根据实际情况自行制定分期缴税计划,在不超过5个公历年度内(含)分期缴纳,并将有关资料报主管税务机关备案[①]。

第二种税务处理:个人股东持股期限超过一年的以下两种建筑企业,可以免交个人所得税。

如果新三板挂牌、北交所上市的建筑企业,个人股东持股期限超过一年的可以免交个人所得税。

如果除北交所外上市的建筑企业,个人股东持有的限售股自解禁之日起持股期限超过一年的可以免交个人所得税。

第二,居民企业直接持股的建筑企业"资本公积——其他资本公积"转增资本的税务处理。

居民企业直接持股建筑企业的"资本公积——其他资本公积"转增资本时,居民企业股东不需要缴纳企业所得税,未来转股时允许扣除。即"转增环节免税,转股环节扣除"。

第三,合伙企业直接持股的建筑企业"资本公积——其他资本公积"转增资本的税务处理。

合伙企业无须纳税,但合伙企业需要区分是个人合伙人还是公司合伙人,并进行相应的税务处理。

---

① 《财政部 国家税务总局关于将国家自主创新示范区有关税收试点政策推广到全国范围实施的通知》(财税〔2015〕116号)第三条第一款规定:自2016年1月1日起,全国范围内的中小高新技术企业以未分配利润、盈余公积、资本公积向个人股东转增股本时,个人股东一次缴纳个人所得税确有困难的,可根据实际情况自行制定分期缴税计划,在不超过5个公历年度内(含)分期缴纳,并将有关资料报主管税务机关备案。

第三节 "业财税法融合控税"第三计：以民商法、司法解释的相关条款规定为税务处理之依据

所谓的"依据民商法及司法解释的相关条款规定进行税务处理"是指每一笔经济业务的税务处理，在税法上没有规定的情况下，必须以相关法律、司法解释中的规定为主。

一、拥有土地使用权的工业企业与房地产公司合作建房分配利润的涉税处理

（一）案情介绍

甲房地产置业有限公司，成立于2011年11月，注册资金1 000万元，股东及投资金额分别为：乙机械有限公司以现金540万元出资，丙房地产开发有限公司以现金360万元出资，自然人李明以现金100万元出资。该公司现正在开发的项目是位于新疆奎屯市的某家园小区，本项目占用的土地在乙机械有限公司名下，其中乙机械有限公司与甲房地产置业有限公司均为同一自然人法人代表。具体情况介绍如下。

1. 土地由来及土地变性情况

乙机械有限公司于2012年因收购了原国营老厂而成立的公司，其占有土地约147亩，土地性质为工业用地，使用年限50年，乙机械有限公司以加工制造业为主，在2015年应城市规划要求，把此地块变性为住宅用地，2015年4月经过招拍挂程序，乙机械有限公司补交了1 400万土地出让金，土地部门将补交土地出让金的发票开给乙机械有限公司，该宗土地从工业用地转换为住宅用地，使用期限70年，土地使用权证上的名字为乙机械有限公司。

2.项目的立项报建情况

为尽早开发房地产项目,2020年乙机械公司重新搬迁至另一处工业园区。乙机械有限公司投入147亩土地,甲房地产置业有限公司投入资金,双方不组建项目公司,进行**联合立项、联合报建,合作建房。合作建房合同约定:出地一方和出资金一方将按照一定比例分配税后利润。**其中乙机械公司土地上的建筑物和相关设施被甲房地产置业有限公司请的拆迁公司拆除,甲房地产置业有限公司给予乙机械公司补偿。由于立项及办理预售许可证的需要,经土地局同意,在乙机械公司的土地证上加上甲房地产置业有限公司的名字,即该147亩建设用地的土地使用证上的名字是乙机械公司和甲房地产置业有限公司,但147亩土地的土地成本(账面价值1 700万元)在乙机械公司账上,即甲房地产置业有限公司账上没有土地成本。

3.建筑施工过程中的发票开具和合同流程情况

甲房地公司产置业有限公司与建筑公司签订包工包料合同,建筑公司与乙机械公司签订建筑材料采购合同,同时乙机械公司与建筑材料供应商签订建筑材料采购合同,建筑材料供应商开具增值税专用发票给乙机械公司(乙机械公司为一般纳税人,经营范围包括材料贸易),乙机械公司再销售建筑材料给建筑公司,并开具增值税专用发票给建筑公司,建筑公司再开具建筑业增值税专用发票给甲房地公司产置业有限公司。

请问乙机械公司账上的土地成本怎样才能转到甲房地产置业有限公司的账上?乙机械公司与甲房地公司产置业有限公司之间合作建房应如何进行税务处理?

(二)涉税分析及税务处理建议

1.相关法律依据

《中华人民共和国城市房地产管理法》(中华人民共和国主席令第72号)第二十八条规定:"依法取得的土地使用权,可以依照本法和有关法律、行政法规的规定，作价入股，合资、合作开发经营房地产。"

《最高人民法院关于审理涉及国有土地使用权合同纠纷案件适用法律问题的解释》（法释〔2005〕5号）第十四条规定，本解释所称的合作开发房地产合同，是指当事人订立的以提供出让土地使用权、资金等作为共同投资，共享利润、共担风险、合作开发房地产为基本内容的协议。第十五条规定，合作开发房地产合同的当事人一方具备房地产开发经营资质的，应当认定合同有效。按上述司法解释，合作建房需要符合以下几个条件：一是必须以合作双方名义办理合建审批手续；二是办理土地使用权变更登记；三是其中一方应该具有房地产开发经营资质。

《房地产开发经营业务企业所得税处理办法》（国税发〔2009〕31号）第三十一条第（一）项第一款规定："企业、单位以换取开发产品为目的，将土地使用权投资企业的，换取的开发产品如为该项土地开发、建造的，接受投资的企业在接受土地使用权时暂不确认其成本，待首次分出开发产品时，再按应分出开发产品（包括首次分出的和以后应分出的）的市场公允价值和土地使用权转移过程中应支付的相关税费计算确认该项土地使用权的成本。如涉及补价，土地使用权的取得成本还应加上应支付的补价款或减除应收到的补价款。"

《房地产开发经营业务企业所得税处理办法》（国税发〔2009〕31号）第三十六条第（二）项规定："企业以本企业为主体联合其他企业、单位、个人合作或合资开发房地产项目，且该项目未成立独立法人公司的，凡开发合同或协议中约定分配项目利润的，企业应将该项目形成的营业利润额并入当期应纳税所得额统一申报缴纳企业所得税，不得在税前分配该项目的利润，不能因接受投资方投资额而在成本中摊销或在税前扣除相关的利息支出。同时，投资方取得该项目的营业利润应视同股息、红利进行相关的税务处理。"

最高人民法院《关于审理房地产管理法施行前房地产开发经营案件若干问题的解答》（法发〔1996〕2号）第五条规定，关于以国有土地使用权投资合作建房问题做出如下规定：享有土地使用权的一方以土地使用权作为投资与他人合作建房，签订的合建合同是土地使用权有偿转让的一种特殊形式，除办理合建审批手续外，还应依法办理土地使用权变更登记手续。当事人签订合建合同，依法办理了合建审批手续和土地使用权变更登记手续，不因合建一方没有房地产开发经营权而认定合同无效。名为合作建房，实为土地使用权转让的合同，可按合同实际性质处理。

最高人民法院《关于审理涉及国有土地使用权合同纠纷案件适用法律问题的解释》（法释〔2005〕5号）第二十四条规定："合作开发房地产合同约定提供土地使用权的当事人不承担经营风险，只收取固定利益的，应当认定为土地使用权转让合同。"

2.涉税处理分析

（1）乙机械公司账上147亩土地的土地成本（账面价值1 700万元）能否转到甲房地产置业有限公司的账上？

本案例中的非房地产公司乙机械公司与具有房地产开发资质的甲房地产置业公司不组建项目公司，进行联合立项、联合报建，合作建房，并在合作建房合同约定：乙机械公司不承担经营风险，出地一方（乙机械公司）和出资金一方（甲房地产置业公司）将按照一定比例分配税后利润。根据最高人民法院《关于审理涉及国有土地使用权合同纠纷案件适用法律问题的解释》（法释〔2005〕5号）第二十四条的规定，合作开发房地产合同约定提供土地使用权的当事人不承担经营风险，只收取固定利益的，应当认定为土地使用权转让合同。基于此规定，从法律的角度分析，本案例中的非房地产公司乙机械公司实质上发生了转让土地使用权给甲房地产置业公司的行为，可是在立项前，经当地主管部门的同意，在乙机械公司名下的土地使用权证上增添了甲房地产置业公司的名字，这相当于该开发项目所占的土地147亩是乙机械公司和甲房地产置业公司共同购买的，不过甲房地产置业公司购买该土地的价款是拖欠的，其土地成本是今后开发完的产品销售完毕分配给乙机械公司的税后利润。因此，乙机械公司账上147亩土地的土地成本（账面价值1 700万元)不能转到甲房地产置业有限公司的账上。但是,根据财税〔2016〕47号文件第三条第(三)项的规定,一般纳税人转让2016年4月30日前取得的土地使用权,可以选择适用简易计税方法,以取得的全部价款和价外费用减去取得该土地使用权的原价后的余额为销售额,按照5%的征收率计算缴纳增值税。因此,乙机械公司只能按照5%的税率,以乙机械公司从甲房地产置业公司分配的税后利润减去乙机械公司账上147亩土地的土地成本(账面价值1 700万元),实行差额征收增值税。乙机械公司按照其从甲房地产置业公司分配的税后利润金额,给甲房地产置业公司开具增值税专用发票,作为甲房地产置业公司的入账成本。

(2)乙机械公司与甲房地置业有限公司之间合作建房应如何进行税务处理?

本案例的涉税处理如下:

第一,乙机械公司销售一部分土地使用权给甲房地置业有限公司,按照销售"无形资产——土地"缴纳增值税、土地增值税、企业所得税。增值税的计税依据是该项目开发完工销售完毕后,甲房地置业有限公司分配给乙机械公司的税后利润。

第二,甲房地置业有限公司作为开发项目的经营管理主体,销售开发产品依法缴纳增值税、土地增值税和企业所得税,其中土地成本为该项目开发完工销售完毕后,甲房地置业有限公司分配给乙机械公司的税后利润。

二、建筑行业"三种用工模式"涉及农民工个税和劳务公司的增值税处理

(一)用人单位和用工单位相关法律依据及区别

1.相关法律依据

《中华人民共和国劳动法》第二条规定:中华人民共和国境内的企业、个体经济组织、民办非企业单位等组织(以下称"用人单位")与劳动者建立

劳动关系，订立、履行、变更、解除或者终止劳动合同，适用本法。

《劳务派遣暂行规定》（中华人民共和国人力资源和社会保障部令第22号）第二条规定：劳务派遣单位经营劳务派遣业务，企业（以下称"用工单位"）使用被派遣劳动者，适用本规定。

《中华人民共和国社会保险法》第四条规定：中华人民共和国境内的**用人单位和个人依法缴纳社会保险费**。

《企业会计准则第9号——职工薪酬》第二条规定：职工薪酬，是指企业为获得职工提供的服务或解除劳动关系而给予的各种形式的报酬或补偿。**第三条**规定：本准则所称职工，是指与企业订立劳动合同的所有人员，含全职、兼职和临时职工，也包括虽未与企业订立劳动合同但由企业正式任命的人员。

《中华人民共和国个人所得税法》第九条规定：个人所得税以所得人为纳税人，以支付所得的单位或者个人为扣缴义务人。

《保障农民工工资支付条例》（中华人民共和国国务院令第724号）第二条规定：本条例所称工资，是指农民工为用人单位提供劳动后应当获得的劳动报酬。

2. 用人单位和用工单位的区别

基于以上法律规定，**用人单位和用工单位的区别如下：**

（1）概念不同。所谓的"**用人单位**"是指与劳动者签订劳动合同的组织或单位；而所谓的"用工单位"是指实际使用劳动者工作的单位。

（2）用工关系不同。用人单位与劳动者之间是劳动关系，而用工单位与劳动者之间是劳务关系。

（3）社保缴纳的义务不同。用人单位是劳动者社保和个税的扣缴义务人，而用工单位没有扣缴劳动者社保和个税义务。

(二)建筑领域三种用工模式及其特征

建筑领域三种用工模式的用工逻辑关系如图3-6所示。

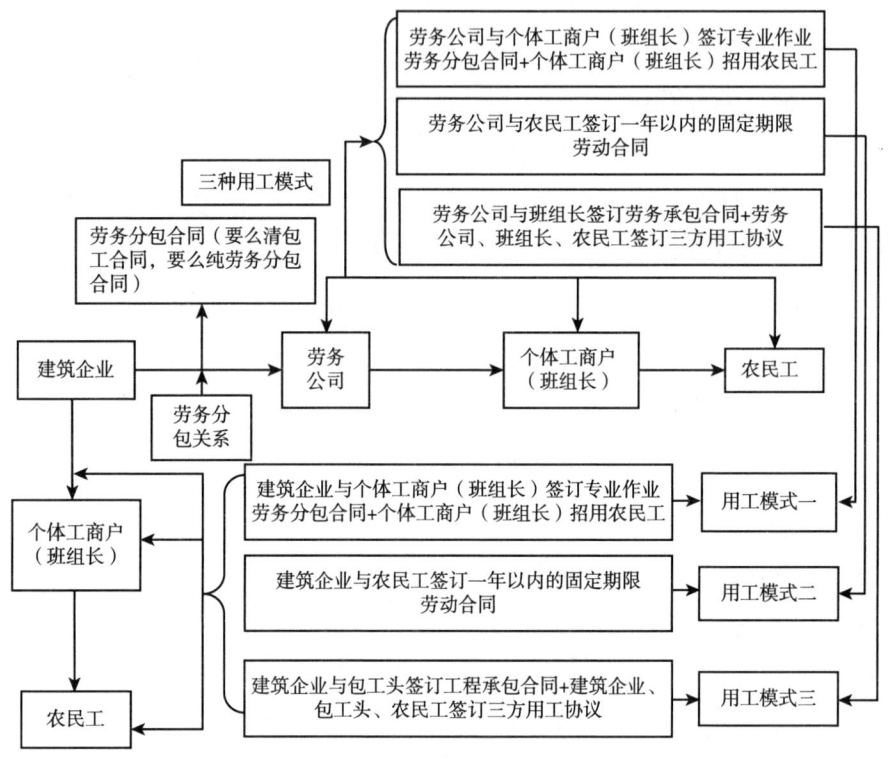

图3-6　建筑领域中的三种用工模式

第一种用工模式及其特征：建筑企业或劳务公司与班组长（个体户）签订专业作业劳务分包合同，然后班组长（个体户）雇佣农民工完成专业作业建筑劳务。这种用工模式中，建筑企业或劳务公司是用工单位，不是农民工社保和个税的扣缴义务人。而个体户是用人单位，是农民工个税的扣缴义务人。班组长虽是非法用工主体但是农民工个税扣缴义务人。由于我国税法对自然人扣缴农民工个税采用的是核定代征法，代开发票时，依据"其他个人从事生产经营所得"税目，依照一定的比例（全国各地税务局代开发票时规定的税率不一样，如四川省规定是1.2%，云南省规定是1%），按照不含增值税的开票金额一次性代征。

第二种用工模式及其特征：建筑企业或劳务公司直接雇佣农民工，签订固定期限的劳动合同，构成雇佣与被雇佣劳动关系的用工模式。这种用工模式中，建筑企业或劳务公司既是用人单位又是用工单位。建筑企业或劳务公司是农民工个税的扣缴义务人。

第三种用工模式及其特征：建筑企业或劳务公司先与班组长签订劳务承包协议（该班组长与建筑企业或劳务公司没有劳动合同关系和社保关系），然后建筑企业或劳务公司、班组长与农民工签订三方用工协议。

根据人力资源和社会保障部 住房和城乡建设部关于修改《建筑工人实名制管理办法（试行）》的通知（建市〔2022〕59号）（以下简称《办法》）的规定：对不符合建立劳动关系情形的，应依法订立用工书面协议。建筑工人分为两类，一类是建筑企业招聘的建筑工人，另一类是个体建筑商（包工头）招聘的建筑工人。对于后一类建筑工人，其劳动内容、劳动报酬标准由个体建筑商决定，建筑工人不由建筑企业招聘，和建筑企业之间没有订立劳动合同的意思表示，双方之间没有工资支付关系和社保关系，建筑工人不受建筑企业规章制度的约束，而且建筑行业用工形式灵活，一个建筑工人一年可以更换五六个建筑工地，建筑工人与个体建筑商之间无法形成紧密型管理关系，建筑企业更是无法对建筑工人进行实质性管理。基于此，建筑企业与后一类建筑工人之间不符合劳动合同的特征，属于《办法》规定的"不符合劳动关系情形"的情形，《办法》修改之后，双方之间无须签订劳动合同，取而代之的是用工协议。

（三）建筑行业"用工模式一"涉及农民工个税和劳务公司增值税的税务处理

图3-6可以看出，建筑行业"用工模式一"具体包括以下两种用工情况：

一是建筑企业（无论是否设立农民工工资专用账户代发项目上农民工工资）与个体公司户（班组长）签订专业作业劳务分包合同+个体公司户（班组长）招用农民工；

二是建筑企业（无论是否设立农民工工资专用账户代发项目上农民工工资）与劳务公司签订劳务分包合同+劳务公司与个体公司户（班组长）签订专业作业劳务分包合同+个体公司户（班组长）招用农民工。

为了方便，笔者以"用工模式一"中的第二种用工情况涉及农民工个税和劳务公司增值税处理为例，进行如下分析。

1. 税法处理的税务思维："业财税法融合控税"思维

由于"用工模式一"中的农民工个税和劳务公司增值税的税务处理，不仅涉及税法的规定而且涉及相关的法律规定。在对用工模式一"农民工个税和劳务公司增值税进行税务处理时，仅仅依据现有的《中华人民共和国个人所得税法》及其实施条例、关于发布《个人所得税扣缴申报管理办法（试行）》的公告（国家税务总局公告2018年第61号）和财税〔2016〕36号文件，显然依据不足。因为"用工模式一"中的农民工个税和劳务公司增值税的税务处理还涉及《中华人民共和国劳动法》《中华人民共和国社会保险法》等国家法律以及住房和城乡建设部颁布的涉及建筑领域资质改革、建筑资质标准、违法分包、违法转包等相关行政性规章。以上相关法律的条款规定对以上税法的有些"术语"表述进行了详细界定！

因此，税务执法机关对"用工模式一"中的农民工个税和劳务公司增值税进行税务处理时，必须运用"业财税法融合控税"思维：必须参照相关法律的条款规定，对税法没有规定的某些"术语"表述进行佐证，作为税务处理的法律依据。否则，税务执法机关将面临严重的税务执法风险！

2. "用工模式一"涉及农民工个税的处理分析

（1）农民工工资个税的扣缴义务人：个体工商户（班组长）而非劳务公司。

①**农民工工资个税扣缴义务人的税法界定：支付工资薪金所得的单位或个人。**

根据《个人所得税扣缴申报管理办法（试行）》第二条的规定，"扣缴义务人"，是指向个人支付所得的单位或者个人。扣缴义务人应当依法办理全员全额扣缴申报。"全员全额扣缴申报"，是指扣缴义务人应当在代扣税款的次月十五日内，向主管税务机关报送其支付所得的所有个人的有关信息、支付所得数额、扣除事项和数额、扣缴税款的具体数额和总额以及其他相关涉税信息资料。

根据《中华人民共和国个人所得税法》第九条、第十条的规定，个人所得税以所得人为纳税人，以支付所得的单位或者个人为扣缴义务人。扣缴义务人应当按照国家规定办理全员全额扣缴申报，并向纳税人提供其个人所得和已扣缴税款等信息。

基于以上个人所得税法关于"个税扣缴义务人"的规定，农民工工资个税扣缴义务人是向农民工个人支付"工资薪金"所得的单位或个人。问题是"何为支付'工资薪金'所得的单位或个人"，在税法上没有规定，在农民工工资支付实践中，向农民工个人支付"工资薪金"所得的法律主体有两个：一个是直接支付"工资薪金"所得的单位或个人；二是受托支付"工资薪金"所得的单位或个人。在"用工模式一"的业务流程中，向农民工"支付工资报酬所得的"法律主体是劳务公司还是招用农民工的个体工商户、班组长？如果是劳务公司，则农民工个税扣缴义务人显然是劳务公司；如果是个体工商户或班组长，则农民工个税扣缴义务人是个体工商户或班组长。为了确定"用工模式一"中的农民工个税扣缴义务人，必须参照《中华人民共和国劳动法》《保障支付农民工工资条例》的相关条款规定进行税务处理。

②**支付农民工工资薪金所得的"单位或个人"的相关法律界定。**

第一，支付农民工工资薪金所得的"单位"是与农民工签订劳动合同，建立劳动关系的用人单位。

《保障农民工工资支付条例》（中华人民共和国国务院令第724号）第二条规定：本条例所称工资，是指农民工为用人单位提供劳动后应当获得的劳动报酬。基于此规定，**"农民工工资"是指用人单位直接支付给为其提供劳动服务的农民工的劳动报酬。也就是说，支付农民工工资的"单位"是指用人单位而不是用工单位。**

《**企业会计准则第9号——职工薪酬**》**第二条**规定，职工薪酬，是指企业为获得职工提供的服务或解除劳动关系而给予的各种形式的报酬或补偿。**第三条**规定，本准则所称职工，是指与企业订立劳动合同的所有人员，含全职、兼职和临时职工，也包括虽未与企业订立劳动合同但由企业正式任命的人员。基于此规定，"职工薪酬"是指与职工签订劳动合同的企业为获得职工提供的服务而给予的各种形式的报酬。

根据《中华人民共和国个人所得税法实施条例》（中华人民共和国国务院令第707号）第六条第（一）的规定，工资、薪金所得，是指个人因任职或者受雇取得的工资、薪金、奖金、年终加薪、劳动分红、津贴、补贴以及与任职或者受雇有关的其他所得。基于此税法和《**企业会计准则第9号——职工薪酬**》**第二条"职工薪酬"**的规定，税法上的"工资、薪金所得"与会计上的"职工薪酬"是同一个概念。

《保障农民工工资支付条例》（中华人民共和国国务院令第724号）第三十一条规定，工程建设领域推行分包单位农民工工资委托施工总承包单位代发制度。分包单位应当按月考核农民工工作量并编制工资支付表，经农民工本人签字确认后，与当月工程进度等情况一并交施工总承包单位。施工总承包单位根据分包单位编制的工资支付表，通过农民工工资专用账户直接将工资支付到农民工本人的银行账户，并向分包单位提供代发工资凭证。基于此规定，在建筑领域，为了防控拖欠农民工工资行为，国家要求用人单位直接支付给农民工的工资报酬，实行委托代理支付制，即委托设立农民工工资专用账户的施工总承包通过农民工工资专用账户代理用人单位向农民工支付工资报酬。

第二，支付农民工工资薪金所得的"个人"是指未与农民工签订劳动合同，但具有劳动关系特征的班组长。

根据《劳动和社会保障部关于确立劳动关系有关事项的通知》（劳社部发〔2005〕12号）第一条的规定，用人单位招用劳动者未订立书面劳动合同，但同时具备下列情形的，劳动关系成立：

用人单位和劳动者符合法律、法规规定的主体资格；

用人单位依法制定的各项劳动规章制度适用于劳动者，劳动者受用人单位的劳动管理，从事用人单位安排的有报酬的劳动；

劳动者提供的劳动是用人单位业务的组成部分。

《劳动和社会保障部关于确立劳动关系有关事项的通知》（劳社部发〔2005〕12号）第二条规定，用人单位未与劳动者签订劳动合同，认定双方存在劳动关系时可参照下列凭证：

工资支付凭证或记录（职工工资发放花名册）、缴纳各项社会保险费的记录；

用人单位向劳动者发放的"工作证""服务证"等能够证明身份的证件；

劳动者填写的用人单位招工招聘"登记表""报名表"等招用记录；

考勤记录；

其他劳动者的证言等。

其中，前两项和考勤记录的有关凭证由用人单位负举证责任。

第三，分析结论。

基于以上相关法律规定，得出以下法律结论：

首先，支付农民工工资薪金所得的"单位或个人"是与农民工签订劳动合同并确定劳动关系的用人单位。

其次，劳动关系是指与农民工签订劳动合同的用人单位或者虽然没有签订劳动合同，但是只要符合以下标准就是存在劳动关系，受《中华人民共和国劳动法》管辖：用人单位和劳动者符合法律、法规规定的主体资格；用人单位依法制定的各项劳动规章制度适用于劳动者，劳动者受用人单位的劳动管理，从事用人单位安排的有报酬的劳动；劳动者提供的劳动是用人单位业务的组成部分。

最后，支付农民工工资的个税扣缴义务人是与农民工具有劳动关系特征的用人单位或者个人。

因此，通过以上法律分析，"用工模式一"涉及农民工个税的扣缴义务人是个体工商户（班组长）而不是劳务公司。

③ "用工模式一"农民工个税扣缴义务是个体工商户或班组长而不是劳务公司的法律证据。

第一，建筑企业或劳务公司与个体工商户或班组长签订的专业作业劳务分包合同或承包合同；

第二，建筑企业或劳务公司与个体工商户或班组长双方签字确认的专业作业劳务工程量确认单和专业作业劳务款决算单；

第三，如果项目上农民工工资由建筑企业设立的农民工专户代发的情况下，则必须保留劳务公司与建筑企业签订的《委托代发农民工工资协议》、个体工商户和班组长与劳务公司签订的《委托代发农民工工资协议》。

第四，个体公司户或班组长与农民工签字并盖章或按手印确认的"某项目农民工花名册""每月农民工工资表""每月农民工工时考勤表"每位农民工身份证复印件。

第五，个体工商户全员全额申报农民工个税的申报表；

第六，班组长代开发票和个税完税凭证的复印件。

（2）农民工个税的纳税申报管理。

"用工模式一"中农民工个税分以下两种情况进行纳税申报管理：

一是在建筑劳务公司与个体工商户签订专业作业劳务分包合同+个体工商户招用农民工的情况下：

①用工单位劳务公司与个体工商户（用人单位）是劳务分包关系，个体

工商户（用人单位）与农民工之间是劳动关系。个体工商户（用人单位）是农民工个税的扣缴义务人，用工单位劳务公司不是农民工个税的扣缴义务人。

②个体工商户是农民工个税扣缴义务人，对农民工实行全员全额申报个人所得税。

二是劳务公司与班组长签订专业作业劳务分包合同+班组长招用农民工情况下：

①劳务公司与班组长是劳务分包关系，班组长与农民工之间是劳动关系（按照未签订劳动合同而具有劳动关系特征进行判断的劳动关系）。班组长是农民工个税的扣缴义务人，劳务公司不是农民工个税的扣缴义务人。在实践中，班组长招用农民工完成建筑企业分包的专业作业劳务是《中华人民共和国个人所得税法实施条例》中规定的"其他个人从事生产经营所得"。

②由于现有个人所得税申报系统中，对"其他个人从事生产经营所得"的个税申报，都是针对自然人注册了工商税务登记的个体工商户、个人独资企业、合伙企业合伙人的经营所得进行申报，根本没有自然人从事"其他经营所得"的个税申报。因此，针对班组长发生的"自然人从事生产经营所得"的个税申报，往往是班组长在建筑劳务所在地税务机关代开发票时，按照不含增值税额的开票金额的一定比例核定代征个人所得税（全国各地税务机关规定核定代征个税的比例各异）。

3. "用工模式一"涉及劳务公司增值税的处理分析

（1）"建筑劳务资质转换为专业作业资质的过渡期间"劳务公司扣除个体工商户（班组长）专业作业劳务分包款差额征税的合法性分析。

①"专业作业"的法律界定。

《国务院办公厅关于促进建筑业持续健康发展的意见》（国办发〔2017〕19号）第六条第（十二）项"改革建筑用工制度"规定："推动建筑业劳务企业转型，大力发展木工、电工、砌筑、钢筋制作等以作业为主的专业企业。

《住房和城乡建设部等部门关于加快培育新时代建筑产业工人队伍的指导意见》（建市〔2020〕105号）第三条第（二）项"大力发展专业作业企业"规定："鼓励和引导现有劳务班组或有一定技能和经验的建筑工人成立以作业为主的企业，自主选择1—2个专业作业工种。"

基于以上法律政策规定，所谓的建筑行业中的"专业作业"是指专门就某一工种：钢筋工、模板工、砼工、砌筑工、抹灰工、架子工、防水工、水电暖安装工、油漆工、外墙保温工等进行的专业作业活动。

②建筑劳务资质转换为专业作业资质的过渡期限：自2019年1月1日至新的建设工程企业资质标准实施。

《住房和城乡建设部关于印发建设工程企业资质管理制度改革方案的通知》（建市〔2020〕94号）和2022年2月25日住房和城乡建设部办公厅发布的《建筑业企业资质标准（征求意见稿）》规定，将施工劳务资质名称变更为专业作业资质，由审批制改为备案制，实行专业作业资质不分等级。具有公司法人营业执照且拟从事专业作业的企业在完成企业信息备案后，即可取得专业作业资质。《住房和城乡建设部办公厅关于做好建筑业"证照分离"改革衔接有关工作的通知》（建办市〔2021〕30号）第二条，自2021年7月1日至新的建设工程企业资质标准实施之日止，附件所列资质证书继续有效，有效期届满的，统一延期至新的建设工程企业资质标准实施之日。新的建设工程企业资质标准实施后，持有上述资质证书的企业按照有关规定实行换证。

基于以上行政规章规定，新的建设工程企业资质标准还处于征求意见阶段。即自2019年1月1日至新的建设工程企业资质标准实施后，为"建筑劳务资质转换为专业作业资质的过渡期间"。

③"建筑劳务资质转换为专业作业资质的过渡期间"，劳务公司（劳务总承包企业）将专业作业劳务分包给个体工商户（班组长）是合法行为。

自2014年10月1日起施行，于2018年12月31日废止的住房城乡建设部关于印发《建筑工程施工转包违法分包等违法行为认定查处管理办法（试行）》的通知（建市〔2014〕118号）第九条第（六）项规定：**劳务分包单位将其承包的劳务再分包的是违法分包行为。**

自2019年1月1日起施行的《住房和城乡建设部关于印发建筑工程施工发包与承包违法行为认定查处管理办法的通知》（建市规〔2019〕1号）第12条第（五）项规定：**专业作业承包人将其承包的劳务再分包的是违法分包行为。**

基于以上两个文件的规定，在2018年12月31日之前，建筑劳务公司（必须审批取得建筑施工劳务资质），建筑劳务公司从建筑施工总承包方、建筑专业承包方和建筑专业分包方承包的建筑劳务，再进行分包是违法分包行为。而自2019年1月1日至**新的建设工程企业资质标准实施前，劳务分包再分包是合法行为**，即劳务公司将每一建筑工种作业劳务分包给个体工商户或班组长是合法行为。自新的建设工程企业资质标准实施后，取得专业作业资质的劳务公司（或者个体工商户或者班组长）作为专业作业承包人将其承包的劳务再分包的是违法分包行为。

④建筑劳务分包与专业作业劳务分包的区别和联系。

第一，建筑劳务分包的两种法律分类：清包工分包和纯劳务分包。

根据财税〔2016〕36号附件2——《营业税改征增值税试点有关事项的规定》第一条第（七）项的规定，以清包工方式提供建筑服务，是指施工方不采购建筑工程所需的材料或只采购辅助材料，并收取人工费、管理费或者其他费用的建筑服务。所谓的"纯劳务分包"是指施工方不采购建筑工程所需的材料（包括主材和辅助材料），只提供人工并收取人工费用、管理费或者其他费用的建筑服务。因此，实践中提及的"劳务分包合同"实际上是指清包工分包合同和纯劳务分包合同。

第二，建筑劳务分包与专业作业劳务分包的区别。

根据前面的法律分析，建筑劳务分包包括了专业作业劳务分包，是指某一项建筑工程中的各种工种的劳务总包。实际中主要体现为：建筑劳务公司与**施工总承包单位、专业承包单位和专业分包单位**签订的各种工种的**清包工分包或纯劳务分包**。而专业作业劳务分包是针对某一种工种而发生的劳务分包。

第三，建筑劳务分包与专业作业劳务分包的联系。

建筑劳务公司与施工总承包单位、专业承包单位和专业分包单位签订的各种工种的清包工分包或纯劳务分包再与班组长（包工头）签订某一工种的专业作业劳务分包是合法行为，而与建筑劳务公司签订某一工种的专业作业劳务分包合同的班组长（包工头）与另外一个班组长（包工头）再签订某一工种的专业作业劳务分包合同是违法分包行为（法律依据：**建市规〔2009〕1号第12条（五）项规定："专业作业承包人将其承包的劳务再分包的，是违法分包行为"**）。

⑤ "建筑劳务资质转换为专业作业资质的过渡期间"，建筑企业（劳务公司）与班组长（包工头）签订专业作业劳务分包合同不属于违法转包，而是合法的专业作业分包行为。

有人认为，根据《住房和城乡建设部关于印发建筑工程施工发包与承包违法行为认定查处管理办法的通知》（建市规〔2009〕1号）第八条第（二）项 "承包单位将其承包的全部工程肢解以后，以分包的名义分别转给其他单位或个人施工的，属于**违法转包行为**"的规定，就下结论认为，建筑企业（劳务公司）与班组长（包工头）签订专业作业劳务分包合同属于违法转包行为。这是错误的认识，分析如下：

第一，劳务公司不属于建市规〔2009〕1号所界定的"承包单位"。

根据《住房和城乡建设部关于印发建筑工程施工发包与承包违法行为认定查处管理办法的通知》（建市规〔2009〕1号）第十九条的规定，承包单位**包括施工总承包单位、专业承包单位和专业分包单位**。本办法中施工总承包单位、专业承包单位均指直接承接建设单位发包的工程的单位；专业分包单位是指承接施工总承包或专业承包企业分包专业工程的单位。基于此规定，建筑劳务公司不属于**建市规〔2009〕1号第八条第（二）项所规定的"承包单位"**。

第二，建筑劳务公司将其承包的各个建筑工种的专业作业建筑劳务分包给班组长（包工头），而不是将工程分包给班组长（包工头）。

根据建市规〔2009〕1号第八条第（二）项"承包单位将其承包的全部工程肢解以后，以分包的名义分别转给其他单位或个人施工的，属于违法转包行为"规定中的"工程"是指房屋建筑和市政基础设施工程及其附属设施和与其配套的线路、管道、设备安装工程。而劳务公司是将其与**施工总承包单位、专业承包单位和专业分包单位签订的劳务分包合同中的某一工种的专业作业建筑劳务分包给班组长（包工头）而不是工程（建筑工程必须是有主材、辅料、机械费用和人工费用的工程）分包**。

基于以上两点分析，以建市规〔2009〕1号第八条第（二）项"承包单位将其承包的全部工程肢解以后，以分包的名义分别转给其他单位或个人施工的，属于违法转包行为"的规定为依据，得出"建筑企业（劳务公司）与班组长（包工头）签订专业作业劳务分包合同属于违法转包行为"的结论是错误的，是错误运用法律依据。

⑥ "建筑劳务资质转换为专业作业资质的过渡期间"发生的专业作业劳务分包的法律分析结论。

第一，建筑企业（劳务公司）与班组长（包工头）签订某一工种的专业作业劳务分包合同是合法的。

第二，班组长（包工头）与从事各项工种作业的建筑劳务公司签订某一工种作业的专业作业劳务分包合同后，与另外的班组长（包工头）再签订该工种作业的专业作业劳务分包合同是违法分包行为。

（2）劳务公司扣除个体工商户（班组长）专业作业劳务分包款差额征税的纳税管理。

①**差额征收增值税的税法依据剖析。**

《纳税人跨县（市、区）提供建筑服务增值税征收管理暂行办法》（国家税务总局公告2016年第17号）第三条规定，纳税人跨县（市、区）提供建筑服务，应按照财税〔2016〕36号文件规定的纳税义务发生时间和计税方法，向建筑服务发生地主管国税机关预缴税款，向机构所在地主管国税机关申报纳税。第四条规定，纳税人跨县（市、区）提供建筑服务，按照以下规定预缴税款：

一般纳税人跨县（市、区）提供建筑服务，适用一般计税方法计税的，以取得的全部价款和价外费用扣除支付的分包款后的余额，按照2%的预征率计算应预缴税款；

一般纳税人跨县（市、区）提供建筑服务，选择适用简易计税方法计税的，以取得的全部价款和价外费用扣除支付的分包款后的余额，按照3%的征收率计算应预缴税款；

小规模纳税人跨县（市、区）提供建筑服务，以取得的全部价款和价外费用扣除支付的分包款后的余额，按照3%的征收率计算应预缴税款。

"跨县（市、区）提供建筑服务"的税法界定如下：

第一，"跨县（市、区）提供建筑服务"的主体是一般纳税人和小规模纳税人的单位和个体工商户。

国家税务总局公告2016年第17号**第二条**规定：本办法所称跨县（市、区）提供建筑服务，是指**单位和个体工商户（以下简称"纳税人"）**在其机构所在地以外的县（市、区）提供建筑服务。财税〔2016〕36号文件附件1——《营业税改征增值税试点实施办法》第三条规定，纳税人分为一般纳税人和小规模纳税人。基于此税法规定，适用国家税务总局公告2016年第17号的纳税人是单位和个体工商户，不包括其他个人。

第二，"建筑服务"的税法界定为：工程服务、安装服务、修缮服务、装饰服务和其他建筑服务。

根据财税〔2016〕36号文件附件1——《销售服务、无形资产、不动产注释》的规定，建筑服务，是指各类建筑物、构筑物及其附属设施的建造、修缮、装饰，线路、管道、设备、设施等的安装以及其他工程作业的业务活动。包括工程服务、安装服务、修缮服务、装饰服务和其他建筑服务。其他建筑服务，是指上述工程作业（工程服务、安装服务、装饰服务、修缮服务）之外的**各种工程作业服务**，如钻井（打井）、拆除建筑物或者构筑物、平整土地、园林绿化、疏浚（不包括航道疏浚）、建筑物平移、搭脚手架、爆破、矿山穿孔、表面附着物（包括岩层、土层、沙层等）剥离和清理等工程作业。

②**自然人或建筑行业的班组长是属于小规模纳税人，按照小规模纳税人身份缴纳增值税。**

根据《财政部 税务总局关于统一增值税小规模纳税人标准的通知》（财税〔2018〕33号）第一条的规定，**增值税小规模纳税人的标准为年应征增值税销售额500万元及以下。基于此规定，一般纳税人标准是年应征增值税销售额500万以上（不含500万元）。**

《中华人民共和国增值税暂行条例》**第一条规定**，在中华人民共和国境内销售货物或者加工、修理修配劳务（以下简称"劳务"），销售服务、无形资产、不动产以及进口货物的单位和个人，为增值税的纳税人，应当依照本条例缴纳增值税。财税〔2016〕36号文件附件1——《营业税改征增值税试点实施办法》第一条规定，在中华人民共和国境内（以下称"境内"）销售服务、无形资产或者不动产（以下称"应税行为"）的单位和个人，为增值税纳税人，应当按照本办法缴纳增值税。

《中华人民共和国增值税暂行条例实施细则》第九条第二款规定，第一条所称个人是指个体工商户和其他个人。

《中华人民共和国增值税暂行条例实施细则》第二十九条规定，**年应税销售额超过小规模纳税人标准的其他个人按小规模纳税人纳税。**

《中华人民共和国增值税暂行条例实施细则》第三十条规定，小规模纳税人的销售额不包括其应纳税额。

小规模纳税人销售货物或者应税劳务采用销售额和应纳税额合并定价方法的，按下列公式计算销售额：

销售额=含税销售额÷（1+征收率）

基于以上税法规定，建筑行业中的自然人班组长拥有增值税纳税义务人中的"其他个人"的身份，无论其在一年中发生的销售建筑劳务服务的销售额是否超过500万元（不含增值税金额），都按照小规模纳税人缴纳增值税。

③建筑行业中的自然人班组长不在工程劳务所在地税务局预缴增值税，但必须在工程劳务所在地税务局缴纳增值税。

《中华人民共和国增值税暂行条例》第二十二条第（三）项规定，非固定业户销售货物或者劳务，应当向销售地或者劳务发生地的主管税务机关申报纳税。

国家税务总局公告2016年第17号第二条第二款规定："其他个人跨县（市、区）提供建筑服务，不适用本办法。"基于此税法规定，建筑行业中的自然人班组长不需要在工程劳务所在地税务局预缴增值税，但必须在工程劳务所在地税务局缴纳增值税。

④建筑行业中的自然人班组长如何在工程劳务所在地税务局缴纳增值税。

《增值税发票开具指南》第二章第二节第一款"代开发票种类"规定：需要临时使用发票的单位和个人，可以向经营地税务机关申请代开发票。

《增值税发票开具指南》第二章第一节第二款"开票方和开票内容"规定：销售商品、提供服务以及从事其他经营活动的单位和个人，对外发生经营业务收取款项，收款方应当向付款方开具发票。

根据自2023年1月1日至2023年12月31日，增值税小规模纳税人适用3%征收率的应税销售收入，减按1%征收率征收增值税；适用3%预征率的预缴增值税项目，减按1%预征率预缴增值税。

基于以上税法政策规定，建筑行业中的班组长在工程劳务所在地税务局按照1%征收率代开发票缴纳增值税。

⑤分析结论。

通过以上税收政策剖析，可以得出以下结论：

第一，适合扣除分包款差额征收增值税的主体是：选择简易计征增值税的发包方（包括建筑总承包方、专用承包方、专业分包方和劳务公司）跨县（市、区）提供建筑服务且发生分包行为。

第二，建筑行业的自然人班组长在工程劳务所在地税务局申报缴纳增值税，但不预缴增值税。

第三，建筑行业的自然人班组长在工程劳务所在地税务局按照1%的税收优惠税率（自2023年1月1日至2023年12月31日），3%的征收率（2023年12月31日之后）代开增值税普通发票给劳务公司，在工程劳务所在地税务局缴纳增值税及其附加税和按照不含增值税金额的一定比例代征个人所得税（各省税务局规定的比例不一样，如广西壮族自治区、江西省、海南省、内蒙古自治区是1.3%。云南省是1%）。

第四，作为增值税纳税人（无论是一般纳税人还是小规模纳税人）的建筑劳务公司（选择简易计税计征增值税），跨县（市、区）提供建筑服务，只要与自然人班组长（税法上称为"其他个人"）发生专业作业劳务分包合同，依据《纳税人跨县（市、区）提供建筑服务增值税征收管理暂行办法》（国家税务总局公告2016年第17号）第四条的规定，以其从上游发包方取得的全部价款和价外费用扣除支付给自然人班组长的专业作业建筑劳务分包款后的余额，按照3%的征收率计算应预缴税款。

（3）适合建筑企业或劳务公司扣除分包款差额征收增值税必须具备的四个条件。

根据现有税收政策的规定，适用扣除分包款差额征收增值税的必须同时具备四个条件：

第一，享受差额征收增值税的合法民事主体：跨县（市、区）提供建筑服务的建筑企业或劳务公司（无论是一般纳税人还是小规模纳税人），包括建筑总承包方、专用承包方、专业分包方和劳务公司。

第二，合法民事主体必须选择简易计税计征增值税：跨县（市、区）提供建筑服务的建筑总承包方、专用承包方、专业分包方和劳务公司必须选择简易计税方法，按照3%的征收率征收增值税。

第三，合法民事主体发生合法的分包行为：跨县（市、区）提供建筑服务的建筑总承包方、专用承包方、专业分包方和劳务公司发生合法的建筑分包或劳务分包行为。

第四，发包方必须向分包方支付分包款，而且必须向分包方索取符合法律、行政法规和国家税务总局规定的合法有效凭证。

根据国家税务总局公告2016年第17号第六条第（二）项的规定，分包方必须向发包方开具增值税发票的"备注栏"上注明"建筑服务发生地所在县（市、区）、项目名称"的增值税发票。

（4）建筑劳务公司差额征收增值税后的成本调减处理。

所谓的"建筑企业差额征税"是指在当选择简易计税方法计征增值税的建筑企业承包方发生专业分包或劳务分包的情况下，允许承包方销售额扣除分包额作为销售额计算增值税。根据财会〔2016〕22号文件的规定，建筑企业差额征税允许抵扣的税额必须调减"工程施工"（温馨提示：新会计准则将"工程施工"会计科目改为"合同履约成本——工程施工"）。因此，为了规避和防控税务稽查风险，建筑企业必须将差额征税抵扣的税额调减"主营业务成本"。

①简易计税使用的会计核算科目：简易计税。

根据财政部关于印发《增值税会计处理规定》的通知（财会〔2016〕22号）的规定，二级科目"简易计税"明细科目，核算一般纳税人采用简易计税方法发生的增值税计提、扣减、预缴、缴纳等业务。因此，选择简易计税的建筑企业发生分包业务时，其扣除分包额差额征收增值税，应缴纳的增值税额在"简易计税"会计科目核算。

②**建筑企业（劳务工商）差额征税调减"主营业务成本"的账务处理。**

根据财会〔2016〕22号的规定，按现行增值税制度企业发生相关成本费用允许扣减销售额的，发生成本费用时，按应付或实际支付的金额，借记"主营业务成本""存货""工程施工"等科目，贷记"应付账款""应付票据""银行存款"等科目。待取得合规增值税扣税凭证且纳税义务发生时，按照允许抵扣的税额，借记"应交税费——应交增值税（销项税额抵减）"或"应交税费——简易计税"科目（小规模纳税人应借记"应交税费——应交增值税"科目），贷记"主营业务成本""存货""工程施工"等科目。二级科目"预交增值税"科目，核算一般纳税人转让不动产、提供不动产经营租赁服务、提供建筑服务、采用预收款方式销售自行开发的房地产项目等，按现行增值税制度规定应预缴的增值税额。

企业预缴增值税时：

借：应交税费——预交增值税

　　贷：银行存款

月末企业将"预交增值税"明细科目余额转入"未交增值税"明细科目：

借：应交税费——未交增值税

　　贷：应交税费——预交增值税

基于以上会计核算规定，**建筑企业差额征税调减"主营业务成本"的账务处理为：**

借：应交税费——简易计税

　　贷：主营业务成本——合同成本

[案例18]
建筑企业总分包差额征税业务的财税处理

(一)案情介绍

山东的甲公司承包了山西一个合同价值为1 000万元(含增值税)的工程项目,并把其中300万元(含增值税)的部分项目分包给具有相应资质的分包人乙公司(增值税一般纳税人),工程完工后,该工程项目最终结算值为1 000万元(含增值税)。假设该项目属于甲供材工程项目,甲乙公司均采取简易计税。甲公司完成工程累计发生合同成本500万元,请分析甲公司如何进行会计核算?

(二)总包方甲公司的会计核算

1. 完成合同成本时:

借:合同履约成本——工程施工——合同成本　　5 000 000
　　贷:原材料等　　　　　　　　　　　　　　　　5 000 000

2. 收到总承包款时:

借:银行存款　　　　　　　　　　　　　　　　10 000 000
　　贷:合同结算——价款结算　　　　　　　　　　9 708 700
　　　　应交税费——简易计税　　　　　　　　　　　291 300

3. 分包工程结算时:

借:合同履约成本——工程施工——合同成本　　3 000 000
　　贷:应付账款——乙公司　　　　　　　　　　　3 000 000

(1)全额支付分包工程款并取得分包方开具的增值税普通发票时:

借:应付账款——乙公司　　　　　　　　　　　3 000 000
　　贷:银行存款　　　　　　　　　　　　　　　　3 000 000

（2）甲公司差额征税调减"主营业务成本"成本时：

借：应交税费——简易计税　　　　　　　　　　87 400
　　贷：主营业务成本——合同成本　　　　　　　　87 400

（3）甲公司确认结转该项目收入与费用：

借：主营业务成本　（5 000 000+3 000 000-87 400）9 712 600
　　贷：合同履约成本——工程施工——合同成本　　9 712 600
借：合同结算——收入结转　　　　　　　　　　9 708 700
　　贷：主营业务收入　　　　　　　　　　　　　　9 708 700

（4）向项目所在地山西国税局预缴税款=（1 000-300）÷（1+3%）×3%=20.38万元的账务处理：

借：应交税费——预交增值税　　　　　　　　　203 800
　　贷：银行存款　　　　　　　　　　　　　　　　203 800
借：应交税费——未交增值税　　　　　　　　　203 800
　　贷：应交税费——预交增值税　　　　　　　　　203 800

（三）税务处理：全额开票，差额计税

发票备注栏要注明建筑服务发生地所在县（市、区）及项目名称。在简易计税的情况下，一般预缴税款等于向机构所在地主管税务机关纳税申报的税额。甲纳税申报按差额计算税额为：（1 000-300）÷（1+3%）×3%=20.38万元。

建筑施工采用简易计税方法时，发票开具采用差额计税但全额开票，这与销售不动产、劳务派遣、人力资源外包服务、旅游服务等差额开票不同，甲公司可全额开具增值税专用发票。发票上应填写：税额为29.12万元[1 000÷（1+3%）×3%]；销售金额为970.88万元（1 000-29.12）。

[案例19]
建筑劳务公司与班组长签订专业作业劳务分包合同的发票开具、账务处理和税务处理

（一）案情介绍

劳务公司承包了某项劳务分包工程，合同值为1 000万元（含增值税）的工程项目，并把其中300万元（含增值税）的部分专业作业劳务项目分包给班组长李明，工程劳务完工后，该工程劳务项目最终结算值为1 000万元（含增值税）。该劳务公司选择简易计税计征增值税，向上游的发包方开具3%的增值税专用发票，班组长李明到工程劳务所在地代开增值税发票免交增值税（根据财政部 国家税务总局公告2022年第15号的规定，小规模纳税人免征增值税），该劳务公司完成工程劳务累计发生合同成本500万元。请分析如何进行会计核算、纳税申报和增值税发票的开具？

（二）劳务公司的会计核算

1. 完成合同成本的会计核算

借：合同履约成本——合同成本　　　　　　　　　5 000 000
　　贷：原材料等　　　　　　　　　　　　　　　5 000 000

向上游发包方全额开具1 000万元3%增值税专用发票，并收到工程劳务总承包款1 000万元时的会计核算：

借：银行存款　　　　　　　　　　　　　　　　10 000 000
　　贷：合同结算——价款结算　　　　　　　　　9 708 700
　　　　应交税费——简易计税
　　　　　　　　　［10 000 000÷（1+3%）×3%］ 291 300

2. 专业作业劳务分包款结算

借：合同履约成本——专业作业劳务分包成本　　　3 000 000
　　贷：应付账款——乙公司　　　　　　　　　　3 000 000

全额支付班组长专业作业劳务分包工程款并取得班组长在工程所在地代开的免增值税普通发票时：

借：应付账款——班组长李明（含了班组长代开增值税时缴纳的增值税） 3 000 000
　　贷：银行存款 3 000 000

同时，

借：应交税费——简易计税　[300÷（1+3%）×3%]87 400
　　贷：其他收益——差额抵扣班组长的增值税额
　　　　　　　　　　　　　　　　　　　　　　　　87 400

建筑劳务公司完工后，确认该项目收入与费用。

3.预缴增值税的财务处理

建筑劳务公司在工程劳务所在地税务局差额预缴增值税款=（1 000-300）÷（1+3%）×3%=29.13-8.74=20.39万元

借：应交税费——预交增值税 203 900
　　贷：银行存款 203 900

建筑劳务公司月末将"预交增值税"明细科目余额转入"未交增值税"明细科目

借：应交税费——未交增值税 203 900
　　贷：应交税费——预交增值税 203 900

4.已完工程收入、成本的结转

按照履约进度法中的成本法确认收入：

借：合同结算——收入结转 9 708 700
　　贷：主营业务收入 9 708 700
借：主营业务成本 8 000 000
　　贷：合同履约成本——合同成本 8 000 000

建筑劳务公司的税前利润=970.87-800+8.74=179.61（万元）

（四）"用工模式二"的农民工个税和增值税处理

1．"用工模式二"的农民工个税处理

（1）项目部农民工个税的纳税地点：工程项目部所在地的税务主管部门。

根据《国家税务总局关于建筑安装业跨省异地工程作业人员个人所得税征收管理问题的公告》（国家税务总局公告2015年第52号）的规定，建筑企业、劳务公司跨省异地施工或省内异地施工项目部农民工个税的缴纳地点是工程项目所在地税务主管部门。

（2）"用工模式二"的农民工个税的纳税管理。

由于"用工模式二"中的劳务公司或建筑企业与农民工签订一年以内的固定期限劳动合同，双方是雇佣与被雇佣的劳动关系。如果项目所在地税务局没有对项目部实行按照项目经营收入的一定比例核定代征个税的情况下（现在全国大部分省份税务局都取消了对建筑企业项目部核定代征个税政策），则建筑企业（用人单位）或劳务公司（用人单位）必须在工程项目所在地的税务局对农民工个税实行全员全额申报个税。当然，也可以选择在建筑企业或劳务公司注册地税务局对农民工个税实行全员全额申报个税。

（3）"用工模式二"的增值税处理。

①**农民工取得的工资收入的增值税处理：不征增值税。**

由于"用工模式二"中的农民工与建筑企业或劳务公司是雇佣与被雇佣的劳动关系，所以"用工模式二"中的农民工具备建筑企业或劳务公司的员工或职工的法律身份。《关于全面推开营业税改征增值税试点的通知》（财税〔2016〕36号）第十条第（二）项规定：**单位或者个体工商户聘用的员工为本单位或者雇主提供取得工资的服务，不属于增值税的征税范围。**因此，"用工模式二"中的农民工为建筑企业或劳务公司提供取得工资的服务不属于增值税的征税范围，不征收增值税，以农民工的工资表、考勤表和工资发放清单或银行支付凭证作为建筑企业或劳务公司的支付凭证，在企业所得税前进行扣除。

②建筑企业或劳务公司的增值税处理。

由于"用工模式二"中的建筑企业或劳务公司与发包方签订建筑施工合同或建筑劳务分包合同,所以,依据财税〔2016〕36号文件的规定,建筑企业或建筑劳务公司是增值税纳税义务人。因此,依据现有增值税税率,建筑企业向发包方开具9%(包工包料合同)或3%(甲供材合同)的增值税发票;劳务公司向发包方既可以开具9%也可以开具3%的增值税发票。

(五)"用工模式三"的农民工个税和增值税处理

"用工模式三",即不符合劳动关系情形的用工模式是指,建筑企业与包工头签订工程承包合同(一般都是违法转包或违法分包合同)或劳务公司与班组长签订劳务承包合同,然后建筑企业、包工头(班组长)、农民工签订三方用工协议,构成一种非劳动关系性质的用工模式。

不符合劳动关系情形的用工模式下的农民工个税和劳务公司、班组长的增值税如何处理,税法上没有依据,只能以用工关系的法律依据为税务处理依据。具体分析如下。

1. 三方用工协议的法务处理

(1)三方用工协议的法律依据分析。

人力资源和社会保障部 住房和城乡建设部关于修改《建筑工人实名制管理办法〔试行〕》的通知(建市〔2022〕59号)修改内容如下:(1)将第八条修改为:全面实行建筑工人实名制管理制度。建筑企业应与招用的建筑工人依法签订劳动合同,建筑企业应对建筑工人进行基本安全培训,并在相关建筑工人实名制管理平台上登记,方可允许其进入施工现场从事与建筑作业相关的活动。(2)将第十条、第十一条、第十二条和第十四条中的"劳动合同"统一修改为"劳动合同或用工书面协议"。

本次为何修改为"对不符合建立劳动关系情形的,应依法订立用工书面协议"?核心是对"不符合劳动关系情形"的解读。

建筑工人分为两类，一类是建筑企业招聘的建筑工人，另一类是个体建筑商（包工头）招聘的建筑工人。对于后一类建筑工人，其劳动内容、劳动报酬标准由个体建筑商决定，建筑工人不是由建筑企业招聘的，和建筑企业之间没有订立劳动合同的意思表示，双方之间没有工资支付关系和社保关系，建筑工人不受建筑企业规章制度的约束，而且建筑行业用工形式灵活，一个建筑工人一年可以更换五六个建筑工地，建筑工人与个体建筑商之间无法形成紧密型管理关系，建筑企业更是无法对建筑工人进行实质性管理。基于此，建筑企业与后一类建筑工人之间不符合劳动合同的特征，属于建市〔2022〕59号办法规定的"不符合劳动关系情形"的情形，办法修改之后，**双方之间无须签订劳动合同，取而代之用工协议。**

个体建筑商雇佣的建筑工人与建筑企业之间不具备劳动关系，这个问题其实早在2011年《全国民事审判工作会议纪要》（法办〔2011〕442号）已经作出了规定。《纪要》第五十九条规定：**"建设单位将工程发包给承包人，承包人又非法转包或者违法分包给实际施工人，实际施工人招用的劳动者请求确认与具有用工主体资格的发包人之间存在劳动关系的，不予支持。"**

基于以上法律规定，"用工模式三"中的建筑企业、包工头、包工头招用的农民工和劳务公司、班组长、班组长招用的农民工之间不符合劳动合同关系。具体的法律关系如下：

第一，建筑企业、包工头之间或建筑劳务公司与班组长之间是工程外部承包关系，而不是内部承包关系。因为，内部承包中，"内部承包人"（包工头或班组长）与建筑企业或劳务公司必须签订劳动合同，构成劳动合同关系，建筑企业或劳务公司必须给承包人支付工资和缴纳社保[①]。同时承包人（建筑

[①] 相关规定参见《重庆市高级人民法院民一庭关于建设工程施工合同纠纷案件若干问题的解答》（以下简称"重庆高院解答"）第四条，北京市高级人民法院《关于审理建设工程施工合同纠纷案件若干疑难问题的解答》第一条第五款。

企业或劳务公司）可以将承揽的全部工程或部分工程交由下属分支机构或人员施工，但仍需要在资金、技术、设备、人力等方面给予支持①，还应对施工过程及施工质量进行管理。

第二，建筑企业与包工头招用的农民工，劳务公司与班组长招用的农民工之间不构成劳动合同关系，而是用工协议关系。

（2）劳动合同与用工协议的区别和联系。

无论是建筑企业与建筑工人之间签订劳动合同，还是签订用工协议，建筑企业都应当对建筑工人的人身伤害、拖欠劳动报酬行为承担法律责任。

区别在于：签订用工协议的双方不存在劳动合同关系，建筑企业不承担《劳动合同法》规定的双倍工资、经济补偿金、缴纳社保等义务。

（3）拖欠农民工工资的责任承担主体。

根据《保障农民工工资支付条例》（国务院第724号令发布）**第三十条和第三十六条的规定**②，如果"用工模式三"出现拖欠农民工工资现象，则由建筑企业负责清偿，再向包工头依法进行追偿；由劳务公司负责清偿，再依法

---

① 相关规定参见《浙江省高级人民法院民事审判第一庭关于审理建设工程施工合同纠纷案件若干疑难问题的解答》（以下简称"浙江高院解答"）第一条，河北高院通知第四条，《四川省高级人民法院关于审理建设工程施工合同纠纷案件若干疑难问题的解答》（以下简称"四川高院解答"）第六条。

② 《保障农民工工资支付条例》（国务院第724号令发布）第三十条规定，分包单位对所招用农民工的实名制管理和工资支付负直接责任。施工总承包单位对分包单位劳动用工和工资发放等情况进行监督。分包单位拖欠农民工工资的，由施工总承包单位先行清偿，再依法进行追偿。工程建设项目转包，拖欠农民工工资的，由施工总承包单位先行清偿，再依法进行追偿。

《保障农民工工资支付条例》（国务院第724号令发布）第二十条和第二十六条规定，建设单位或者施工总承包单位将建设工程发包或者分包给个人或者不具备合法经营资格的单位，导致拖欠农民工工资的，由建设单位或者施工总承包单位清偿。施工单位允许其他单位和个人以施工单位的名义对外承揽建设工程，导致拖欠农民工工资的，由施工单位清偿。

向班组长进行追偿。

（4）包工头、班组长及其招用的农民工发生人身伤害的工伤赔偿责任主体。

根据《最高人民法院关于审理工伤保险行政案件若干问题的规定》（法释〔2014〕9号）第三条第（四）项的规定[①]，建设工程领域具备用工主体资格的承包单位承担其违法转包、分包项目上因工伤亡职工的工伤保险责任，并不以存在法律上劳动关系或事实上劳动关系为前提条件。

《最高人民法院关于审理工伤保险行政案件若干问题的规定》（法释〔2014〕9号）第三条第（四）项规定：用工单位违反法律、法规规定将承包业务转包给不具备用工主体资格的组织或者自然人，该组织或者自然人聘用的职工从事承包业务时因工伤亡的，用工单位为承担工伤保险责任的单位。

基于以上法律规定，"包工头"因工伤亡的情形——承包单位将承包工程违法转包、分包给不具备用工主体资格的"包工头"，"包工头"或其招聘的职工因工伤亡时，均应由承包单位承担工伤保险责任。因此，如果"用工模式三"出现工伤事故和人身伤害，则建筑企业和劳务公司为工伤赔偿责任主体。

2.财税风险管理

在签订三方用工协议下，建筑公司（劳务公司）是用工单位而不是用人单位。因此用工单位的财务和税务处理如下：

第一，农民工工资发放：建筑企业（劳务公司）代班组长或包工头发放

---

① 根据《人力资源和社会保障部关于执行〈工伤保险条例〉若干问题的意见》（人社部发〔2013〕34号）第七条和《最高人民法院关于审理工伤保险行政案件若干问题的规定》（法释〔2014〕9号）第三条的规定，认定工伤保险责任或用工主体责任，已经不以存在法律上劳动关系为必要条件。根据《最高人民法院关于审理工伤保险行政案件若干问题的规定》（法释〔2014〕9号）第三条规定，能否进行工伤认定和是否存在劳动关系，并不存在绝对的对应关系。

其招募农民工工资或者将农民工工资发放给班组长（包工头），再由班组长（包工头）发放到农民工手中。

第二，农民工个税处理：建筑企业（劳务公司）没有扣缴农民工个税的义务，对代发的农民工工资不申报农民工个税。

第三，发放农民工工资的依据：建筑企业（劳务公司）以班组长（包工头）签字和农民工本人签字确认的每月工资表、每月考勤表和身份证复印件作为代发放农民工工资的法律依据。

第四，农民工工资核算：建筑企业（劳务公司）在财务上不通过"应付职工薪酬"科目核算，而是通过"合同履约成本——项目人工费用"核算。

第五，建筑企业（劳务公司）财务核算的两种凭证：

凭证一：基于劳务关系的实质，需要班组长或包工头到工程劳务所在地税务局代开发票，建筑公司（劳务公司）计入成本。

凭证二：在劳务产业园区（有财政奖励的地方）注册的劳务公司，以发放农民工工资流水单、考勤表、工资表、身份证复印件存档备查。

第六，建筑企业（劳务公司）是承担工伤赔偿责任的认定主体。

第七，建筑企业总承包方依法在项目所在地以施工项目为工伤保险参保单位，按照项目工程总造价的一定比例，计算缴纳工伤保险费。

第八，包工头或班组长外部承包业务的增值税的处理：在建筑工程所在地税务局代开发票给建筑企业或劳务公司。

《关于全面推开营业税改征增值税试点的通知》（财税〔2016〕36号）第二条规定，单位以承包、承租、挂靠方式经营的，承包人、承租人、挂靠人（以下统称"承包人"）以发包人、出租人、被挂靠人（以下统称"发包人"）名义对外经营并由发包人承担相关法律责任的，以该发包人为纳税人。否则，以承包人为纳税人。由于"用工模式三"中的包工头、班组长分别与建筑企业、劳务公司签订外部承包合同，而不是内部承包合同。即包工头不是以建筑企业的名义，班组长不是以劳务公司名义对外开展经营，所以，"用工模式三"中的包工头、班组长是增值税纳税义务人，必须在工程劳务所在地税务局代开发票给建筑企业或劳务公司。

根据国家税务总局公告2023年第1号文件和财政部国家税务总局2023年第1号文件的规定，自2023年1月1日至2023年12月31日，自然人按照小规模纳税人进行增值税处理，在月销售额合计超过10万元（含10万），季度合计销售额超过30万元（含30万），按照征收率3%减按1%征收增值税。因此，包工头或班组长按照1%向上游的建筑企业或劳务公司开具增值税专用发票或增值税普通发票，当然也可以放弃减税优惠，按照3%代开增值税发票。

第九，包工头或班组长外部承包业务下，班组长或包工头及其招用农民工的个税处理。

如果班组长或包工头在建筑工程所在地税务局代开发票，班组长或包工头招用农民工完成承包的工程或建筑劳务，属于《中华人民共和国个人所得税法实施条例》中规定的"其他个人从事生产经营所得"税目，按照"生产经营所得"的5%—35%的五档累进税率申报个人所得税。但是包工头或班组长是自然人，在全国各省的电子税务局的申报系统中，都是查账征收而不是核定征收"生产经营所得"。为了解决个人承包经营中的成本无法考量和核算问题，各省税务局都制定本省代开发票的个税核定征收文件，即按照不含增值税金额的一定比例核定代征个人所得税。

特别提醒：包工头或班组长内部承包工程或内部承包建筑劳务的个税、增值税处理如下。

（1）增值税处理：发包人为增值税纳税义务人。

《关于全面推开营业税改征增值税试点的通知》（财税〔2016〕36号）第二条规定，单位以承包、承租、挂靠方式经营的，承包人、承租人、挂靠人（以下统称"承包人"）以发包人、出租人、被挂靠人（以下统称"发包人"）名义对外经营并由发包人承担相关法律责任的，以该发包人为纳税人。基于此税法的规定，在内部承包制下，内部承包人以发包人的名义对外经营并由发包人承担相关法律责任。因此，内部承包人与发包方有劳动合同关系，有发放工资和缴纳社保的义务。内部承包工程的增值税纳税义务人是发包方，即由发包方对外开具增值税发票。

（2）包工头或班组长承包经营所得的个税处理。

根据国税发〔1994〕179号[①]和国税发〔1996〕127号[②]文件的规定，如果承包合同约定：上交管理费用后的承包成果归承包人所有，则按承包经营所得，依照5%—35%五档税率计算个税；如果合同约定承包经营成果归公司所

---

① 《国家税务总局关于个人对企事业单位实行承包经营、承租经营取得所得征税问题的通知》（国税发〔1994〕179号）对企事业单位的承包经营、承租经营所得项目如何计征个人所得税，须作出具体规定。经我们研究，现明确如下：

一、企业实行个人承包、承租经营后，如果工商登记仍为企业的，不管其分配方式如何，均应先按照企业所得税的有关规定缴纳企业所得税。承包经营、承租经营者按照承包、承租经营合同（协议）规定取得的所得，依照个人所得税法的有关规定缴纳个人所得税，具体为：

（一）承包、承租人对企业经营成果不拥有所有权，仅是按合同（协议）规定取得一定所得的，其所得按工资、薪金所得项目征税，适用5%—45%的九级超额累进税率。

（二）承包、承租人按合同（协议）的规定只向发包、出租方缴纳一定费用后，企业经营成果归其所有的，承包、承租人取得的所得，按对企事业单位的承包经营、承租经营所得项目，适用5%—35%的五级超额累进税率征税。

二、企业实行个人承包、承租经营后，如工商登记改变为个体工商户的，应依照个体工商户的生产、经营所得项目计征个人所得税，不再征收企业所得税。

② 《建筑安装业个人所得税征收管理暂行办法》（国税发〔1996〕127号）第三条承包建筑安装业各项工程作业的承包人取得的所得，应区别不同情况计征个人所得税：经营成果归承包人个人所有的所得，或按承包合同（协议）规定，将一部分经营成果留归承包人个人的所得，按对企事业单位的承包经营、承租经营所得项目征税；以其他分配方式取得的所得，按工资、薪金所得项目征税。从事建筑安装业的个体工商户和未领取营业执照承揽建筑安装业工程作业的建筑安装队和个人，以及建筑安装企业实行个人承包后工商登记改变为个体经济性质的，其从事建筑安装业取得的收入应依照个体工商户的生产、经营所得项目计征个人所得税。从事建筑安装业工程作业的其他人员取得的所得，分别按照工资、薪金所得项目和劳务报酬所得项目计征个人所得税。

有，仅是按合同（协议）规定取得一定所得的，则按"工资、薪金所得"项目征个税。

（3）内部承包制下的农民工个税处理。

基于包工头或班组长内部承包的工程或建筑劳务是以发包人的名义对外经营并以发包人承担相关法律责任的法律规定，包工头或班组长招用的农民工要么与建筑企业或劳务公司进行劳务外包，构成劳务外包关系；要么与建筑企业或劳务公司与农民工签订劳动合同，构成劳务合同关系，发包方向农民工支付工资，并全员全额申报农民工个税。因此，建筑企业、包工头、农民工签订三方用工协议，或者劳务公司、班组长、农民工签订三方用工协议，不适合内部承包工程，只能适用于外部承包工程或外部承劳务项目。

因此，建筑安装业中的建筑工程或建筑劳务的内部承包与外部承包的增值税和包工头或班组长的个税及其招用农民工的个税处理，在适用税收政策上是有区别的。

第四章

建筑企业税收安全之策:"合同控税"三大计

经济合同是调整民事平等主体之间权利和义务的重要法律凭证,也是企业管理层用来管理企业税务事项的重要工具。许多企业决策层和管理层在开展企业税务管理时,经常忽略经济合同在控制和降低企业税负,提升企业税收安全中的重要作用,甚至错误地认为,经济合同是法律部门或合同管理部门的事情,与财务部门没有任何关系,或者认为经济合同与企业的税收没有任何关系。其实,在企业税务管理实践中,经济合同的正确签订,或者说,经济合同的巧妙签订与一个企业的税负有很重要的、千丝万缕的关系。因为,经济合同决定了企业的业务流程,业务流程决定企业的税收。所以,企业家们一定要记住:企业的税收不是企业财务做账做出来的,而是企业做业务做出来的;降低企业税负的关键环节是合同的签订环节。因此,无论是合同管理部门、法律部门还是财务部门,企业的高管必须重视合同控税的相关原理和一些策略方法,在签订合同前,应该进行企业的相关涉税分析,保证合同签订后所决定的业务能够给企业真正降低税负,即经济合同是事前进行企业税收筹划的重要工具。

本章重点分析降低建筑企业的税收成本,必须注重"合同控税"策略三大计:第一计:切记建筑施工合同4条涉税条款的风险防控签订;第二计:用足国家税收政策,巧签合同促降税;第三计:签订合同减少业务流转环节节税。

第一节 "合同控税"第一计:切记建筑施工合同4条涉税条款的风险防控签订

财税风险隐藏在业务合同中,业务合同是隐藏财税风险的温床。建筑施工合同的财税风险防控的关键举措是在合同签订之前,正确签订以下五条涉税风险防控条款:一是合同中"合同价格"条款的涉税风险防控签订;二是合同中"设备或材料供应"条款的涉税风险防控签订;三是合同中"工程结算和工程款支付"条款的涉税风险防控签订;四是合同中"发票开具"条款的涉税风险防控签订。

一、识别合同中"合同价格"条款的财税风险及其防范的合同签订

合同中"合同价格"条款的财税风险主要涉及三个方面的财税风险:一是含有增值税金额的"合同价款"涉及印花税缴纳的财税风险分析;二是含有增值税金额的"合同价款"涉及增值税税率变化后的工程结算的财税风险分析;三是"合同价款"既含有货物或设备价款又含有建筑服务价款的财税风险。在识别以上财税风险的基础上,必须在合同签订环节找到防范以上财税风险的合同签订秘诀。

合同中的"合同价格"条款是任何经济合同中的核心关键性必备条款。

该条款主要涉及企业结算款的多少，决定了企业未来开具发票的金额和缴纳印花税的金额，也是决定企业未来交易成功收入确认的依据，最终决定企业未来应申报缴纳增值税销项税额的依据。

（一）含有增值税金额的"合同价款"涉及印花税缴纳的财税风险及其防控的合同签订秘诀

1. 印花税缴纳的涉税风险分析

在签订合同的实践中，"合同总价款"在经济合同中的"价格条款"往往体现为两种签订方法：一种是以包含增值税金额的合同总价款形式记载于经济合同的"价格条款"中；另一种是在经济合同中的"价格条款"中分别以不含增值税金额的合同价，增值税金额记载于合同中。这两种合同签订方法应缴纳的印花税是不一样的。前者缴纳印花税的计税依据是含增值税金额的合同总价格，即增值税金额；后者缴纳印花税的计税依据是不含增值税的合同金额。因此第二种签订合同的方法比第一种合同签订方法节约印花税。

（1）相关税收政策依据。

《中华人民共和国印花税法》第五条第（一）项和第（二）项规定，印花税的计税依据如下：

①应税合同的计税依据，为合同所列的金额，不包括列明的增值税税款；

②应税产权转移书据的计税依据，为产权转移书据所列的金额，不包括列明的增值税税款。

《中华人民共和国印花税法》第六条规定，应税合同、产权转移书据未列明金额的，印花税的计税依据按照实际结算的金额确定。

计税依据依照前款规定仍不能确定的，按照书立合同、产权转移书据时的市场价格确定；依法应当执行政府定价或者政府指导价的，按照国家有关规定确定。

（2）印花税缴纳的涉税风险。

根据以上税收政策来看，含有增值税金额的"合同价款"涉及印花税缴纳的涉税风险体现以下两方面：

第一，如果在一份合同中的合同金额记载的是含增值税的合同金额，则印花税的计税依据为含增值税金额的合同金额，企业将缴纳更多的印花税。

第二，如果在一份合同中的含税合同金额**载有两个或者两个以上适用不同税目税率的经济事项**，而没有分别记载不同经济事项的合同金额的，则按税率高的计税贴花，这导致企业多缴纳印花税。

2.规避多缴纳印花税的合同签订秘诀

根据以上税收政策，为了节约印花税，在签订合同时，务必在**经济合同的"价格条款"中分别以不含增值税金额的合同价和增值税额记载于合同中**，具体签订秘诀如下。

（1）合同中的"合同价款（金额）"条款，一定要按照价税分离的原则，分别签订不含增值税金额的合同价和增值税金额。签订合同价的格式为：不含增值税金额的合同价为×××元，增值税金额为×××元。

（2）如果合同中涉及适用不同税目税率的经济事项，则一定在合同中的"合同价款（金额）"条款分别约定不同税目的不含增值税金额的合同价、增值税金额。签订合同价的格式为：不含增值税金额的经济事项1的合同价为×××元，增值税金额为×××元；不含增值税金额的经济事项2的合同价为×××元，增值税金额为×××元。

（二）含有增值税金额的"合同价款"涉及增值税税率变化后的工程结算的财税风险及其防范的合同签订秘诀

1.财税风险分析

含增值税金额的"合同价款"在国家增值税税率变化后，是按照变化前的增值税税率计算还是按照变化后的增值税税率计算？好多人不明白里面的税法原理，致使发包方与建筑施工企业承包方在工程结算时，**存在一定的财税风险，即发包方与建筑施工承包方少结算工程款，致使施工企业吃亏。**

例如，2018年6月签订的含增值税金额的建筑施工合同为1 100万元，2019年9月进行完工结算时，由于增值税税率由10%降为9%，因此，许多发包方认为：工程结算款为1 100万元×〔1-（10%-9%）〕，即1 089万元（1 100万元×99%）。

其实以上算法是错误的。正确的工程结算是：第一步，将原来合同中的含增值税金额的合同价按照10%还原为不含增值税金额的合同价；第二步，将第一步计算的不含增值税金额的合同价款乘以9%的增值税税率计算出增值税金额；第三步，将第一步计算的不含增值税金额的合同价款加上第二步计算的增值税金额结算工程款结算总金额。具体的计算如下：

1 100万元÷（1+10%）+1 100万元÷（1+10%）×9%=1 090（万元）

以上计算结果发现，第一种计算方法比第二种计算方法少了1万元结算金额。

2.财税风险防范的合同签订秘诀

（1）在合同中的"合同金额"条款中，必须约定：不含增值税金额的合同价为×××元，增值税金额为×××元。

（2）在合同中的"工程款结算支付"条款中约定：国家增值税税率变动的风险由施工企业承包方承担，根据增值税纳税义务时间所确定的增值税税率进行增值税金额的结算，如果增值税税率下降，则按照下降后的增值税税率开具发票，分三步结算：

第一步：按照不含增值税金额的原建筑合同额结算工程进度结算金额。

第二步：按照以下公式结算增值税金额：

按照不含增值税的原建筑合同额结算的工程进度结算金额×下降后的增值税税率=增值税金额

第三步：将第一步和第二步的结算金额汇总就是最后的工程进度结算总金额。

（三）"合同价款"既含有货物或设备价款又含有建筑服务价款的财税风险及其防范的合同签订秘诀

在建筑领域包工包料合同中，既涉及货物或设备又涉及服务金额的混合销售或兼营行为，在涉税处理时适用的税率不同，而签订合同也有区别。如果合同没有签订好，则存在一定的财税风险。

1.建筑企业外购建筑材料或机器设备并提供施工劳务的财税风险及其防范的合同签订秘诀

（1）税收政策依据分析。

《财政部 国家税务总局关于全面推开营业税改征增值税试点的通知》（财税〔2016〕36号）附件1——《营业税改征增值税试点实施办法》第四十条："一项销售行为如果既涉及服务又涉及货物，为混合销售。"根据本条规定，建筑企业外购建筑材料并提供施工业务的包工包料合同是一种既涉及服务又涉及货物的一项销售行为，是混合销售行为。

《国家税务总局关于明确中外合作办学等若干增值税征管问题的公告》（国家税务总局公告2018年第42号）第六条第二款规定："一般纳税人销售外购机器设备的同时提供安装服务，如果已经按照兼营的有关规定，分别核算机器设备和安装服务的销售额，安装服务可以按照甲供工程选择适用简易计税方法计税。"基于此税收政策规定，**建筑企业外购机器设备的同时提供安装服务，如果已经按照兼营行为分别核算机器设备和安装服务的销售额，则机器设备销售额按照13%计征增值税，安装服务既可以按照3%计征增值税（发包方同意的情况下），也可以按照9%计征增值税（发包方不同意的情况下）。**

（2）财税风险分析。

基于以上税收政策分析，建筑企业外购建筑材料或机器设备并提供施工劳务的财税风险分析体现在以下两方面：

第一，建筑企业外购建筑材料并提供建筑劳务的包工包料的混合销售行为的税收风险是：施工企业将材料款、建筑劳务款分别按照13%、3%的增值税税率开具增值税发票，导致施工企业少缴纳增值税，从而构成漏税行为。

根据财税〔2016〕36号）附件1——《营业税改征增值税试点实施办法》第四十条的规定，建筑企业外购非机器设备的建筑材料同时提供建筑（非安装）服务，则建筑企业的税务处理和发票开具如下：建筑企业将外购的材料和建筑劳务一起按照9%的税率计征增值税，向发包方开具9%的增值税发票。因此，如果施工企业将材料款、建筑劳务款分别按照13%、3%的增值税税率开具增值税发票，导致施工企业少缴纳增值税，从而构成漏税行为。

第二，建筑企业外购机器设备并提供安装劳务的包工包料的混合销售行为的税收风险是：施工企业将机器设备款、建筑安装劳务款一起向发包方开具13%的增值税发票，导致施工企业多缴纳安装劳务款的增值税。

根据国家税务总局公告2018年第42号第六条第二款的规定，**建筑企业外购机器设备的同时提供安装服务的纳税处理如下：一是如果**建筑企业与发包方签订包工包料合同时，在一份合同里分别注明设备价款和建筑服务价款，则建筑企业按照兼营行为分别核算机器设备和安装服务的销售额，机器设备销售额按照13%计征增值税，安装服务既可以按照3%计征增值税（发包方同意的情况下），也可以按照9%计征增值税（发包方不同意的情况下）。二是如果建筑企业与发包方签订包工包料合同时，在一份合同里没有分别注明设备价款和安装服务价款，而是将机器设备和安装劳务款合并写在一起，则机器设备销售额和安装服务销售额一起按照13%计征增值税，建筑安装企业将机器设备和安装服务的销售额一起向发包方开具13%的增值税专用（普通）发票。因此，第一份合同的签订可以致使施工企业少缴纳增值税，而第二份合同的签订致使施工企业多缴纳增值税。

(3)财税风险防范的合同签订秘诀。

建筑企业外购建筑材料或机器设备并提供建筑施工劳务的财税风险防范的合同签订秘诀如下：

第一，如果建筑企业外购建筑材料并提供建筑服务的包工包料业务，则将建筑材料与建筑服务的金额加起来，载明在合同中的"合同金额"条款中。签订合同的格式为：不含增值税金额的合同价为×××元，增值税金额为×××元。

第二，如果建筑企业外购机器设备并提供安装服务的包工包料业务，则必须在一份包工包料的建筑承包合同中的"合同金额"条款中分别约定：设备价款、安装服务价款。具体的约定格式如下：不含增值税金额的设备的合同价为×××元，增值税金额为×××元；不含增值税金额的安装服务的合同价为×××元，增值税金额为×××元。

第三，如果建筑承包企业有材料销售范围或经当地税务部门进行税种认定时，可以开具销售材料或设备的销售发票，则建筑承包企业与发包方分别签订两份合同：材料或设备销售合同、建筑服务或安装服务的劳务合同。材料或设备销售合同的"合同金额"条款的签订格式为不含增值税金额的材料或设备的合同价为×××元，增值税金额为×××元；建筑服务或安装服务的劳务合同的"合同金额"条款的签订格式为：不含增值税金额的安装服务的合同价为×××元，增值税金额为×××元。

2.建筑企业销售自产建筑材料或机器设备并提供施工劳务业务的财税风险及其防范的合同签订秘诀

（1）税收政策依据分析。

《国家税务总局关于进一步明确营改增有关征管问题的公告》（国家税务总局公告2017年第11号）第一条给予了明确规定：纳税人**销售活动板房、机器设备、钢结构件等自产货物的同时提供建筑、安装服务**，不属于《营业税改征增值税试点实施办法》（财税〔2016〕36号文件印发）第四十条规定的

混合销售，应分别核算货物和建筑服务的销售额，分别适用不同的税率或者征收率。注意该文件中的"应分别核算货物和建筑服务的销售额，分别适用不同的税率或者征收率"有以下两层含义：

一是在合同中应分别注明销售货物的金额和销售建筑服务的金额；在会计核算上应分别核算销售货物和销售服务的收入；在税务处理上，销售货物按照13%的税率，销售建筑服务按照9%的税率向业主或发包方开具发票。

二是建筑企业可以与业主或发包方签订两份合同：货物销售合同和建筑服务销售合同。货物销售合同适用13%的增值税税率；销售建筑服务按照3%（清包工合同，可以选择简易计税方法，按照3%的税率计征增值税）或9%的增值税税率计征增值税。

《国家税务总局关于明确中外合作办学等若干增值税征管问题的公告》（国家税务总局公告2018年第42号）第六条第一款规定："**一般纳税人销售自产机器设备的同时提供安装服务，应分别核算机器设备和安装服务的销售额，安装服务可以按照甲供工程选择适用简易计税方法计税。**"基于这个文件规定，建筑企业销售自产机器设备并提供安装服务服务的，**必须按照兼营行为处理**，机器设备销售额部分，建筑企业向发包方开具13%的增值税专用（普通）发票，安装服务销售额部分，**建筑企业向发包方开具3%的增值税专用（普通）发票（发包方同意的情况下）或开9%的增值税专用（普通）发票（发包方不同意的情况下）**。

（2）财税风险。

根据以上税收政策分析，建筑企业销售自产机器设备、建筑材料的同时提供建筑、安装服务的财税风险主要体现在：建筑施工企业没有在合同中分别注明销售自产机器设备、建筑材料和建筑、安装劳务款的金额，在向发包方开具发票时，没有按照兼营行为进行税务处理，而是按照混合销售行为进行税务处理。即将自产建筑材料、机器设备和建筑、安装服务金额一起按照13%的增值税税率向发包方开具增值税发票，导致施工企业多缴纳增值税。

（3）财税风险防范的合同签订秘诀。

建筑企业销售自产建筑材料或机器设备并提供施工劳务业务的财税风险防范的合同签订秘诀如下：

第一，销售自产建筑材料或设备的建筑施工企业与发包方签订一份包工包料合同，合同中"合同金额"条款必须分别注明：不含增值税金额的材料或设备的合同价为×××元，增值税金额为×××元；不含增值税金额的建筑服务或安装服务的合同价为×××元，增值税金额为×××元。

第二，销售自产建筑材料的建筑企业与发包方签订两份合同：一份是建筑材料或设备销售合同，另一份是建筑服务或安装服务合同。建筑材料或设备销售合同中的"合同金额"条款约定：不含增值税金额的材料或设备的合同价为×××元，增值税金额为×××元；建筑服务或安装服务合同中"合同金额"条款约定：不含增值税金额的建筑服务或安装服务的合同价为×××元，增值税金额为×××元。

[案例20]
某铝合金门窗生产安装企业销售安装合同中的涉税风险分析

（一）案情介绍

甲公司是一家具有生产销售和安装资质的铝合金门窗企业，甲公司销售门窗铝合金给乙公司，货物金额为2 260 000元，安装金额为550 000元；为了降低税负，甲公司如何签订合同？以下有两种合同签订方式：一是甲公司与乙公司签订一份销售安装合同，货物金额为2 260 000元，安装金额为545 000元；二是甲公司与乙公司签订了两份合同，一份是销售合同，金额为2 260 000元，另一份是安装合同，金额为545 000元。以上金额均含增值税，均通过银行收取，假设不考虑增值税进项税额的抵扣，请分析甲公司应选择哪一种合同签订技巧，其税负最低。

（二）涉说分析

1. 第一份合同的税收成本分析

《国家税务总局关于进一步明确营改增有关征管问题的公告》(国家税务总局公告2017年第11号)第一条给予了明确规定：纳税人销售活动板房、机器设备、钢结构件等自产货物的同时提供建筑、安装服务，不属于《营业税改征增值税试点实施办法》(财税〔2016〕36号文件印发)第四十条规定的混合销售，应分别核算货物和建筑服务的销售额，分别适用不同的税率或者征收率。

基于此规定，甲公司应分别核算销售收入和安装收入，会计分录如下：

借：银行存款　　　　　　　　　　　　　　　　2 260 000
　　贷：主营业务收入——铝门窗销售　　　　　2 000 000
　　　　应交税费——应交增值税（销项税）　　　260 000
借：银行存款　　　　　　　　　　　　　　　　　545 000
　　贷：主营业务收入——铝门窗安装　　　　　　500 000
　　　　应交税费——应交增值税（销项税）　　　　45 000

则甲公司应缴纳增值税为2 260 000÷(1+13%)×13%+545 000÷(1+9%)×9%=260 000+45 000=305 000（元）

2. 第二份合同的税收成本分析

由于第二份合同是纯安装劳务合同，可以选择简易计税方法计征增值税，选择3%的税率缴纳增值税。会计上分开核算，甲公司的会计分录如下：

借：银行存款　　　　　　　　　　　　　　　　2 260 000
　　贷：主营业务收入——铝门窗销售　　　　　2 000 000
　　　　应交税费——应交增值税（销项税）　　　260 000
借：银行存款　　　　　　　　　　　　　　　　　545 000
　　贷：主营业务收入——铝门窗安装　　　　　　529 126

应交税费——应交增值税（销项税）

[545 000÷（1+3%）×3%] 15 874

基于以上会计核算，甲公司应缴纳的增值税为260 000+15 874=275 874元，比第一份合同节约缴纳增值税305 000-275 874=29 126元。

二、合同中"设备或材料供应"条款的财税风险及其防范的合同签订秘诀

对于建筑企业而言，建筑企业与发包方在签订建筑施工合同时，务必要关注合同中的"设备或材料供应"条款。该条款涉及建筑企业与发包方签订的合同是"甲供材合同""清包工合同"还是"包工包料合同"。依据财税〔2016〕36号文件的规定，签订"包工包料合同"的建筑施工企业必须选择一般计税方法计征增值税，即施工企业必须选择9%计征增值税，向发包方开具9%的增值税专用（普通）发票；而签订"甲供材合同""清包工合同"的施工企业可以选择一般计税方法计征增值税，也可以选择简易计税方法计征增值税，决定施工企业选择一般计税还是简易计税计征增值税的是与施工企业签订建筑施工合同的发包方。因此，建筑施工企业与发包方在建筑施工合同中的"设备或材料供应"条款中必须载明，建筑项目施工过程中的材料、设备是甲方或发包方提供还是乙方或施工方提供的字样。

（一）合同中"设备或材料供应"条款约定"发包人供应材料或设备"的涉税风险及其防范的合同签订秘诀

1.涉税处理

（1）建筑企业与非房地产企业（发包方）签订"发包人供应材料或设备"建筑承包合同的涉税处理。

如果建筑合同中"材料、设备"条款约定：发包人自行供应承包方施工

中所用的材料、工程设备，具体详见"发包方材料、设备供应清单"。则如果在发包方同意的情况下，建筑企业可以选择简易计税方法计征增值税，向发包方开具3%的增值税专用（普通）发票；如果发包方不同意建筑企业选择简易计税方法计征增值税的情况下，则建筑企业选择一般计税方法计征增值税，向发包方开具9%的增值税。

（2）**建筑企业与房地产企业（发包方）签订"发包人供应材料与工程设备"建筑施工合同的涉税处理。**

根据财税〔2017〕58号文件第一条的规定，如果建筑企业与房地产企业签订"甲供材合同"，建筑企业到底选择一般计税计征增值税还是简易计税计征增值税，从以下两方面进行税务处理。

第一，建筑企业与房地产企业签订的"甲供材"合同，同时满足以下四个条件：

①享受简易计税方法计税的主体是建筑工程总承包单位。

②享受简易计税方法计税的建筑服务客体是房屋建筑的地基与基础、主体结构建筑服务。

③甲供材的材料对象是房地产企业只限于自购"钢材、混凝土、砌体材料、预制构件"四种材料中的任一种或四种材料。

则建筑企业必须选择简易计税方法计征增值税"，而不能再选择"一般计税方法计征增值税"，建筑企业必须向房地产企业开具3%的增值税专用发票。

第二，建筑企业与房地产企业签订的"甲供材合同"，如果在"设备材料供应"条款中明确载明：房地产公司购买"钢材、混凝土、砌体材料、预制构件"四种材料之外的任何材料或辅料，则在房地产企业同意建筑企业选择简易计税方法计征增值税的情况下，建筑企业可以选择一般计税方法计征增值税，也可以选择简易计税方法计征增值税。当建筑企业选择一般计税方法计征增值税时，则建筑企业向房地产企业开具9%的增值税专用发票；当建筑企业选择简易计税方法计征增值税时，则建筑企业向房地产企业开具3%的增值税专用发票。

（3）建筑企业总承包方与建筑企业专业分包方或建筑企业总承包方与劳务公司或建筑企业专业分包方与劳务公司签订"发包方供应材料或工程设备"建筑施工专业分包合同或劳务分包合同的涉税处理。

建筑企业总承包方与建筑企业专业分包方或建筑企业总承包方与劳务公司或建筑企业专业分包方与劳务公司签订"发包方供应材料或工程设备"建筑施工专业分包合同或劳务分包合同中的"设备和材料供应条款"中约定："乙方（分包方）工程施工所用的主要材料和设备由甲方（承包方）购买提供，其他辅料及低值易耗品由乙方（分包方）自己采购。"则该合同是清包工合同或是劳务分包合同。乙方（分包方）向甲方（承包方）开具3%的增值税专用发票（承包方依税法规定可以抵扣增值税进项税额）或3%的增值税普通发票（承包方依税法规定不可以抵扣增值税进项税额）。

（4）业主（发包方）与建筑企业总承包方签订的建筑总承包合同中的"动力价款"条款中约定：建筑总承包方施工中所用的电、水和机油费由业主（发包方）提供的涉税处理。

如果业主（发包方）与建筑企业总承包方签订的建筑总承包合同中的"动力价款"条款中约定：建筑总承包方施工中所用的电、水和机油费由业主（发包方）提供的，则根据财税〔2016〕36号文件，在业主（发包方）同意建筑企业总承包方选择简易计税方法计征增值税的情况下，则建筑企业总承包方向业主（发包方）开具3%的增值税专用（普通）发票；如果在业主（发包方）不同意建筑企业总承包方选择简易计税方法计征增值税的情况下，则建筑企业总承包方必须选择一般计税方法计征增值税，向业主（发包方）开具3%的增值税专用（普通）发票。

2."甲供材合同"的涉税风险分析

基于以上涉税处理分析，建筑承包合同中"设备或材料供应"条款约定

"发包人供应材料或设备"(其实是"甲供材合同")的财税风险主要体现两方面:

(1)增值税一般计税方法的选择导致增值税税负重的涉税风险。

由于"甲供材合同"的增值税计税方法的选择与"甲供材"项目的工程造价有内在的联系。即**工程造价与增值税计税方法的选择必须相匹配,具体**体现在如下两方面:

第一,如果发包方与建筑企业协商一致,建筑企业承包的**"甲供工程"项目**选择一般计税方法计征增值税,向发包方开具9%的增值税专用(普通)发票,则该工程项目的工程造价(招投标控制价)=(不含增值税的人工费+不含增值税的材料费+不含增值税的施工机具使用费+不含增值税的企业管理费+不含增值税的规费+利润)×(1+9%)=税前工程造价×(1+9%)。其中"税前工程造价"=(不含增值税的人工费+不含增值税的材料费+不含增值税的施工机具使用费+不含增值税的企业管理费+不含增值税的规费+利润)。

第二,如果发包方与建筑企业协商一致,建筑企业承包的**"甲供工程"项目**选择简易计税方法计征增值税,向发包方开具3%的增值税专用(普通)发票,则该工程项目的工程造价**有以下两种计价公式:**

计价公式一:工程造价(招投标控制价)=**(含增值税的人工费+含增值税的材料费+含增值税的施工机具使用费+含增值税的企业管理费+含增值税的规费+利润)×(1+3%)**

计价公式二:工程造价(招投标控制价)=(不含增值税的人工费+不含增值税的材料费+不含增值税的施工机具使用费+不含增值税的企业管理费+不含增值税的规费+利润)×(1+9%)=税前工程造价×(1+9%)

因此,当建设单位或发包方按照"工程造价(招投标控制价)=(不含增值税的人工费+不含增值税的材料费+不含增值税的施工机具使用费+不含增值税的企业管理费+不含增值税的规费+利润)×(1+9%)=税前工程造价×

（1+9%）"计算工程项目造价，除了财税〔2017〕58号文件第一条和**税总发〔2017〕99号**第一条第三项所规定的"建筑工程总承包方为房屋建筑的**地基与基础、主体结构**提供工程服务，建设单位自行采购全部或部分钢材、混凝土、砌体材料、预制构件的情况下，建筑工程总承包方必须选择简易计税方法计征增值税"之外，建筑企业可以选择简易计税方法计征增值税，向发包方开具3%的增值税专用（普通）发票，也可以选择一般计税计征增值税，向发包方开具9%的增值税专用（普通）发票。如果建筑承包施工企业选择一般计税计征增值税，向发包方具9%的增值税专用（普通）发票，则存在的涉税风险是：建筑承包施工企业的增值税进项抵扣不足，将要承担较重的增值税负担。

（2）增值税简易计税方法的选择导致发包方要按税率差扣除施工方工程款的争议风险。

在"甲供工程"按照"税前工程造价×（1+11%）"（2016年5月1日至2018年4月30日）、"税前工程造价×（1+10%）"（自2018年5月1日之后）和"税前工程造价×（1+9%）"（自2019年4月1日之后）作为工程计价依据，施工企业选择简易计税方法计征增值税，按照3%向甲方开具增值税发票的情况下，**甲方与施工方在结算工程款时，往往产生争议**：是否要从工程总价款中扣除8%的工程款（2016年5月1日至2018年4月30日之间的"甲供工程"），或7%的工程款（自2018年5月1日至2019年3月31日之前的"甲供工程"），或6%的工程款（自2019年4月1日之后的"甲供工程"）。

在现有税法的规定下，**甲方扣除税率差的工程款是严重错误的**，与相关法律规定相悖。具体理由如下：

第一，甲方强行剥夺建筑施工企业依照税法规定选择简易计税方法计征增值税的权利，同时违背国家工程计价规则。

第二，违背税法中的增值税抵扣原理，致使工程项目的工程计价减少，变相降低工程价款，增加了建筑施工企业的项目损失。

第三，违背了《最高人民法院关于审理建设工程施工合同纠纷案件适用法律问题的解释（一）》（法释〔2020〕25号）工程结算规定，是无效的请求。

第四，违背招标投标法和《建设工程价款结算暂行办法》的规定。

（二）合同中"设备或材料供应"条款约定"发包人供应材料或设备"的涉税风险防范的合同签订秘诀

1.在工程概算和发招标文件环节进行防范

（1）"甲供工程"简易计税方法的防范策略：一是在"甲供工程"概算时，按照营业税体制下的工程计价进行工程造价，即按照（含增值税的人工费＋含增值税的材料费＋含增值税的施工机具使用费＋含增值税的企业管理费＋含增值税的规费＋利润）×（1+3%）进行工程造价。二是甲方在招标文件中明确规定"甲供工程"的计税方法是简易计税方法。

（2）"甲供工程"一般计税方法的防范策略：一是在"甲供工程"概算时，按照增值税体制下的工程计价进行工程造价，即按照（不含增值税的人工费＋不含增值税的材料费＋不含增值税的施工机具使用费＋不含增值税的企业管理费＋不含增值税的规费＋利润）×（1+9%）进行工程造价。二是甲方在招标文件中明确规定"甲供工程"的计税方法是一般计税方法。

2.在签订"甲供工程"的建筑合同签订环节进行防范

（1）在"甲供工程"按照一般计税方法进行工程计价的情况下，在建筑合同中的"工程结算和支付"条款应明确约定：建筑企业按照一般计税方法计税计征增值税；同时，在"发票开具"条款中约定：建筑企业按照不含"甲供材"金额的工程结算款向甲方开具9%的增值税发票。

（2）在"甲供工程"按照一般计税方法进行工程计价，甲方同意建筑企业选择简易计税方法的情况下，在签订建筑合同的"工程结算和支付"条款中应明确约定：建筑企业按照简易计税方法计税计征增值税；同时，在"发票开具"条款中约定：建筑企业按照不含"甲供材"金额的工程结算款向甲方开具3%的增值税发票。

（三）合同中"设备或材料供应"条款约定"承包人采购材料或工程设备"的涉税风险及其防范的合同签订秘诀

1.涉税风险

合同中"设备或材料供应"条款约定"承包人采购材料或工程设备"包括两种情况：一是建筑企业总承包方与发包方（业主）在签订的建筑施工合同的"材料与设备供应"条款中约定："承包人负责采购建筑工程中所需要的全部材料、工程设备和水、电和机油等动力"；二是建筑企业总承包方与建筑企业专业分包方签订的专业分包合同的"材料与设备供应"条款中约定："乙方（分包方）工程施工所用的材料、设备全部由乙方（分包方）自行采购。"这两种合同的涉税风险是：建筑总承包方或建筑专业分包方的增值税计税方法选择错误和发票开具适用的增值税税率错误，从而产生未来税务稽查补税、罚款和缴纳滞纳金的风险。

按照现有税法的规定，如果合同中"设备或材料供应"条款约定"承包人采购材料或工程设备"，则建筑企业总承包方或建筑企业专业分包方必须选择一般计税方法计征增值税，向业主或发包方开具9%的增值税专用（普通）发票，绝对不可以选择简易计税方法计征增值税，开具3%的增值税专用（普通）发票。

2.防范涉税风险的合同签订秘诀

（1）在建筑合同中的"工程结算和支付"条款应明确约定：建筑企业按照一般计税方法计征增值税。

（2）在建筑合同中的"发票开具"条款约定：建筑企业向发包方开具9%的增值税发票。

三、合同中"工程结算与工程款支付"条款的财税风险及其防范的合同签订秘诀

建筑施工合同中的"工程结算和工程款支付"条款涉及施工企业的增值税纳税义务时间的确定,涉及建筑施工企业什么时候开具发票给发包方,涉及发包方拖欠施工企业的工程进度款要不要开具发票给发包方等涉税问题。为了实现延期缴纳增值税,缓解资金压力,必须在施工合同的"工程结算和工程款支付"条款中进行约定"工程款支付节点",同时不可以签订"以政府审计结论作为工程结算之依据"的工程结算条款。

(一)建筑企业增值税纳税义务时间的法律依据剖析

根据财税〔2016〕36号文件附件1——《营业税改征增值税试点实施办法》第四十五条和财税〔2017〕58号文件第二条的规定,建筑企业增值税纳税义务发生时间为纳税人提供应税服务并收讫销售款项或者取得索取销售款项凭据的当天;先开具发票的,为开具发票的当天。其中收讫销售款项,是指纳税人提供应税服务过程中或者完成后收到款项。取得索取销售款项凭据的当天,是指书面合同确定的付款日期;未签订书面合同或者书面合同未确定付款日期的,为应税服务完成的当天。

基于以上税收政策依据,可以得出以下两点结论:

一是当收到预收款时,建筑企业没有发生增值税纳税义务。

二是建筑企业在施工过程中的增值税纳税义务发生时间必须同时具备三个条件:(1)建筑企业提供了建筑劳务的行为;(2)建筑施工企业收到了款项;(3)以上两个条件必须同时具备。

(二)建筑企业的增值税纳税义务时间的确定

1.建筑企业收到业主支付的预收款,无论建筑企业对工程是否动工,根据财税〔2017〕58号文件的规定,建筑企业收到发包方支付的预收款时没有

发生增值税纳税义务，但必须预交增值税。具体操作要点如下：

第一，建筑施工企业必须在工程所在地的国税局预缴一定比例的增值税：选择一般计税方法计征增值税的建筑企业，按照"预收收款÷（1+9%）×2%或（预收收款–分包额）÷（1+9%）×2%"计算的增值税预缴；选择简易计征增值税的建筑企业，按照"预收收款÷（1+3%）×3%或（预收收款–分包额）÷（1+3%）×3%"计算的增值税预缴。

第二，建筑企业项目部再回到建筑施工企业（与发包方签订建筑合同的建筑施工企业）注册地，通过建筑企业自身系统开具增值税发票给业主，然后申报增值税。

2.建筑企业在施工过程中与业主或发包方进行工程进度结算时，收到业主部分工程款，业主拖欠部分工程时的增值税纳税义务必须在发包方与承包方对工程进行结算之时，具体纳税时间分为以下四种：

一是建造合同完成后一次性结算工程价款办法的工程合同，为完成建造合同、施工单位与发包单位进行工程合同价款结算并收到工程款的当天。如果没有收到工程款，则分两种情况：第一，施工企业与发包方签订的合同能确定工程款支付时间的节点，则为合同确定支付工程款的时间；第二，如果施工企业与发包方签订合同不能确定支付工程款的时间，则为工程结算或工程服务完成的当天。

二是实行旬末或月中预支、月终结算、竣工后清算办法的工程项目，为月份终了与发包单位进行已完工工程价款结算并收到工程款的当天。如果没有收到工程款，则分两种情况：第一，施工企业与发包方签订的合同能确定工程款支付时间的节点，则为合同确定支付工程款的时间；第二，如果施工企业与发包方签订合同不能确定支付工程款的时间，则为工程结算或工程服务完成的当天。

三是实行按工程进度划分不同阶段、分段结算工程价款办法的工程合同，为各月份终了与发包单位进行已完工价款结算并收到工程款的当天。如果没有收到工程款,则分两种情况:第一,施工企业与发包方签订的合同能确定工程款支付时间的节点,则为合同确定支付工程款的时间;第二,如果施工企业与发包方签订合同不能确定支付工程款的时间,则为工程结算或工程服务完成的当天。

四是实行其他结算方式的工程合同,为与发包单位结算工程价款并收到工程款的当天。如果没有收到工程款,则分两种情况:第一,施工企业与发包方签订的合同能确定工程款支付时间的节点,则为合同确定支付工程款的时间;第二,如果施工企业与发包方签订合同不能确定支付工程款的时间,则为工程结算或工程服务完成的当天。

如果工程没有结算,实际上也就是承包方提供的劳务并未得到发包方的认可,承包方也就没有取得索取销售款项的凭据,最终有可能发包方不付工程款。所以,如果双方没有进行工程结算,税收上不应当作为增值税纳税义务的实现。

3.应规避建造合同增值税确认时间的以下"误区"

现实中,建筑企业对增值税确认时间存在以下严重的思想误区:开具发票时才缴税。对于一项工程,在建设方和承建方双方最终达成统一的结算意见前,企业收款是开具收款收据,收取工程款,企业收取的预收工程款、工程进度款、工程已竣工但未全部收齐工程款或因其他非货币方式结算工程款的,均不及时缴税,一直要等到工程结算需要开具发票时才缴税,不需要开具发票时就不缴税。有的工程从收取第一笔工程款到最后结算的时间跨度长达数年,该缴的税款也就相应延缓了数年才入库,期间收取预收工程款、工程进度款时均开具收据或白条。这些思想误区使建造合同的增值税确认时间与税法的规定严重不符,会给企业带来税收风险,应引起高度的重视。

(三)延期缴纳增值税的合同签订策略

基于以上建筑企业增值税纳税义务时间的法律分析,建筑施工企业与业主签订施工总承包合同或专业分包合同,规避拖欠工程进度款增值税风险的合同签订策略:必须在施工合同的"**工程款结算和支付**"条款中约定工程进度款支付时间。**具体的范本格式条款如下**:按照季度已经完成工程量的一定比例(如80%)支付工程进度款,项目验收合格后支付至一定比例(如90%),审计后支付至一定比例(如97%),剩余质量保证金比例为3%,待项目验收合格满一年后付清。

[案例21]
某施工企业与房地产公司工程进度结算款的财税处理

(一)案情介绍

某房地企业与建筑总承包方进行工程进度结算,结算价为1 000万元(含增值税),房地产企业支付500万元(含增值税)给施工企业,拖欠施工企业500万元(含增值税)工程款,具体如图4-1所示。

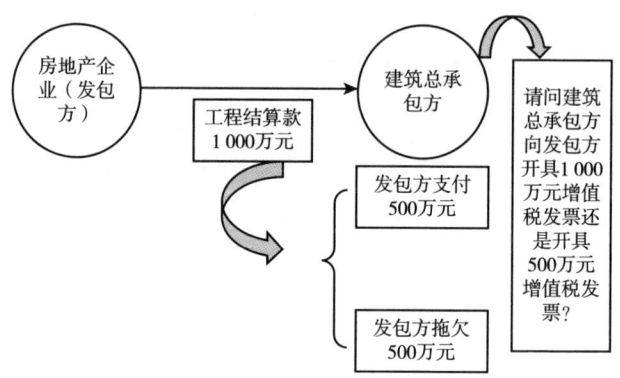

图4-1 承包方与发包方拖欠工程款情况分析

请问施工企业收到房地产公司工程结算款500万元和房地产企业拖欠施工企业工程款500万元,施工企业的增值税纳税义务时间如何确定?施工企业给房地产公司开具500万元（含增值税）增值税专用发票，还是开具1 000万元（含增值税）增值税专用发票？

（二）施工企业增值税纳税义务时间的确定分析

根据财税〔2016〕36号附件1——《营业税改征增值税试点实施办法》第四十一条第（一）项的规定，施工企业增值税纳税义务时间具体规定如下：纳税人提供应税服务并收讫销售款项或者取得索取销售款项凭据的当天；先开具发票的，为开具发票的当天。收讫销售款项，是指纳税人销售服务、无形资产或者不动产过程中或者完成后收到款项。取得索取销售款项凭据的当天，是指书面合同确定的付款日期；未签订书面合同或者书面合同未确定付款日期的，为服务、无形资产转让完成的当天或者不动产权属变更的当天。

基于此规定，本案例中的施工企业收到房地产公司支付的500万元工程进度结算款时，施工企业发生了增值税纳税义务，增值税纳税义务时间是施工企业收到房地产公司支付500万元工程进度结算款的当天。施工企业必须向房地产公司开具500万元的增值税专用发票，在工程所在地国税局，按照"500万元÷（1+9%）×2%"计算预缴增值税，扣除工程所在地预缴的增值税在施工企业所在地国税局申报缴纳增值税。

房地产公司拖欠施工企业的工程进度款500万元的增值税纳税义务时间如何判断？

一是如果施工企业与房地产公司在建筑合同中约定：工程进度结算的时间，按照结算工程款的一定比例进行支付，剩下的工程结算款于工程最后验收合格后（或者于工程最后验收合格并经相关政府部门审计后）进行支付。则房地产公司拖欠施工企业的工程进度款500万元的增值税纳税义务时间为工程最后验收合格后的当天。

二是如果施工企业与房地产公司在建筑合同中虽然约定工程进度结算的时间，按照结算工程款的一定比例进行支付，但没有约定剩下的工程结算款于工程最后验收合格后（或者于工程最后验收合格并经相关政府部门审计后）进行支付。则房地产公司拖欠施工企业的工程进度款500万元的增值税纳税义务时间为施工企业与房地产公司进行1 000万元工程进度结算书或1 000万元的工程进度审批单签订之日。

（三）房地产企业拖欠施工企业工程款的发票开具

根据财税〔2016〕36号附件1——《营业税改征增值税试点实施办法》第四十五条第（一）项的规定，施工企业提供应税服务并收讫销售款项或者取得销售款项凭据的当天为增值税的纳税义务时间。取得索取销售款项凭据的当天，是指书面合同确定的付款日期；未签订书面合同或者书面合同未确定付款日期的，为服务、无形资产转让完成的当天或者不动产权属变更的当天。因此，本案例中的施工企业收到房地产企业的500万元（含增值税），必须向房地产企业开具500万元（含增值税）按10%税率的增值税专用发票。房地产企业拖欠施工企业的500万元（含增值税）要不要向房地产企业开具增值税专用发票呢？要从两方面分析：

第一，如果施工企业账上等待抵扣的增值税进项税大于或等于1 000÷（1+9%）×9%时，则施工企业向房地产企业开具1 000万元（含增值税）税率为9%的增值税专用发票。

第二，如果施工企业账上等待抵扣的增值税进项税小于或等于500÷（1+9%）×9%时，则施工企业向房地产企业开具500万元（含增值税）税率为9%的增值税专用发票。

（四）业主拖欠工程款延期缴纳增值税的会计处理

1.当500万元没有发生增值税纳税义务时：

借：银行存款　　　　　　　　　　　　5 000 000
　　应收账款　　　　　　　　　　　　5 000 000
　贷：工程结算　　　　　　[10 000 000÷（1+9%）] 9 174 200

应交税费——应交增值税（销项税）

[5 000 000÷（1+9%）×9%] 412 900

——待转销项税额 412 900

2.当收到500万元，发生增值税纳税义务时：

借：应交税费——待转销项税额 412 900

贷：应交税费——应交增值税（销项税） 412 900

（四）建筑企业不得签订"以政府审计结论为工程结算依据"的工程结算条款

1.工程结算的相关法律依据分析

（1）不能以政府审计结论为工程结算依据的三个法律依据。

法律依据一：《住房和城乡建设部办公厅关于加强新冠肺炎疫情防控有序推动企业开复工工作的通知》（建办市〔2020〕5号）第二条第（七）项和《住房和城乡建设部办公厅关于印发房屋市政工程复工复产指南的通知》（建办质〔2020〕8号）第7.4条明确规定：政府和国有投资工程不得以审计机关的审计结论作为工程结算依据，建设单位不得以未完成决算审计为由，拒绝或拖延办理工程结算和工程款支付。

法律依据二：《保障中小企业款项支付条例》（中华人民共和国国务院令第728号）第十一条规定："机关、事业单位和国有大型企业不得强制要求以审计机关的审计结果作为结算依据，但合同另有约定或者法律、行政法规另有规定的除外。"

法律依据三：全国人大常委会法制工作委员会于2017年作出《全国人民代表大会常务委员会法制工作委员会关于对地方性法规中以审计结果作为政府投资建设项目竣工结算依据有关规定提出的审查建议的复函》（法工备函〔2017〕22号）认为："地方性法规中直接以审计结果作为竣工结算依据和应当在招标文件中载明或者在合同中约定以审计结果作为竣工结算依据的规

定,限制了民事权利,超越了地方立法权限,应当予以纠正。"

法律依据四:**《关于纠正处理地方政府规章中以审计结果作为政府投资建设项目竣工结算依据的有关规定的函》**(国法秘备函〔2017〕447号)要求全国有关省区市纠正处理在地方政府规章中以审计结果作为政府投资建设项目竣工结算依据的有关条款。

(2)不能以政府审计结论为工程结算依据的法律分析。

第一,政府审计与工程结算所关注的内容不一致,两者无必然联系。

《政府投资项目审计规定》第六条规定,审计机关对政府投资项目重点审计的内容有:履行基本建设程序情况、投资控制和资金管理使用情况、项目建设管理情况、有关政策措施执行和规划实施情况、工程质量情况、设备物资和材料采购情况、土地利用和征地拆迁情况、环境保护情况、工程造价情况、投资绩效情况等。可见,**政府审计是一种行政监督行为,主要目的是对财政投资规模、资金使用情况、有无截流国家资金、有无任意扩大投资、是否存在腐败浪费问题等行为进行审查监督,并作出合规性审查意见。**

工程结算是指发包人与承包人就工程建设项目的工程造价、其他应付款(含保证金、索赔款、奖励款等)及相应的已付款、应扣款,还有质保金、付款计划等各方面内容进行协商,据以确定最终欠付金额及后续履行安排的过程。**工程结算最主要关注点为工程造价的最终确认,系平等民事主体之间的双方民事法律行为。**

因此,政府投资工程中的政府审计与工程结算所关注的内容并不一致,两者并无必然联系。

第二,在"招标文件或合同中以审计结论为工程结算依据"的地方性法规已经被废止。

有些地方通过制定地方性法规,明确规定在招标文件或合同中须以审计结论作为工程结算价款的依据。由此使得大量政府投资项目的发包人以等候政府审计结果为由拖延支付工程款、材料款,严重损害了承包人以及下游供应商和劳务企业的权益。

法工备函〔2017〕22号否定了地方性法规中有关"以政府审计为准"规定的合法性，即在合同没有约定"以政府审计为准"条款的情况下，发包人和法院不应根据地方性法规中的相关规定要求以政府审计作为工程结算的依据。

《关于纠正处理地方政府规章中以审计结果作为政府投资建设项目竣工结算依据的有关规定的函》（国法秘备函〔2017〕447号）要求全国有关省区市纠正处理在地方政府规章中以审计结果作为政府投资建设项目竣工结算依据的有关条款。

根据法工备函〔2017〕22号和国法秘备函〔2017〕447号的规定，政府投资项目不可以以政府审计结论作为工程结算的法律依据。因此，如果在建设工程施工合同中未约定"建筑工程以政府审计结论作为工程结算"的依据，则建设工程款的结算不能以政府审计结论作为工程结算的法律依据。

第三，如果建设工程施工合同中约定了以政府审计结论作为工程结算的依据，则工程结算必须以政府审计结论作为工程结算的依据。

建设工程合同的工程竣工结算依据应以当事人约定为准，在政府投资工程项目中当事人如未明确约定以审计结论作为结算依据时，审计部门对建设工程所作审计结论不能作为工程的结算依据。反之，工程结算必须以政府审计结论作为工程结算的法律依据。

2.分析结论

通过以上法律分析，得出以下两点结论：

第一，建筑施工企业与政府投资项目的发包方签订的建筑施工合同中的"工程结算条款"，绝对不可以约定工程结算以政府审计结论作为工程结算的法律依据。

第二，建筑施工企业与政府投资项目的发包方在谈判过程中往往处于劣势，如果在施工合同中已经约定工程结算以政府审计结论作为工程结算的法律依据，则工程决算必须以政府审计结论为法律依据。

四、合同中"发票开具"条款的涉税风险防控的签订秘诀

合同中"发票开具"条款主要涉及企业向对方开具增值税发票的类型，增值税发票的税率，向对方开具增值税发票的时间等涉税问题。合同中"发票开具"条款的涉税风险防控的签订技巧如下。

（一）"发票开具"条款约定的通用条款

实践当中，企业在合同中的"发票开具"**通用条款**的约定主要体现以下几方面：

第一，约定合同双方的开票信息：合同双方的单位名称、地址、联系电话、纳税识别号、开户银行、开户行账号。

第二，约定增值税发票开具的类型：增值税普通发票还是增值税专用发票。

第三，约定增值税发票的税率。

第四，约定开票方开具的增值税发票，如果开具的发票是不规范的发票、虚开的增值税发票、有问题的发票，则发票开具方必须承担重新开发票或换开发票或补开发票的义务。

在建筑企业的合同签订过程中，由于涉及一般计税方法和简易计税方法计征增值税的问题，如果在合同中的"发票开具"条款中没有特别注明开具发票的税率，往往会面临工程款结算和支付的纠纷事件。例如，广东东莞市一家施工企业与业主签订建筑总承包合同时，合同的"材料与设备供应"条款中约定业主购买建筑施工过程中的设备。建筑施工企业负责设备安装，符合"甲供材合同"，施工企业依据财税〔2016〕36号文件的规定，可以选择简易计税方法计征增值税，建筑企业拿着该份合同到当地税务部

门进行了备案，选择简易计税方法计征增值税，但是双方在签订建筑总承包合同中没有单独约定"发票开具"条款，即建筑企业向业主开具3%的增值税专用发票，还是开具9%的增值税专用发票。结果建筑企业向业主开具了3%的增值税专用发票，业主的财务部门、法律部门也没有提出任何的异议。可是一年后，业主的领导层进行了更换，新的领导要求建筑企业向业主开具9%的增值税专用发票，如果不开则要向施工企业扣除6%的工程款。这就是建筑合同"发票开具"条款中没有约定开具发票的税率而导致的经济纠纷。

（二）"发票开具"条款约定的专用条款

根据国家税务总局公告2016年第23号第四条第（三）项[①]、国家税务总局公告2016年第70号第五条[②]的规定，**建筑合同中"发票开具"条款中应约定以下专用条款。**

（1）建筑企业总承包方向房地产企业开具建筑发票时，在发票备注栏注明建筑服务发生地县（市、区）名称及项目名称。

（2）建筑企业的专业分包方向建筑企业总承包方开具发票时，在发票备注栏注明建筑服务发生地县（市、区）名称及项目名称。

（3）建筑劳务公司向建筑总承包方或建筑专业承包方开具发票时，在发

---

① 《国家税务总局关于全面推开营业税改征增值税试点有关税收征收管理事项的公告》（国家税务总局公告2016年第23号）第四条第（三）项规定：提供建筑服务，纳税人自行开具或者税务机关代开增值税发票时，应在发票的备注栏注明建筑服务发生地县（市、区）名称及项目名称。

② 《国家税务总局关于营改增后土地增值税若干征管规定的公告》（国家税务总局公告2016年第70号）第五条规定："营改增后，土地增值税纳税人接受建筑安装服务取得的增值税发票，应按照《国家税务总局关于全面推开营业税改征增值税试点有关税收征收管理事项的公告》（国家税务总局公告2016年第23号）规定，在发票备注栏注明建筑服务发生地县（市、区）名称及项目名称，否则不得计入土地增值税扣除项目金额。"

票备注栏注明建筑服务发生地县（市、区）名称及项目名称。

（4）建筑企业总承包方代替专业分包方和劳务公司支付农民工工资时，在分包合同"发票开具条款"中应约定：分包方给建筑企业总承包方开具发票时，必须在发票的"备注栏"中表明："含建筑企业总承包方代付农民工工资×××元。"

（5）房地产企业或业主指定分包方，并直接将向分包方支付分包款，然后从总承包方的工程款中扣减其向指定分包方支付的分包款时，必须在总承包合同的"发票开具"条款中约定：增值税发票的备注栏中打印"含房地产企业或业主代总承包商支付分包方××××工程款"字样。

第二节 "合同控税"第二计：用足国家税收政策，巧签合同促降税

一、企业经营过程中节税的关键环节：合同签订环节

由于税收贯穿于整个业务流程中，业务是按合同发生的，是受法律保护的。合同决定业务过程，业务过程产生税收。但是公司的合同没有一份是财务部门先签订的，都是公司业务部门签订的。如采购部门签订采购合同，销售部门签订销售合同等。因此，公司业务部门在签合同的时候产生了税收。企业的税收应分为三大环节：一是税收的产生环节；二是税收的核算环节；三是税收的交纳环节。在这三个税收环节里，只有企业的业务过程才会产生税收，特别是流转税，只要发生业务的流转，就会产生流转税。因此，要控制和降低税收成本，必须控制、减少和规范企业的业务流程。有关企业税收产生的环节和业务流程可以用图4-2来表示。

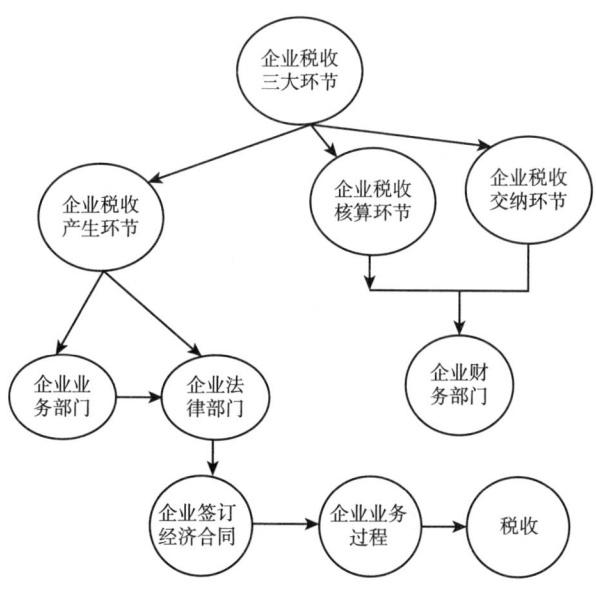

图4-2 企业税收产生的环节和业务流程

从图4-2所示的含义来看,可以得出以下两个结论:

一是企业的税收不是财务部做账做出来的,而是企业业务部门做业务时做出来的;

二是合同、业务流程与税收的关系是:合同决定业务流程,业务流程决定税收,合同在降低企业税收成本中起关键和根本性作用。

因此,企业合法节税必须从合同签订环节开始。企业的税收产生环节于业务过程中,而业务过程往往由经济合同的签订决定。只有加强业务过程的税收管理,才能真正规避税收风险。

基于以上分析,企业应重视日常涉税交易合同的签订和审查,使企业真正节税。企业在开展生产经营时,会与外部或内部的法律主体签订各种各样的合同。一份合同,不仅涉及法律问题,也必然涉及财税问题。不论何类经济合同,合同条款内容必会涉及合同主体一方或双方的纳税义务,稍有差别,财税结果差异可能会很大,面临的法律风险也会有所不同。由于价格条款是经济合同中的重要条款，合同中签订的价格条款是税收成本的重要依据，经济合同中的价格一旦签订后，就决定了诸如增值税、消费税及企业所得税和个人所得税等税负。要降低以上税负，就得在经济合同签订之前，准确谈好交易价格，即压低合同价格才能真正降低税负。同时，对某些合同条款加以修改，有可能帮公司省下很多税款，同时降低风险。因此，**企业税收成本的控制和降低要从经济合同的签订开始，经济合同的签订环节是企业控制和降低税收成本的源头所在。**

[案例22]
某建筑企业四种合同签订方案的节税分析

（一）案情介绍

甲公司为某大型建筑安装国有企业，发展良好，准备扩大经营规模。乙公司为同一市区的一家小型建筑公司，处于资不抵债状态（经评估，乙公司资产总额为2 000万元，负债总额为3 000万元）。经过研究，甲公司认为只有乙公司的房产为企业所需，该房产的账面净值为1 000万元，市场评估价为1 200万元。且乙公司房产是2016年前购买的。请问如何签订合同实现节税？

（二）四种合同签订方案及涉税分析

签订合同方案一：甲公司以现金1 200万元直接与乙公司签订购买房产的合同，乙公司宣布破产。

涉税分析：

合同方案一决定了乙公司的业务流程属于资产买卖行为。按规定，乙公司销售不动产应缴纳的税金包括：

（1）增值税57.14万元 [1 200 ÷（1+5%）× 5%]

（2）城建税4万元（57.14×7%）

（3）教育费附加1.71万元（57.14×3%）

（4）企业所得税20万元 [1 200÷（1+5%）-1 000-57.14-4-1.71]×25%

乙公司税金总计为：82.85万元（57.14+4+1.71+20），所取得的转让收益为60万元 [1 200÷（1+5%）-1 000-82.85]。

合同签订方案二： 甲公司与乙公司签订吸收合并合同。即乙公司的所有资产、负债和劳动力全部转移到甲公司名下，乙公司注销，甲公司承担乙公司全部债务3 000万元。

涉税分析：

方案二属于产权交易行为或资产重组行为，有关资产重组的涉税政策如下。

根据《国家税务总局关于纳税人资产重组有关增值税问题的公告》（国家税务总局公告2011年第13号）的规定，此次交易过程中涉及的货物转移无须缴纳增值税。

《国家税务总局关于纳税人资产重组增值税留抵税额处理有关问题的公告》（国家税务总局公告2012年第55号）规定，增值税一般纳税人在资产重组过程中，将全部资产、负债和劳动力一并转让给其他增值税一般纳税人，并按程序办理注销税务登记的，其在办理注销登记前尚未抵扣的进项税额可结转至新纳税人处继续抵扣。

《国家税务总局关于纳税人资产重组有关增值税问题的公告》（国家税务总局公告2013年第66号）规定，纳税人在资产重组过程中，通过合并、分立、出售、置换等方式，将全部或者部分实物资产以及与其相关联的债权、负债经多次转让后，最终的受让方与劳动力接收方为同一单位和个人的，仍适用《国家税务总局关于纳税人资产重组有关增值税问题的公告》（国家税务总局公告2011年第13号）的相关规定，其中货物的多次转让行为均不征收增值税。资产的出让方需将资产重组方案等文件资料报其主管税务机关。

《财政部 国家税务总局关于全面推开营业税改征增值税试点的通知》（财税〔2016〕36号）附件2规定：在资产重组过程中，通过合并、分立、出售、置换等方式，将全部或者部分实物资产以及与其相关联的债权、负债和劳动力一并转让给其他单位和个人，其中涉及的不动产、土地使用权转让行为属于不征收增值税项目。

根据企业所得税的有关规定，在被兼并企业的资产总额小于或等于负债的情况下，合并企业如果以承担被兼并企业全部债务的方式实现合并，不被视为被兼并企业按公允价值转让、处置全部资产，不缴纳企业所得税。该案例中乙公司资产2 000万元，负债3 000万元，根据上述法律依据的规定，乙公司既不需要缴纳增值税、城建税及教育费附加，也不需要缴纳企业所得税，非常有利。

合同签订方案三：乙公司以房产评估价1 200万元注册成立一家全资子公司丙，同时由丙公司承担乙公司1 200万元的债务。然后甲公司与丙公司签订吸收合并合同，丙公司的资产、负责和劳动力全部转移到甲公司名下。

涉税分析：

方案三属于产权交易行为，相关涉税政策如下：

《财政部 国家税务总局关于全面推开营业税改征增值税试点的通知》（财税〔2016〕36号）附件2规定：在资产重组过程中，通过合并、分立、出售、置换等方式，将全部或者部分实物资产以及与其相关联的债权、负债和劳动力一并转让给其他单位和个人，其中涉及的不动产、土地使用权转让行为属于不征收增值税项目。本次交易属于吸收合并，属于产权转让的范畴，涉及的土地使用权和不动产的转移不征增值税。因此，乙公司在分立过程中、丙公司被合并过程中发生的房产转移不缴纳增值税。

《财政部 税务总局关于继续实施企业改制重组有关土地增值税政策的公告》（财政部 税务总局公告2021年第21号）第二条规定：按照法律规定或

者合同约定，两个或两个以上企业合并为一个企业，且原企业投资主体存续的，对原企业将房地产转移、变更到合并后的企业，暂不征土地增值税。第三条规定：按照法律规定或者合同约定，企业分设为两个或两个以上与原企业投资主体相同的企业，对原企业将房地产转移、变更到分立后的企业，暂不征土地增值税。基于此规定，乙公司、丙公司无须就土地使用权和不动产的转移缴纳土地增值税。

根据税法规定，企业整体资产转让原则上应在交易发生时，将其分解为按公允价值销售全部资产和进行投资两项经济业务进行所得税处理。因此，乙公司应按公允价值确认财产转让所得200万元（1 200-1 000），应缴纳的企业所得税为16.5万元（200×25%）。对于丙公司而言，由于分立企业接受被分立企业的资产，在计税时可按评估价确认成本，显然丙公司的计税成本为1 200万元，财产转让所得为0，不需要缴纳企业所得税。

（三）涉税分析结论

方案一中，甲公司虽然不需要购买乙公司的其他资产，也不需要承担对方债务，但短时间筹措1 200万元现金比较困难，而且会影响企业的现金周转。

方案二中，对于甲公司而言，要购买乙公司的全部资产，而且很大一部分属于无用资产，还要承担乙公司的全部债务，从经济核算和企业运转的角度来看都是没有必要的。

方案三中，甲公司能够获取更大的利益，既可以购得自己所需要的房产，又无须购买其他无用资产。同时，该方案对于乙公司和丙公司来讲也是相对有利、可以接受的。

因此，方案三为最优方案。

[案例23]
房地产公司购买苗木的五种合同签订方法的涉税比较分析

（一）案情介绍

甲房地产公司在开发一个项目时，需要进行绿化，该绿化项目总投资10 000万元（含增值税），其中苗木9 000万元，人工费用（植树劳务费用）1 000万元，房地产公司面临以下几种合同签订方法：

第一种合同签订方法：房地产公司直接与苗圃公司签订苗木采购合同，合同约定苗木9 000万元，然后房地产公司与劳务公司签订劳务合同，合同约定劳务款1 000万元，劳务公司给房地产企业开具3%的增值税专用发票。

第二种合同签订方法：房地产公司直接与苗圃公司签订苗木采购合同，合同约定苗木9 000万元，然后房地产公司与自然人包工头签订劳务合同，合同约定劳务款1 000万元，包工头到当地税务部门代开增值税发票给房地产公司。

第三种合同签订方法：房地产公司直接与拥有苗圃的园林公司签订10 000万元的包工包料合同，合同约定：苗木价款9 000万元、植树劳务款1 000万元，园林公司给房地产公司开具9 000万元免增值税的普通发票和1 000万元10%税率的专用发票。

第四种合同签订方法：房地产公司直接与拥有苗圃的园林公司签订两份合同：一份是苗木采购合同，合同约定：苗木价款9 000万元；另一份是苗木植树劳务合同，合同约定劳务款是1 000万元。园林公司给房地产公司开具9 000万元的免增值税的普通发票和1 000万元3%税率的专用发票。

第五种合同签订方法：房地产公司直接与没有苗圃的园林公司签订10 000万元的包工包料合同，园林公司外购苗木进行施工，合同约定：苗木价款9 000万元、植树劳务款1 000万元，园林公司给房地产公司开具10 000万元10%税率的专用发票。

以上合同中约定的数字都是含增值税的，请分析比较房地产企业签订哪一种合同税负更低？

（二）不同签订合同方法下的增值税成本分析

（1）第一种合同签订方法下的增值税成本分析。

由于苗圃公司销售苗木是免增值税的，苗圃公司向房地产企业开具"税率"一栏注明"免税"字样或"××"字样的增值税普通发票，根据《财政部 国家税务总局关于简并增值税税率有关政策的通知》（财税〔2017〕37号）第二条第（三）项和财政部 税务总局 海关总署公告2019年第39号第一条的规定，取得（开具）农产品销售发票或收购发票的，以农产品销售发票或收购发票上注明的农产品买价和9%的扣除率计算进项税额。

根据《销售服务、无形资产、不动产注释》的规定，"其他建筑服务"，是指上述工程作业之外的各种工程作业服务，如钻井（打井）、拆除建筑物或者构筑物、平整土地、**园林绿化**、疏浚（不包括航道疏浚）、建筑物平移、搭脚手架、爆破、矿山穿孔、表面附着物（包括岩层、土层、沙层等）剥离和清理等工程作业。财税〔2016〕36号文件附件2——《营业税改征增值税试点有关事项的规定》第一条第（七）项第1款规定："一般纳税人以清包工方式提供的建筑服务，可以选择适用简易计税方法计税。以清包工方式提供建筑服务，是指施工方不采购建筑工程所需的材料或只采购辅助材料，并收取人工费、管理费或者其他费用的建筑服务。"基于以上税收政策规定，劳务公司从事植树劳务是建筑服务，可以选择简易计税方法，按照3%计征增值税。

因此，房地产企业可以抵扣的增值税为：$9\,000 \times 9\% + 1\,000 \div (1+3\%) \times 3\% = 810 + 29.13 = 839.13$（万元）。

（2）第二种合同签订方法下的增值税成本分析。

根据《增值税发票开具指南》的规定，依法不需要办理税务登记的单位和个人，临时取得收入，需要开具增值税普通发票的，可以向税务机关申请代开增值税普通发票。同时根据《中华人民共和国发票管理办法》的规定，个人到当地税务部门代开发票时，只能申请代开增值税普通发票，不能代开增值税专用发票。因此，本案例中的包工头代开的增值税普通发票，房地产企业不可以抵扣增值税进项税额。

因此，房地产企业可以抵扣的增值税为：9 000×9%=810（万元）。

（3）第三种合同签订方法下的增值税成本分析。

由于园林公司拥有自己的苗圃，与房地产公司签订包工包料的园林绿化工程，所以园林公司实质上发生了销售自产货物并提供建筑劳务的行为。**根据**《国家税务总局关于进一步明确营改增有关征管问题的公告》（国家税务总局公告 2017年第11号）第一条和第四条的规定，纳税人销售活动板房、机器设备、钢结构件等自产货物的同时提供建筑、安装服务，不属于《营业税改征增值税试点实施办法》（财税〔2016〕36号）第四十条规定的混合销售，应分别核算货物和建筑服务的销售额，分别适用不同的税率或者征收率。基于此规定，园林公司发生的树苗植树劳务可以选择9%的税率计征增值税。由于园林公司销售苗木是免增值税的，发生植树劳务选择9%税率计征增值税，所以属于兼营行为，根据财税〔2016〕36号文件附件2——《营业税改征增值税试点有关事项的规定》第一条第（一）项的规定，试点纳税人销售货物、加工修理修配劳务、服务、无形资产或者不动产适用不同税率或者征收率的，应当分别核算适用不同税率或者征收率的销售额，未分别核算销售额的，从高适用税率。基于此规定，园林公司给房地产企业开具9 000万元的增值税普通发票和1 000万元9%税率的增值税专用发票。

因此，房地产公司可以抵扣的增值税为：9 000×9%+1 000÷（1+9%）×9%=810+90.91=900.91万元。

（4）第四种合同签订方法下的增值税成本分析。

园林公司与房地产企业签订的两份合同，一份是苗木采购合同，合同约定苗木价款9 000万元；另一份是苗木植树劳务合同，合同约定劳务款是1 000万元。对园林公司而言，实质是"甲供材"合同，根据《财政部 国家税务总局关于全面推开营业税改征增值税试点的通知》（财税〔2016〕36号）附件2——《营业税改征增值税试点有关事项的规定》第一条第（七）款"建筑服务"第2项的规定，一般纳税人为甲供工程提供的建筑服务，可以选择适用简易计税方法计税。

因此，房地产公司可以抵扣的增值税为：9 000×9%+1 000÷（1+3%）×3%=810+29.13=839.13万元。

（5）第五种合同签订方法下的增值税成本分析。

财税〔2016〕36号文件附件1——《营业税改征增值税试点实施办法》第四十条规定："一项销售行为如果既涉及服务又涉及货物，为混合销售。从事货物的生产、批发或者零售的单位和个体工商户的混合销售行为，按照销售货物缴纳增值税；其他单位和个体工商户的混合销售行为，按照销售服务缴纳增值税。"基于此规定，第五种合同签订方法下的园林公司发生了混合销售行为，按照9%的税率计征增值税，向房地产企业开具9%的增值税专用发票。

因此，房地产公司可以抵扣的增值税为：10 000÷（1+9%）×9%=825.68万元。

3.分析结论

在五种不同合同签订方法中，通过以上增值税成本计算可以得出以下结论：

（1）对房地产企业而言，最节约增值税的是第三种合同签订方法；其次是第一种和第四种合同签订方法；税负最重的是第二种合同签订方法。

（2）对于拥有自己苗圃的园林公司而言，最节约增值税的是第四种合同签订方法。

二、签订合同环节用足国家税收政策，充分享受税收政策红利

用好用足国家税收（优惠）政策有三层含义：一是正确理解并运用国家税收政策。税收政策理解不当导致运用不当而使企业多交了不应该交的税；或者使企业少交了应交税从而产生未来税务稽查的风险。二是知道了解国家税收优惠政策，并到当地税务主管当局办理有关的备案手续。因为根据国税发〔2008〕111号文件和国税发〔2005〕159号文件的规定，企业享受税收优惠政策必须要到当地税务主管部门进行备案，否则没有资格享受税收优惠政策。税收优惠政策是国家给予符合一定条件的企业的一种税收照顾，如果能够充分用好国家的税收优惠政策，就是最好的纳税筹划。为此，企业为了享受国家的税收优惠政策必须持相关的资料到当地税务主管部门进行备案。三是知道国家税收政策的时效性，能清楚了解哪些政策失效，哪些政策有效。如果纳税筹划方案不能跟上国家最新的税收调整政策，那么可能由合法变为不合法。税收政策的时效性增加了纳税人纳税筹划的难度。因此，企业在签订合同时，应充分考虑和用足用好国家的税收（优惠）政策，使税收（优惠）政策的应用，提前到合同签订环节。

[案例24]
某园林绿化企业签订合同用足税收优惠政策节税的分析

（一）案情介绍

某企业承接了一项绿化养护工程，为一小区栽种水杉树苗，并在工程完工后1年内提供树苗日常养护。绿化工程价款750万元（含增值税），养护劳务收入100万元（含增值税），其中养护劳务收入中提供的病虫害防治、植保劳务收入50万元（含增值税）。假设不考虑增值税进项税额的抵扣，请问应

该如何签订合同使该企业的税负最低？

（二）法律依据分析

财税〔2016〕36号附件3——《营业税改征增值税试点过渡政策的规定》第一条第（十）款规定："农业机耕、排灌、病虫害防治、植物保护、农牧保险以及相关技术培训业务，家禽、牲畜、水生动物的配种和疾病防治，免增值税。"

《国家税务总局关于进一步明确营改增有关征管问题的公告》（国家税务总局公告2017年第11号）第五条规定："纳税人提供植物养护服务，按照'其他生活服务'缴纳增值税。"根据以上税收政策规定，一般纳税人资格的园林公司从事植物养护服务，应按照6%的税率计征增值税，但是，在植物养护服务中，发生的植物保护服务（简称"植保劳务"）免增值税。

财税〔2016〕36号文件附件1——《营业税改征增值税试点实施办法》第四十一条规定，纳税人兼营免税、减税项目的，应当分别核算免税、减税项目的销售额；未分别核算的，不得免税、减税。

（三）园林公司养护工程节税的合同签订技巧

根据以上税收政策规定，园林公司在签订养护工程合同时，应将免税的植物保护业务和不能免增值税的非植物保护业务在合同中分别约定价款，否则不能享受免增值税的待遇。

（四）签订合同技巧的涉税分析

1.第一种签订合同的技巧：在合同"合同价格"条款中分别约定：绿化工程价款750万元，养护劳务收入100万元。

2.第二种签订合同的技巧：在合同"合同价格"条款中分别约定绿化工程价款750万元，养护劳务收入50万元，提供病虫害防治、植保劳务收入50万元。

基于以上税收法律规定，第一种合同签订技巧应纳增值税=750÷（1+9%）×9%+100÷（1+6%）×6%=61.92+5.66=67.58万元。第二种合同签订技巧应纳增值税=750÷（1+9%）×9%+（100-50）÷（1+6%）×6%=61.92+2.83=64.75万元。第二种合同签订技巧比第一种合同签订技巧节约增值税2.83万元。

三、合同签订应以节税和涉税零风险为目标导向

"合同控税"是提升企业税收安全的重要策略之一。"合同控税"的缘由有三：一是合同与企业的账务处理相匹配；二是合同与发票开具相匹配；三是合同与企业的税务处理相匹配。因此，企业签订合同必须以企业节税和涉税零风险为目标导向，或者说，企业签订的各种合同，必须巧妙设计合同的相关条款，以致达到企业合法节税目标。

（一）"明股实债"融资节税的合同签订之计

1.税务规划的法律依据

《国家税务总局关于企业混合性投资业务企业所得税处理问题的公告》（国家税务总局公告2013年第41号）第二条第（二）项规定，投资期满或满足特定条件后，由被投资企业按投资合同或协议约定价格赎回的，当实际赎回价高于投资成本时，投资企业应将赎回价与投资成本之间的差额，在赎回时确认为债务重组收益，并计入当期应纳税所得额；被投资企业应将赎回价与投资成本之间的差额，在赎回当期确认为债务重组损失，并准予在税前扣除。基于此税收政策的规定，如果项目公司采用股权融资的方法，让信托公司或基金公司采用假股真债(混合性投资)的方式，成为项目公司的股东之一，则在投资期满或满足特定条件后，由项目公司按投资合同或协议约定价格赎回的，当实际赎回价高于投资成本时，信托公司或基金公司应将赎回价

与投资成本之间的差额，在赎回时确认为债务重组收益，并计入当期应纳税所得额；项目公司应将赎回价与投资成本之间的差额，在赎回当期确认为债务重组损失，并准予在税前扣除。

2. 巧签合同节税之计

在投资协议中约定：固定收益率为银行同类贷款利率，将投资本金和还本付息扣除按照同类贷款利率计算的固定收益作为股权回购价款。

[案例 25]
某建筑企业建设项目信托融资的纳税筹划分析

(一) 案情介绍

某建筑企业旗下的A项目公司接受B信托投资公司"混合性"投资，由B信托投资公司向A项目公司增资2.5亿元，双方约定年收益率为15%，两年后A项目公司企业应以2.8亿元的对价赎回该项投资，假设银行同类贷款利率为6%，请问该如何进行纳税筹划，使A房地产项目公司税负更低？

(二) 纳税筹划前的涉税成本分析

1. B信托投资公司在投资期间及投资收回时取得的利息收入和债务重组收入为：$25\,000 \times 15\% \div (1+6\%) \times 2 + 28\,000 - 25\,000 = 10\,075.47$（万元）

B信托投资公司该项投资业务需缴纳的企业所得税为：

$10\,075.47 \times 25\% = 2\,518.87$（万元）

B信托投资公司投资该项业务需缴纳的增值税销项税额为：

$25\,000 \times 15\% \div (1+6\%) \times 2 \times 6\% = 423.53$（万元）

B信托投资公司总的税负为：$2\,518.87 + 423.53 = 2\,942.4$（万元）

2. A项目公司投资期间支付的利息及债务重组损失计算

《财政部 国家税务总局关于全面推开营业税改征增值税试点的通知》

（财税〔2016〕36号）附件1——《营业税改征增值税试点实施办法》第二十七条第（六）项规定："购进的贷款服务的进项税额不得从销项税额中抵扣。"基于此规定，A房地产企业支付给信托公司的利息含有的增值税进项税额不能抵扣，只能进成本在企业所得税前扣除。

因此，A项目公司投资期间支付的利息及债务重组损失为：

25 000×15%×2+28 000-25 000=10 500（万元）

A项目公司可以税前扣除的利息支出及债务重组损失为：

25 000×6%×2+28 000-25 000=6 000（万元）

A项目公司需做纳税调增的金额为：10 500-6 000=4 500（万元）

A项目公司应补缴企业所得税为：4 500×25%=1 125（万元）

（三）税务筹划方案：巧签合同合法节税之计

双方应修改投资协议，投资总额不变，年收益率改为6%，两年后赎回的价格为3.25亿元（2.8亿元+4 500万元）。

1. B信托投资公司在投资期间及投资收回时取得的利息收入和债务重组收入为：25 000×6%÷（1+6%）×2+32 500-25 000=10 330.19（万元）

B信托投资公司投资该项业务需缴纳的企业所得税为：

10 330.19×25%=2 582.55（万元）

B信托投资公司投资该项业务需缴纳的增值税销项税额为：

25 000×6%÷（1+6%）×2×6%=169.81（万元）

B信托投资公司总的税负为：2 582.55+169.81=2 752.36（万元）

2. A项目公司投资期间支付的利息及债务重组损失为：

25 000×6%×2+32 500-25 000=10 500（万元）

A项目公司可以税前扣除的利息支出及债务重组损失为：

25 000×6%×2+32 500-25 000=10 500（万元）

A项目公司需做纳税调增的金额为10 500-10 500=0万元。

3.税筹划结论

通过纳税筹划,B信托投资公司的税务减少190.04万元(2 942.4-2 752.36),A项目公司税负减少1 125万元。

(二)建筑企业防控涉税风险的采购合同签订策略

策略一:材料、设备采购合同中的"合同价"条款必须按照价税分离签订。范本如下:含增值税的合同金额为××××人民币(价格中含运输费、保险费、搬运装卸费),其中不含增值税的合同金额为××××人民币,增值税金额为××××人民币。

策略二:采购合同中约定发票开具条款,该条款约定以下内容:

(1)甲乙双方开票信息(见表4-1)。

表4-1　　　　　　　　甲乙双方开票信息

单位名称	甲方	乙方
法定代表人或委托代理人		
公司住所		
联系电话		
统一社会信用代码(国税纳税人识别号)		
开户银行		
账号		

(2)本合同乙方纳税类型是一般纳税人还是小规模纳税人。

(3)增值税发票开具时间。

乙方在甲方验货确认后的一个月内,依据甲方指定签收人和乙方指定交接人共同签字的签收单向甲方开具增值税发票。

(4)增值税发票开具的类型。

①第一种开票形式:如果甲方购买的建筑物质用于甲方选择一般计税方法计征增值税的项目,则乙方向甲方开具13%税率的增值税专用发票。

②第二种开票形式：如果甲方购买的建筑物质用于甲方选择简易计税方法计征增值税的项目，则乙方向甲方开具13%税率的增值税普通发票。

（5）乙方必须向甲方提供正规合法的增值税专用发票，如果乙方提供的增值税发票是假的或虚开的，被相关政府部门查出，除必须重新给甲方提供正规、真实发票之外，一切赔偿损失责任由乙方承担。而且乙方应向甲方承担赔偿责任以及损失金额10%的违约金。

（三）建筑企业"自购水泥+委托加工商混"业务模式中签订的两份合同的涉税风险及应对策略

营改增后的不少建筑企业，为了降低增值税税负，增加增值税进项税额的抵扣，往往采取"自购水泥+委托加工商混"业务模式。所谓的"自购水泥+委托加工商混"业务模式是指，建筑企业跟水泥厂签订采购合同，采购水泥，从水泥厂获得13%（依据我国现有的增值税税率规定）的水泥采购专票，然后又与商品混凝土公司签订委托加工商品混凝土合同，从商品混凝土公司获得3%的委托加工业务专票。在这种业务模式中的开票行为，对于建筑企业和商品混凝土公司而言，都存在税收风险，具体分析如下。

1.涉税风险

建筑企业"自购水泥+委托加工商混"业务模式的涉税风险体现为两点：一是建筑企业获得商品混凝土公司开具3%的增值税专用发票不可以抵扣增值税销项税额，不可以在企业所得税前进行扣除；二是商品混凝土公司构成漏税行为，面临税务稽查处罚风险。

（1）一般纳税人的商品混凝土公司发生"委托加工"业务为建筑企业开具3%的增值税专用发票构成漏税行为。

第一，一般纳税人的商品混凝土公司销售自产的商品混凝土选择简易计税开具3%的增值税普通或专用发票的法律要件。

根据《财政部 国家税务总局关于部分货物适用增值税低税率和简易办

法征收增值税政策的通知》(财税〔2009〕9号)第三条和《国家税务总局关于增值税简易征收政策有关管理问题的通知》(国税函〔2009〕90号)第三条以及《财政部 国家税务总局发布关于简并增值税征收率政策的通知》(财税〔2014〕57号)第二条的规定,一般纳税人的商品混凝土公司销售自产的商品混凝土,可选择按照简易办法依照3%征收率计算缴纳增值税,开具3%的增值税普通或专用发票,但必须满足以下两个条件:

一是销售自产的商品混凝土仅限于以水泥为原料生产的水泥混凝土;

二是选择简易办法计算缴纳增值税后,36个月内不得变更。

第二,一般纳税人发生的"委托加工业务"适用的增值税税率为13%。

根据《增值税暂行条例》第一条和《增值税暂行条例实施细则》第二条第(二)款的规定,在中华人民共和国境内提供加工适用13%的增值税税率。所谓的"加工"是指受托加工货物,即委托方提供原料及主要材料,受托方按照委托方的要求,制造货物并收取加工费的业务。基于此税法规定,所谓的"委托加工业务"是指由委托方提供原料和主要材料,受托方只代垫部分辅助材料,按照委托方的要求加工货物并收取加工费的经营活动。

因此,建筑企业提供主要材料水泥,混凝土企业提供部分辅材(砂、石头),由混凝土企业加工生产商品混凝土并收取混凝土加工费的行为,是典型的"委托加工业务"行为,依据现有的增值税税率,商品混凝土公司必须向建筑企业开具13%税率的加工费增值税专用发票,建筑企业可以凭票进行抵扣。

(2)取得不符合规定的发票不可以在企业所得税前扣除,不可以抵扣增值税销项税额。

根据《企业所得税税前扣除凭证管理办法》(国家税务总局公告2018年第28号)第四条、第十二条的规定,税前扣除凭证在管理中遵循真实性、合法性、关联性原则。其中"合法性"是指税前扣除凭证的形式、来源符合国家法律、法规等相关规定。企业取得填写不规范等不符合规定的发票(以下简称"不合规发票"),以及取得不符合国家法律、法规等相关规定的其他外部凭证(以下简称"不合规其他外部凭证"),不得作为税前扣除凭证。因此,企业取得没有按照国家法律、法规规定而开具的发票,不可以在企业所得税税前进行扣除。

根据《中华人民共和国发票管理办法》第二十一条的规定,不符合规定的发票,不得作为财务报销凭证,任何单位和个人有权拒收。根据《国家税务总局货物和劳务税司关于做好增值税发票使用宣传辅导有关工作的通知》(税总货便函〔2017〕127号)的附件《增值税开具指南》,所谓"不符合规定的发票"是指不符合下列开票要求的发票:(1)项目齐全,与实际交易相符;(2)字迹清楚,不得压线、错格;(3)发票联和抵扣联加盖发票专用章;(4)按照增值税纳税义务的发生时间开具。

根据《国家税务总局关于开展打击制售假发票和非法代开发票专项整治行动有关问题的通知》(国税发〔2008〕40号)第三条的规定,对于不符合规定的发票和其他凭证,包括虚假发票和非法代开发票,均不得用以税前扣除、出口退税、抵扣税款。

根据以上税法政策规定,建筑企业与商品混凝土公司签订的委托加工合同,加工商品混凝土,根据我国现有增值税税率政策的规定,增值税一般纳税人企业发生"委托加工"业务,适用13%的增值税税率。而商品混凝土公司向建筑企业开具3%的增值税专用发票是开具与"委托加工"实际业务不相符的发票,是没有按照国家税法规定而正确开具13%的"委托加工"业务的发票,是不符合规定的发票,不可以在建筑企业的企业所得税税前进行扣除,也不可以抵扣增值税销项税额。

2. 应对策略

(1)建筑企业与商品混凝土公司协商一致:建筑企业让利一部分给商混公司,或者提高一定的加工费用(该让利或提高的加工费用相当于商混公司加工费用开具13%增值税发票而多缴纳的10%的增值税),与商混公司签订委托加工合同，合同约定加工费用开具13%的增值税专用发票。

在"自购水泥+委托加工"模式下，建筑企业从水泥厂采购的水泥可以取得水泥供应商开具13%税率的增值税专用发票，并进行进项抵扣，比从商混公司采购其自产的商品混凝土可以多抵扣10%的增值税。只要建筑企业从采购水泥多抵扣的增值税中拿出一部分税金给商混公司开具"加工费用"而多缴纳的10%的增值税金额，就可以达成双赢目的。

例如，以建筑公司发生总支出3 090万元为例进行分析。A公司为一家商品混凝土生产销售企业，采用简易计税方式缴纳增值税，每年向甲建筑公司销售商品混凝土3 000万元（不含税）。若采用甲建筑公司自购主材水泥，A公司代加工商品混凝土，则A公司应收取加工费800万元（不含税）和应收建筑公司给予加工费开具13%增值税发票而增加的10%的增值税80万元（800×10%）。即A公司应向建筑公司收取加工费用904万元（含13%的增值税）。请问，直接购买商品混凝土3 090万元（含增值税，增值税税率为3%）和"自购水泥+委托加工"模式3 090万元（含增值税的采购水泥2 186万元，增值税税率为13%，取得专票252万元，含增值税的委托加工费用904万元，增值税税额为104万元），哪一种生产经营方式对甲建筑企业的税负更有利？

简易计税方式下，A公司自行生产商品混凝土并销售给甲建筑公司，甲建筑公司可以抵扣的进项税额为3 000×3%=90万元；若A公司采用受托方式生产商品混凝土并收取加工费，甲建筑公司可以抵扣的进项税额为904÷（1+13%）×13%+252−支付给商混公司的10%的增值税税点费800×10%=276万元。

可见，在A混凝土公司采取简易计税方式下，甲建筑公司采用"自购水泥+委托加工"方式可以多抵扣进项税额186万元（276万元−90万元）。

（2）商混公司已经发生了开具3%增值税专用发票给建筑企业的情况下的应对策略。

如果现有的建筑企业已经索取了商混公司（增值税一般纳税人）开具的3%的增值税专用发票（要么开具3%的委托加工发票，要么开具3%的销售商品混凝土发票），则建筑企业应退回发票给商混公司进行冲红，重新补开或换开13%的增值税专用发票。

根据国家税务总局公告2018年第28号第十三条和十四条的规定，企业取得不合规发票，若支出真实且已实际发生，应当在当年度汇算清缴期结束前，要求对方补开、换开发票。补开、换开后的发票符合规定的，可以作为税前扣除凭证。企业在补开、换开发票过程中，因对方注销、撤销、依法被吊销营业执照、被税务机关认定为非正常户等特殊原因无法补开、换开发票的，可凭以下资料证实支出真实性后，其支出允许税前扣除：

①无法补开、换开发票、其他外部凭证原因的证明资料（包括工商注销、机构撤销、列入非正常经营户、破产公告等证明资料）；

②相关业务活动的合同或者协议；

③采用非现金方式支付的付款凭证；

④货物运输的证明资料；

⑤货物入库、出库内部凭证；

⑥企业会计核算记录以及其他资料。

温馨提示：①②③是必备资料。

第三节 "合同控税"第三计：签订合同减少业务流转环节节税

由于增值税是流转税，流转环节越多，增值税就越多，而且合同签订决定业务过程，业务过程决定税收。因此，要减少增值税的关键是尽量减少业务流转环节，即通过合同的签订减少业务流转环节可以起到节税的作用。

一、建筑商将开发商"以房抵工程款"的房屋出售于他人或抵顶供应商材料款的合同节税签订技巧

(一)税务风险

如果房地产开发商将"以房抵工程款"的房屋产权先办理到建筑商名下,然后由建筑商将该"以房抵工程款"的房屋销售给他人或材料商,则该"以房抵工程款"的房屋发生两次转让行为:第一次是开发商销售给建筑商;第二次是建筑商销售给材料商。两次流转环节,都要缴纳增值税、土地增值税、企业所得税、印花税和契税。这种交易模式存在建筑企业多缴纳税收的风险。

(二)规避建筑商从开发商"以房抵工程款"的房屋出售于他人或抵顶供应商材料款多缴纳税收的举措:签订减少流转环节的合同

1. 出售他人的合同签订技巧

由于从房地产开发商"以房抵工程款"的房屋没有办理产权到建筑商名下,所以建筑商不能直接与其另行寻找的购房者签订商品房买卖合同。因此,必须由建筑商寻找的购房者直接与房地产开发企业签订《商品房买卖合同》,购房款由购房者直接支付给建筑商或支付给房地产开发企业并由其支付给建筑商以偿还拖欠建筑商的工程款。具体合同签订技巧如下。

第一步:建筑商与开发商签订"以房抵工程款"协议。协议样本如下:

以房抵工程款协议书

甲方:某房地产开发有限责任公司

乙方:某建筑工程有限责任公司

鉴于:

甲乙双方于【　】年【　】月签订了《建筑工程合同》(合同编号:　　),合同中约定乙方作为_____工程项目总承包单位。截至【　】年【　】

月【　】日，在该项目乙方享有应收甲方工程款债权¥_____元（大写：　　　　）

基于上述工程合同，截至【　】年【　】月【　】日，乙方享有应收甲方工程款债权共计¥_____元（大写：　　　　）。

一、甲方为解决债务问题，经与乙方协商一致，乙方同意甲方以商品房抵工程款，抵偿方式为：委托乙方指定的购买人全额付款购买贵公司开发建设的_____项目_____号房共_____套的购房款，直接支付给乙方，以全额抵销乙方享有应收甲方工程款债权。

甲乙双方经充分沟通协商，为简化程序，达成如下一致意见：

1.乙方指定购买贵公司开发的_____项目的物业明细如表4-2所示。

表4-2　　　　　　　　　物业明细

序号	项目名称	房号	面积（m²）	单价（元）	房屋价格（元）
1					
2					
3					
合计	元（大写：　　　　）				

以上乙方选定的_____套房屋简称"标的物业"。

2.甲方确认"标的物业"的购房款共计人民币¥_____元（大写：　　　　），甲方委托购房者将上述购房款支付给乙方，甲方自与购房者签订《商品房现房买卖合同》，签订后【　】个工作日内直接支付给乙方。该购房款用以抵扣项目中甲方尚未支付给乙方的部分工程款共计人民币¥_____元（大写：　　　　）（详见《委托付款函》）。

3.乙方指定的购房人与甲方签订正式书面《商品房买卖合同》后，乙方收到甲方委托购房者支付的购房款后【　】日内，乙方向甲方出具收到乙方指定购房者支付房屋购房款的收据，甲方向购房者开具购房款的增值税普通发票。

4. 甲方与乙方指定的购房人签订正式书面《商品房买卖合同》后，由乙方向甲方出具"以房抵工程款"的工程款人民币￥_____元（大写：   ）的增值税专用发票。

5. 甲房为乙方指定购房人办理完成标的物业《商品房买卖合同》等相关手续并自乙方向甲方出具购房款收据之日起，甲、乙双方对应的债权债务归于消灭；未能抵销或抵销范围之外乙方享有的其他债权共计人民￥_____元（大写：）仍按照甲、乙双方原签订的相关合同及工程决算文件继续履行。

6. 甲方负责协调房地产办理标的房屋合同签订及权证办理事宜。若甲方未能按照本协议书第一条第2款约定及时委托购房者支付标的房屋价款或未能在本协议书第一条第3款约定的时间范围内，与乙方指定的_____位购房人签订《商品房买卖合同》并完成权属登记出具增值税普通发票的，乙方有权随时单方面通知甲方解除本协议书。

乙方通知解除本协议书的，甲乙双方之间对应债权债务不发生抵销，乙方有权继续按照双方签订的原工程合同向甲方索要未抵销部分的工程款。

二、甲方保证对所标的物业拥有所有权，房屋产权无任何争议，本协议书中所列标的物业上无任何抵押，不存在法律法规中的权利瑕疵。

三、乙方在指定购房人与甲方签订《商品房买卖合同》之前提供具体指定的项目销售选房确认单及信息，并加盖乙方公章予以确认。本协议有关购买物业涉及的具体权利义务未尽事宜以甲方与乙方指定的购房人签订的商品房买卖合同确定。

四、甲方"以房抵工程款"的"抵顶工程款项"仅限于购房款，不含购房所产生的交易契税、住房维修基金、办证费用、装修款等各项税费，上述费用接房时由乙方指定的购房人自行承担。

五、本协议书签订后【30】天内，因任何原因导致本协议书下乙方指定购房人未签订《商品房买卖合同》，乙方有权就未签订《商品房买卖合同》

的房屋总价款向甲方继续按照原工程合同的约定进行追索。因乙方或乙方指定购房人原因导致商品房买卖合同未签订（网签），由乙方承担违约责任，乙方需向甲方支付购房款的10%作为违约金，违约金由甲方从应付乙方的工程债权中直接扣除。

六、甲方在提供《委托付款函》且乙方指定购房人与甲方签订正式购房合同后，乙方提供甲方对剩余部分欠付工程款￥_____元增值税发票后，甲方于【　　】天内通过现金转账方式支付给乙方。若甲方逾期未向乙方支付本条款内约定金额的，乙方有权继续按照双方签订的原合同向甲方索要未抵销部分的工程款。

七、本协议未尽事宜，可由双方签订补充协议予以明确，如在履行中各方产生纠纷，可先行协商解决，协商不成可向_____仲裁委员会提起仲裁。

八、本协议为甲乙双方共同意思表示，为双方的真实意愿，协议一式贰份，各方持壹份，具有同等法律效力，协议自双方签字并盖章之日起生效。

附件：1. 委托付款函

2. 工程抵款购房确认函

3. 《　　　　合同》（合同编号：　　　　　）

（本页无正文，为《以房抵工程款协议书》签字页）

甲方（盖章）：

法人代表（签字）：

经办人（签字）：

日期：　　年　　月　　日

乙方（盖章）：

法人代表（签字）：

经办人（签字）：

日期：　　年　　月　　日

第二步：开发商与建筑商指定或寻找的购房者签订《商品房现房购买合同》。

第三步：开发商与购房者签订《委托付款函》。样本如下：

委托付款函

致：某购房者

我司已完成了与_____建筑工程有限责任公司签订《_____项目施工承包合同》（合同编号：），结算金额￥_____元，特委托您将合同部分工程款（详情见表4-3）￥_____元支付给_____建筑工程有限责任公司（受让人名称），用于支付您购买_____项目购房款￥_____元。

表4-3　　　　　　　　合同工程款

项目名称	合同名称	合同编号	转让应付账款金额

您向_____建筑工程有限责任公司（受让人名称）支付上述款项后即表明您已经按《商品房现房买卖合同》的约定，履行完毕您购买_____项目购房款￥_____元的支付事宜！

特此委托。

委托人（公章）：
法定代表人：
　　年　　月　　日

第四步：建筑商与开发商签订"工程款抵购房款确认函"协议。样本如下。

工程款抵购房款确认函

_____房地产开发有限责任公司

本单位_____建筑工程有限责任公司通过以下方式执行"以房抵工程款"事宜。

①签订《以房抵工程款协议书》；

②甲方按《委托付款函》中约定，委托购房者向我公司_____建筑工程有限责任公司支付前述《以房抵工程款协议书》中约定的房屋价款共计人民币￥_____元（大写：　　　　），用以抵顶甲方应支付我公司的_____项目工程款。

现本单位指定

购房人：　　　　身份证号：

购房人：　　　　身份证号：

购房人：　　　　身份证号：

在购房者支付全部购房款后与贵司就贵司开发的【_____】项目商品房签订《商品房现房买卖合同》，房屋具体情况见表4-4。

表4-4　　　　房屋具体情况

序号	项目名称	房号	面积(m²)	单价(元)	房屋价格(元)
1					
2					
3					
合计	元（大写：　　　）				

请贵司予以办理该购房人的购房相关事项。

本次指定购房人购房事项得到我司与贵司的认可与确认。我司将积极督促购房人按照贵司要求提供相关购房资料，按《以房抵工程款协议书》要求尽快完成购房合同签订，请贵司亦按《以房抵工程款协议书》要求尽快办理完成相应房屋过户手续。

以上内容请贵司予以确认并加盖贵司公章。

开发商（盖章）：　　　　　　抵款单位（盖章）：
日期：　　年　　月　　日　　日期：　　年　　月　　日

（后附指定购房人身份证正反面复印件）

附件：购买人身份证

正面

反面

2.用于抵供应商材料款的合同签订技巧

第一，在房地产企业、建筑商和材料供应商三方欠款均相等的情况下，合同签订技巧如下：

在房地产企业、建筑商和材料供应商三方欠款均相等的情况下，三方签订《以房抵工程款、材料款三方协议》。

房地产企业、建筑企业、材料供应商挂靠人一起签订三方协议，约定合同主体为：房地产企业为销售方、购买方为材料供应商、债权债务抵销付款方。协议约定债权债务抵销三方承诺条款：

一是房地产企业销售给材料供应商某的商品房，将其应收的销售房款×××元人民币用于抵销房地产企业拖欠建筑企业工程款×××元；

二是建筑企业应收房地产企业的工程款×××元抵销建筑企业拖欠材料

供应商在工程建设过程中购买的材料款×××元。

三是建筑企业拖欠材料供应商在工程建设过程中购买的材料款×××元抵销材料供应商向房地产企业购房应支付的购房款×××元。

第二，在三方欠款均不相等的情况下，四方签订"四份协议相互抵债法"。

第一步：在征求房地产企业同意的情况下，建筑企业与材料供应商签订一份债权转让协议书（建筑企业应收房地产企业的工程款的债权转让给材料供应商）；

第二步：建筑企业与材料供应商签订一份债权债务抵销协议书（建筑企业应收材料供应商债权转让款抵销建筑企业施工拖欠材料供应商材料款而在建筑企业账上提现的"其他应付款"）；

第三步：房地产企业与材料供应商签订一份商品房销售合同，销售合同中必须约定的单价按照房地产企业拖欠建筑企业工程款除以用于抵工程款房屋的建筑面积进行计算。

第四步：房地产企业与材料供应商签订一份债权抵购房款协议书（材料供应商应收房地产企业拖欠建筑企业的工程款抵销其购房款）。

同时，建筑企业与材料供应商签订债务重组协议，约定：材料供应商免除向建筑公司应收材料款与建筑企业代替材料供应商支付给房地产企业的购房款的差额部分债务。

二、被挂靠的建筑企业将"以房抵工程款"的商品房抵销挂靠方（自然人）垫资款而将房屋产权转移到挂靠方名下的合同签订策略

（一）合同签订之策一：四份协议法

第一步：在征求房地产企业同意的情况下，建筑企业与自然人挂靠人签订一份债权转让协议书（建筑企业应收房地产企业的工程款的债权转让给自然人挂靠人）；

第二步：建筑企业与自然人挂靠人签订一份债权债务抵销协议书（建筑企业应收自然人债权转让款抵销自然人挂靠建筑企业施工垫资而在建筑企业账上提现的"其他应付款"）；

第三步：房地产企业与自然人挂靠人签订一份商品房销售合同，销售合同中必须约定的单价按照房地产企业拖欠建筑企业工程款除以用于抵工程款房屋的建筑面积进行计算。

第四步：房地产企业与自然人挂靠人签订一份债权抵购房款协议书（自然人应收房地产企业拖欠建筑企业的工程款抵销其购房款）。

（二）合同签订之策二：三方协议法

房地产企业、建筑企业、自然人挂靠人一起签订三方协议，约定合同主体为：房地产企业为销售方、购买方为自然人挂靠方、抵款单位为建筑公司。协议约定债权债务抵销三方承诺条款：

一是房地产企业销售给自然人挂靠人某的商品房，将其应收的销售房款×××元人民币用于抵销房地产企业拖欠建筑企业工程款×××元；

二是建筑企业应收房地产企业的工程款×××元抵销建筑企业拖欠自然人挂靠人（购房者）在工程建设过程中的垫资款×××元。

三是建筑企业拖欠自然人挂靠人（购房者）在工程建设过程中的垫资款×××元抵销自然人挂靠人向房地产企业购房应支付的购房款×××元。

第五章

建筑企业税收安全之策:"发票控税"四大计

　　发票控税是企业控制税收成本的一项重要工具。在"以票控税"的税收征管体制下,发票是重要的税务凭证,特别是增值税专用发票是一般纳税人抵扣增值税进项税额的重要抵税凭证,某些成本发票是企业所得税税前扣除的重要抵扣凭证。这就意味着,开具的票据不合法合规,成本支出未索取发票入账,虚开发票或找人开假票等行为会影响企业的税负,会导致企业因税务稽查而被处以补税、加收滞纳金和罚款的处罚。发票控税原理是指导企业如何通过发票工具实现节税和避免税收风险的方法论,其要解决的核心问题是:依法取得合理和合法性发票;发票开具与合同相匹配,与真实交易相匹配,与资金流相匹配。发票上所记载的支出必须与企业的生产经营有关。

第一节 "发票控税"第一计：发票开具与合同相匹配

一、发票开具与合同不匹配的涉税风险

通过实践调研发现，企业在开具或索取发票凭证时，必须遵循"发票开具与合同相匹配的原则"，如果发票开具不与合同相匹配，要么是做假账，要么是做错账。要保证发票入账进成本，抵扣税金，没有税收风险，必须根据交易合同开具发票。"合同与发票开具相匹配"有两层含义：一是发票记载标的物的金额、数量、单价、品种必须与合同中约定的金额、数量、单价、品种相一致；二是发票上的开票人和收票人必须与合同上的收款人和付款人或销售方和采购方或者劳务提供方和劳务接受方相一致。

合同与发票开具不匹配是不合规发票，将面临三方面的税务风险：一是不可以在企业所得税税前进行扣除，企业面临多缴纳企业所得税的风险；二是不可以抵扣企业的增值税销项税额，企业面临多缴纳增值税的风险；三是虚开发票，触犯刑法背负虚开增值税发票的罪名。

二、发票开具与合同相匹配之策

（一）发票上的"摘要栏"或供应商税控系统开具的"销售货物或劳务清单"型号与交易采购合同、发货明细单、货物验货确认单上载明的货物名称、数量、单价、品名、规格必须保持一致。

（二）发票上"税率栏"上填写的税率必须与业务交易合同依据税法的规定所确定适用的增值税税率保持一致。

（三）发票上填写的"不含增值税的销售金额"与货款结算单、工程结算单的不含增值税的金额保持一致。

（四）发票开具的时间必须与交易合同中约定或确定的增值税纳税义务时间保持一致。

（五）建筑领域中的发票上填写的材料、设备的型号、规格、品名必须与工程造价清单、工地项目部的材料设备验收清单、供应商的发货明细单、材料设备采购合同上载明的材料、设备的型号、规格、品名保持一致。

第二节 "发票控税"第二计：杜绝不合规发票入成本和留存代开发票凭证

一、"不合规发票"的税法界定标准

根据《企业所得税税前扣除凭证管理办法》（国家税务总局公告2018年第28号文件）第十二条的规定，所谓的"不符合规定的发票"是指"不合规发票"，具体是指企业取得私自印制、伪造、变造、作废，开票方非法取得、虚开、填写不规范等不符合规定的发票。实务中不符合规定的发票主要有三种表现形式。

（一）发票信息填写不全或错误的发票

1.增值税普通发票，没有填写纳税人识别号

根据《国家税务总局关于增值税发票开具有关问题的公告》（国家税务总局公告2017年第16号）第一条的规定，自2017年7月1日起，购买方为企业的，索取增值税普通发票时，应向销售方提供纳税人识别号或统一社会信用代码。销售方为其开具增值税普通发票时，应在"购买方纳税人识别号"栏填写购买方的纳税人识别号或统一社会信用代码。不符合规定的发票，不得作为税收凭证。

2.业务适用税率错误

发票上的"税率"栏填写的"税率"与实际业务依据税法规定适用的税率不一样。不同业务的增值税适用税率不同,收到适用税率错误的发票不得报销。

3.发票上没有编码简称或简称错误

2018年1月1日及以后的增值税(电子)专用发票、增值税(电子)普通发票,"货物或应税劳务、服务名称"或"项目"栏次要有"简称"且"简称"必须正确。如果出现类似"运输服务+不动产"这样的错误,即使税率选择正确,也不可以抵扣进项税额,不得在企业所得税税前扣除。

4.发票上"备注栏"未填写、填写项目不全或填写错误

发生下列业务,收到的发票必须填写备注栏,且备注栏信息必须正确。如收到租入不动产发票,不动产地址与实际地址不一致的,不得报销。具体如表5-1所示。

表5-1　　　　　　　发票备注栏填写要求

开票业务	备注栏具体要求,注意信息必须正确
提供建筑服务	注明建筑服务发生地县(市、区)名称及项目名称
增值税一般纳税人提供货物运输服务	应将起运地、到达地、车种车号以及运输货物信息等内容填写在发票备注栏中,如内容较多可另附清单
销售不动产	注明不动产的详细地址
出租不动产	注明不动产的详细地址
适用差额征税办法缴纳增值税且不得全额开具增值税发票的	通过新系统中差额征税开票功能,录入含税销售额(或含税评估额)和扣除额,系统自动计算税额和不含税金额,备注栏自动打印"差额征税"字样,发票开具不应与其他应税行为混开
保险机构作为车船税扣缴义务人	备注栏中注明代收车船税税款信息。具体包括:保险单号、税款所属期(详细至月)、代收车船税金额、滞纳金金额,金额合计等
生产企业代办退税的出口货物	向综服企业开具备注栏内注明"代办退税专用"的增值税专用发票,作为综服企业代办退税的凭证

5.收到附有清单的发票,如果清单不是从防伪税控系统开具打印,而是自行用A4纸打印的,不能报销。

(二)与实际业务不吻合的发票

《国家税务总局关于增值税发票开具有关问题的公告》(国家税务总局公告2017年第16号)第二条规定,销售方开具增值税发票时,发票内容应按照实际销售情况如实开具,不得根据购买方要求填开与实际交易不符的内容。

1.发票开具商品统称,如办公用品、礼品、食品、家具等,没有具体明细不能报销。

2.发票与实际业务不吻合,例如,买的是香烟,开的却是办公用品,涉嫌虚开发票,不能报销。

3.没有发生实际交易,直接虚开发票,不能报销。

(三)收到第三方开具或第三方收取税点纯属卖票的发票

接受第三方发票,例如,向A公司采购货物,通过A公司介绍,接受B公司开具的发票。

经济交易过程中,不能保证资金流、票流和物流(劳务流)相互统一,则可能涉嫌虚开发票,若被税务部门认定为列支虚开发票,不能所得税税前扣除,不能增值税进项抵扣。

二、不符合规定发票的涉税风险:不得作为税前扣除凭据,抵扣税款

《中华人民共和国发票管理办法》(中华人民共和国国务院令第587号)第二十一条"不符合规定的发票,不得作为财务报销凭证。任何单位和个人有权拒收。"

《国家税务总局关于加强企业所得税管理的意见》(国税发〔2008〕88号)第二条第(三)项第三款规定:"加强发票核实工作,不符合规定的发票不得作为税前扣除凭据。"

《国家税务总局关于进一步加强普通发票管理工作的通知》(国税发〔2008〕80号)第八条第(二)款规定:"在日常检查中发现纳税人使用不符合规定发票特别是没有填开付款方全称的发票,不得允许纳税人用于税前扣除、抵扣税款、出口退税和财务报销。"

《国家税务总局关于开展打击制售假发票和非法代开发票专项整治行动有关问题的通知》(国税发〔2008〕40号)第三条规定:"对于不符合规定的发票和其他凭证,包括虚假发票和非法代开发票,均不得用以税前扣除、出口退税、抵扣税款。"

《网络发票管理办法》(国家税务总局令第30号)第七条规定:"单位和个人取得网络发票时,应及时查询验证网络发票信息的真实性、完整性,对不符合规定的发票,不得作为财务报销凭证,任何单位和个人有权拒收。"

《企业所得税税前扣除凭证管理办法》(国家税务总局公告2018年第28号文件)第十二条规定,企业取得私自印制、伪造、变造、作废、开票方非法取得、虚开、填写不规范等不符合规定的发票(以下简称"不合规发票"),以及取得不符合国家法律、法规等相关规定的其他外部凭证(以下简称"不合规其他外部凭证"),不得作为税前扣除凭证。

三、"不符合规定"发票涉税风险的防控之策:发票开具必须符合"真实性、合法性、关联性"三性原则

《企业所得税税前扣除凭证管理办法》(国家税务总局公告2018年第28号)第四条规定,税前扣除凭证在管理中遵循真实性、合法性、关联性原则。

真实性是指税前扣除凭证反映的经济业务真实，且支出已经实际发生；合法性是指税前扣除凭证的形式、来源符合国家法律、法规等相关规定；关联性是指税前扣除凭证与其反映的支出相关联且有证明力。

（一）"真实性原则"的内涵

"真实性"是指税前扣除凭证反映的经济业务真实，且支出已经实际发生。即"真实性"=经济业务真实+支出已经实际发生。具体可以从以下几个方面来把握。

1."经济业务真实"的理解

真实性是基础，若企业的经济业务及支出不具备真实性，就不可以在企业所得税税前扣除。根据《企业所得税税前扣除凭证管理办法》（国家税务总局公告2018年第28号文件）第七条的规定，企业与税前扣除凭证相关的资料，**包括合同协议、支出依据、付款凭证等留存备查，以证实税前扣除凭证的真实性**。基于此税法规定，实践中证明业务真实的凭证主要包括：

（1）合同、协议；

（2）公司内部的文件、会议纪要和制度；

（3）生产车间领料单、退料单、入库单、水电耗用、工资支出；

（4）出库单或发货单，销售清单、验货确认单；

（5）建筑企业项目部农民工出勤考勤表、工程计量清单、工程进度结算和决算单；

（6）书面的咨询报告；

有些支出虽然发生，但是不是真实性的支出不可以在企业所得税税前扣除。

例如，以下不具备真实性的支出就不可以在企业所得税税前扣除：

（1）不少企业支付第三方税点以此购买的发票；

（2）企业采购原材料时，给予供应商税点要求供应商多开金额的发票；

（3）建筑企业项目部虚列农民工人数的工资表；

（4）企业利用培训公司、造价事务所、会计事务所、税务师事务所、咨询公司等中介机构虚签合同开具的发票；

2."支出已经实际发生"的理解

（1）"实际发生"的三层含义。

"实际发生"是指"实际支付"或者已经形成即将支付的债权债务关系的意思，包括实际支付一部分款项、实际支付全部款项、实际形成"即将支付的债权债务关系"三层意思。

（2）"实际发生的支出"是指与取得收入有关的合理的支出。

国家税务总局公告2018年第28号第二条规定，本办法所称税前扣除凭证，是指企业在计算企业所得税应纳税所得额时，证明与取得收入有关的、合理的支出实际发生，并据以税前扣除的各类凭证。

根据《中华人民共和国企业所得税法》第八条的规定，企业实际发生的与取得收入有关的、合理的支出，包括成本、费用、税金、损失和其他支出，准予在计算应纳税所得额时扣除。《中华人民共和国企业所得税法实施条例》第二十七条规定，《中华人民共和国企业所得税法》第八条所称有关的支出，是指与取得收入直接相关的支出。《中华人民共和国企业所得税法》第八条所称合理的支出，是指符合生产经营活动常规，应当计入当期损益或者有关资产成本的必要和正常的支出。

（二）合法性原则的内涵

国家税务总局公告2018年第28号第四条的规定，合法性是指税前扣除凭证的**形式**、**来源**符合国家法律、法规等相关规定。特别要注意"形式、来源符合国家法律、法规等相关规定"是指税前扣除凭证形式合法、来源合法。

1. 税前扣除凭证形式合法

形式合法是指税前扣除凭证（发票）开具的内容、时间、对象等要合法，要符合国家法律、法规的规定。

2. 税前扣除凭证来源合法

税前扣除凭证来源合法是指发票等税前扣除凭证本身来源合法。如发票是企业从税务机关依法领购并有资格开具的。因此，非法的支出不得扣除。例如，虚构业务买回来的发票不得扣除，超过年息15.4%的民间借贷不得扣除，行贿支出不得扣除等。

（三）"关联性原则"的内涵

国家税务总局公告2018年第28号第四条规定：关联性是指税前扣除凭证与其反映的支出相关联且有证明力。基于此税收政策规定，"关联性"＝与其反映的支出相关联＋有证明力，特别强调税前扣除凭证要有证明力。没有证明力的税前扣除凭证不可以在企业所得税税前进行扣除。

四、建筑行业专业班组长或包工头代开发票的需收集保管的6项法律证据

（一）专业作业工种的承包合同或专业作业劳务分包合同或专业作业劳务协作协议或专业作业劳务合作协议。

（二）专业作业劳务工程量计量确认单（相关负责人与专业班组长签字）。

（三）专业作业劳务工程款结算书（相关负责人与专业班组长签字）。

（四）专业作业班组长或包工头的身份证复印件。

（五）工程劳务所在地税务局代开发票的复印件和完税凭证。

（六）支付给专业作业班组长或包工头的工程劳务款支付凭证或转账凭证。

第三节 "发票控税"第三计：切忌无票成本合法入账之策

一、白条收据（无票成本）合法入账的税法界定

根据国家税务总局公告2018年第28号文件第八条、第九条和第十条的规定，企业在境内发生的支出项目不属于应税项目的，对方为单位的，以对方开具的发票以外的**其他外部凭证**作为税前扣除凭证；对方为个人的，以**内部凭证**作为税前扣除凭证。税前扣除凭证按照来源分为内部凭证和外部凭证。**内部凭证**是指企业自制用于成本、费用、损失和其他支出核算的**会计原始凭证**。内部凭证的填制和使用应当符合国家会计法律、法规等相关规定。外部凭证是指企业发生经营活动和其他事项时，从其他单位、个人取得的用于证明其支出发生的凭证，**包括但不限于发票（包括纸质发票和电子发票）、财政票据、完税凭证、收款凭证、分割单等**。企业在境内发生的支出项目属于"增值税应税项目"的，对方为已办理税务登记的增值税纳税人，其支出以发票（包括按照规定由税务机关代开的发票）作为税前扣除凭证。

根据《中华人民共和国发票管理办法》**第二十条**的规定，销售商品、提供服务以及从事其他经营活动的单位和个人，对外发生经营业务收取款项，收款方应向付款方开具发票；特殊情况下由付款方向收款方开具发票。

基于以上税法规定，得出以下两点结论：

第一，白条收据（无票成本）合法入账必须符合一个关键性条件：在中国境内发生的支出项目不属于"增值税应税项目"（或应税项目）。或者说，收款方收款所形成的收入，不属于增值税的应税范围。

第二，白条收据（无票成本）合法入账没有税收风险适用的会计主体，即收款的买方。

二、"增值税应税项目"（或应税项目）支出的税前扣除凭证的范围

（一）属于"增值税应税项目"（或应税项目）支出的税前扣除凭证：企业自行开具或税务机关代开的发票

根据《企业所得税税前扣除凭证管理办法》（国家税务总局公告2018年第28号）第九条的规定，企业在境内发生的支出项目属于增值税应税项目（以下简称"应税项目"）的，对方为已办理税务登记的增值税纳税人，其支出以发票（包括按照规定由税务机关代开的发票）作为税前扣除凭证。基于此税法规定，属于"增值税应税项目"（或应税项目）支出的税前扣除凭证是企业自行开具或税务机关代开的发票。

（二）不属于"增值税应税项目"（或应税项目）支出的税前扣除凭证：证明真实业务发生的收据白条（其他外部凭证或内部凭证）

根据《企业所得税税前扣除凭证管理办法》（国家税务总局公告2018年第28号）第十条的规定，企业在境内发生的支出项目不属于应税项目的，对方为单位的，以对方开具的发票以外的其他外部凭证作为税前扣除凭证；对方为个人的，以内部凭证作为税前扣除凭证。基于此税法条款的规定，不属于"增值税应税项目"（或应税项目）支出的税前扣除凭证是证明真实业务发生的收据白条（其他外部凭证或内部凭证）。

三、允许税前扣除的七种"非应税项目支出"及其合法入账的白条收据（无票成本）的证据形式和税法依据

（一）业主从建筑企业总承包方扣下的罚款可在建筑企业总承包方的企业所得税税前扣除

（二）施工企业总承包方从劳务公司或专业分包方的工程款中扣下的罚款不需要发票可在劳务公司或专业分包方的企业所得税税前扣除

以上两项罚款支出在总承包方、劳务公司或专业分包方财务上**合法入账的白条收据（无票成本）证据形式**为：业主或业主委托的监理师与总承包方签字确认的罚款单（简称"以对方开具发票以外的其他外部凭证）。

以上两项罚款支出在总承包方、劳务公司或专业分包方财务上合法入账的白条收据（无票成本）在企业所得税税前扣除的税法依据为：根据《企业所得税税前扣除凭证管理办法》（国家税务总局公告2018年第28号）第十条的规定，企业在境内发生的支出项目不属于应税项目的，对方为单位的，以对方开具的发票以外的其他外部凭证作为税前扣除凭证；对方为个人的，以内部凭证作为税前扣除凭证。

（三）建筑工地上发生的青苗补偿费、扰民噪音费、工伤事故赔偿费、道路损坏赔偿费等支出不需要发票即可在建筑企业的企业所得税税前扣除

以上支出在建筑企业财务上合法入账的白条收据（无票成本）证据形式（内部凭证）为：

（1）建筑企业与被拆迁者签订补偿协议，协议中明确约定补偿或赔偿金额。

（2）建筑企业必须收集被补偿者的身份证复印件。

（3）要求编制赔偿支付清单，领款者必须在清单上签字按手印。

以上两项罚款支出在建筑企业财务上**合法入账的白条收据（无票成本）在企业所得税税前扣除的税法依据为**：根据《企业所得税税前扣除凭证管理办法》（国家税务总局公告2018年第28号）第十条的规定，企业在境内发生的支出项目不属于应税项目的，对方为单位的，以对方开具的发票以外的其他外部凭证作为税前扣除凭证；对方为个人的，以内部凭证作为税前扣除凭证。

（四）合同未履行之前，所发生的定金、违约金和赔偿支出不需要发票即可在所得税税前扣除

以上定金、违约金和赔偿支出在企业财务上合法入账的白条收据（无票成本）证据形式（内部凭证）包括：

（1）未履行的合同，合同中明确约定**定金、违约金和赔偿金**条款及其金额和计算方法。

（2）**定金、违约金和赔偿金**支付的银行转账凭证或现金支付凭证。

（3）要求编制**定金、违约金和赔偿金**支付清单，领款者必须在清单上签字按手印。

（4）如果将**定金、违约金和赔偿金**支付给自然人的，则必须提供自然人**身份证复印件**。

（5）其他生效的法律文书（如判决书）。

以上支出在企业财务上合法入账的白条收据（无票成本）在企业所得税前扣除的法律依据：

1.《中华人民共和国民法典》的法律依据

《中华人民共和国民法典》第五百八十七条（定金罚则）规定，当事人一方在法律规定的范围内可以向对方给付定金。债务人履行债务后，定金应当抵作价款或者收回。给付定金的一方不履行债务的，无权要求返还定金；接受定金的一方不履行债务的，应当双倍返还定金。

《中华人民共和国民法典》第五百八十六条（定金数额）规定，当事人可以约定一方向对方给付定金作为债权的担保。定金合同自实际交付定金时成立。

定金的数额由当事人约定；但是，不得超过主合同标的额的百分之二十，超过部分不产生定金的效力。实际交付的定金数额多于或者少于约定数额的，视为变更约定的定金数额。

《中华人民共和国民法典》第五百八十八条（违约金与定金竞合选择权）规定，当事人既约定违约金，又约定定金的，一方违约时，对方可以选择适用违约金或者定金条款。

定金不足以弥补一方违约造成的损失的，对方可以请求赔偿超过定金数额的损失。

2. 增值税的税法依据

当合同因未履行而发生定金没收或双倍返还或违约金、赔偿金的情形，收款方收取的定金、违约金或赔偿金不属于增值税规定的"价外费用"范围，不属于增值税的征税范围，而不向付款方开增值税发票。

3. 个税、企业所得税的税法依据

如果收取定金、违约金、赔偿金的收款方是自然人，其获得的收入不属于《中华人民共和国个人所得税法》规定的个税征税范围，则不征收个人所得税；如果收取定金、违约金、赔偿金的收款方是企业法人单位，其获得的收入属于《中华人民共和国企业所得税法》规定的企业所得税的征税范围，则必须依法缴纳企业所得税。

（五）建筑企业为鼓励发包方提前支付工程款而给予的现金折扣，在财务上计入"财务费用"科目核算，不需要发票可以在建筑企业的企业所得税税前扣除

以上作为现金折扣的财务费用在企业财务上合法入账的白条收据（无票成本）证据形式（内部凭证）包括：

（1）企业办公室出的"鼓励提前支付工程款而给予现金折扣的文件；

（2）企业财务部计算现金折扣金额的计税单据；

（3）公司相关负责人签字的"现金折扣享受审批单"。

以上现金折扣在企业财务上合法入账的白条收据（无票成本）在企业所得税税前扣除的税法依据为：《国家税务总局关于确认企业所得税收入若干

问题的通知》（国税函〔2008〕875号）规定，除企业所得税法及实施条例另有规定外，企业销售收入的确认，必须遵循权责发生制原则和实质重于形式原则。……（5）企业为促进商品销售而在商品价格上给予的价格扣除属于商业折扣，商品销售涉及商业折扣的，应当按照扣除商业折扣后的金额确定销售商品收入金额。债权人为鼓励债务人在规定的期限内付款而向债务人提供的债务扣除属于现金折扣，销售商品涉及现金折扣的，应当按扣除现金折扣前的金额确定销售商品收入金额，现金折扣在实际发生时作为财务费用扣除。

（六）因开票方注销、撤销、依法被吊销营业执照、被税务机关认定为非正常户等特殊原因无法补开、换开发票、其他外部凭证的，企业不需要发票而可凭以下资料证实支出真实性后，其支出允许税前扣除

1.无法补开、换开发票、其他外部凭证原因的证明资料（包括工商注销、机构撤销、列入非正常经营户、破产公告等证明资料）；

2.相关业务活动的合同或者协议；

3.采用非现金方式支付的付款凭证；

4.货物运输的证明资料；

5.货物入库、出库内部凭证；

6.企业会计核算记录以及其他资料。

以上资料中第1项、第2项、第3项为必备资料。

以上支出在企业财务上合法入账的白条收据（无票成本）在企业所得税税前扣除的税法依据为：国家税务总局公告2018年第28号第十四条规定，企业在补开、换开发票、其他外部凭证过程中，因对方注销、撤销、依法被吊销营业执照、被税务机关认定为非正常户等特殊原因无法补开、换开发票、其他外部凭证的，可凭资料证实支出真实性后，其支出允许税前扣除。

（七）每月一次，支付给自然人增值税起征点500元以下的支出，只需要提供符合税法要求的内部凭证即可计入成本，如建筑工地上发生的搬运费、装卸费、垃圾清运费、控制在每人每次500元以下即可扣除

以上支出在企业财务上合法入账的白条收据（无票成本）在企业所得税税前扣除的税法依据为：《企业所得税税前扣除凭证管理办法》（国家税务总局公告2018年第28号文件）第九条规定，企业在境内发生的支出项目属于增值税应税项目的，对方为已办理税务登记的增值税纳税人，其支出以发票作为税前扣除凭证；对方为依法无须办理税务登记的单位或者从事小额零星经营业务的个人，以税务机关代开的发票或者收款凭证及内部凭证作为税前扣除依据。

第四节 "发票控税"第四计：防控"虚开和虚抵（两虚）"发票入成本

一、虚开发票的税法和司法界定标准与三种典型的虚开发票行为

（一）界定"虚开增值税专用发票"的法律依据分析

根据《中华人民共和国发票管理办法》第二十二条的规定，以下三种开票行为是虚开发票行为：

（1）**为他人、为自己**开具与实际经营业务情况不符的发票；

（2）**让他人为自己**开具与实际经营业务情况不符的发票；

（3）**介绍他人**开具与实际经营业务情况不符的发票。

根据最高人民法院关于适用《全国人民代表大会常务委员会关于惩治虚开、伪造和非法出售增值税专用发票犯罪的决定》的若干问题的解释（法发

〔1996〕30号）的规定，具有下列行为之一的，属于"虚开增值税专用发票"：

（1）没有货物购销或者没有提供或接受应税劳务而为他人、为自己、让他人为自己、介绍他人开具增值税专用发票；

（2）有货物购销或者提供或接受了应税劳务但为他人、为自己、让他人为自己、介绍他人开具数量或者金额不实的增值税专用发票；

（3）进行了实际经营活动，但让他人为自己代开增值税专用发票。

《国家税务总局关于纳税人对外开具增值税专用发票有关问题的公告》（国家税务总局公告2014年第39号）规定："纳税人通过虚增增值税进项税额偷逃税款，但对外开具增值税专用发票同时符合以下情形的，不属于对外虚开增值税专用发票：

（1）纳税人向受票方纳税人销售了货物，或者提供了增值税应税劳务、应税服务；

（2）纳税人向受票方纳税人收取了所销售货物、所提供应税劳务或者应税服务的款项，或者取得了索取销售款项的凭据；

（3）纳税人按规定向受票方纳税人开具的增值税专用发票相关内容，与所销售货物、所提供应税劳务或者应税服务相符，且该增值税专用发票是纳税人合法取得，并以自己名义开具的。

受票方纳税人取得的符合上述情形的增值税专用发票，可以作为增值税扣税凭证抵扣进项税额。"

基于国家税务总局公告2014年第39号的规定，第（1）条的规定实际上是"物流或劳务流"，第（2）条的规定实际上是"资金流"，第（3）条的规定实际上是"票流"。即如果同时符合"三流一致"的对外开票行为，不属于虚开增值税专用发票。

最高人民法院研究室《关于如何认定以"挂靠"有关公司名义实施经营活动并让有关公司为自己虚开增值税专用发票行为的规定性质》征求意见的复函（法研〔2015〕58号）规定如下：

根据法研〔2015〕58号和国家税务总局公告2014年第39号文件的规定，法发〔1996〕30号中的"进行了实际经营活动，但让他人为自己代开增值税专用发票"的规定，客观上也未造成国家增值税款损失的，不宜认定为刑法第二百零五条规定的"虚开增值税专用发票"。同时，挂靠方以挂靠形式向受票方实际销售货物，被挂靠方向受票方开具增值税专用发票的，不属于虚开增值税发票行为。因此，虚开增值税专用发票的危害实质在于通过虚开行为骗取抵扣税款，对于"有实际交易存在的代开行为，"如行为人主观上并无骗取抵扣税款的故意，客观上未造成国家增值税款损失的，不宜以虚开增值税专用发票论处。

（二）虚开增值税专用发票的两个判断标准及其三种典型的虚开发票行为

根据以上法律规定，虚开增值税发票的两个判断标准如下：

1. 判断标准一：没有真实交易活动下的开票行为

在没有真实交易或真实劳务行为的情况下为他人、为自己、让他人为自己、介绍他人开具增值税专用发票的行为一定是虚开增值税专用发票的行为。实践中具体体现为三种情形。

（1）**虚开发票情形一：没有真实交易情况下的虚开增值税专用发票的交易流程**（见图5-1）。

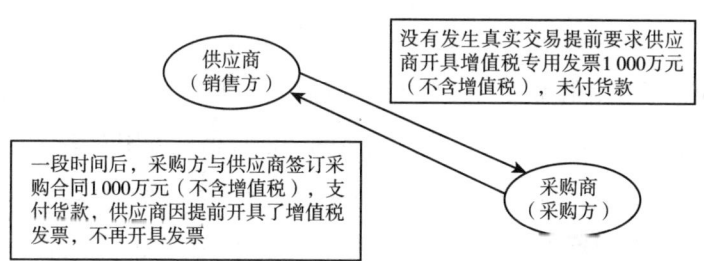

图5-1 没有真实交易情况下虚开增值税专用发票的交易流程

虚开发票情形一的涉税分析：

《中华人民共和国发票管理办法实施细则》（国家税务总局令第37号）第

二十六条规定，填开发票的单位和个人必须在发生经营业务确认营业收入时开具发票。未发生经营业务一律不准开具发票。《中华人民共和国发票管理办法》（国务院令2010年第587号）第二十二条规定，开具发票应当按照规定的时限、顺序、栏目，全部联次一次性如实开具，并加盖发票专用章。

图5-1显示，采购方为了提前获得增值税专用发票的抵扣从而提前少缴纳增值税，要求与其有长期合作供应关系的供应商提前开具增值税发票获得提前抵扣增值税的好处，而一个月后再从提前开具增值税专用发票的供应商购买商品或货物，要求供应商不再开票给买方。这种提前开票后一段时间才发生购买行为，构不构成没有真实交易情况下的开票行为，是不是虚开增值税专用发票的行为。要从以下两种情况来分析：

第一，如果提取开票的开票信息与开票后签订采购合同约定的采购信息保持一致，则属于有真实交易的发票开具行为，不属于虚开增值税发票，但是属于不合规发票，不可以税前扣除。

第二，如果提取开票的开票信息与开票后签订采购合同约定的采购信息不一致，则属于没有真实交易的发票开具行为，属于虚开增值税发票。

（2）虚开发票情形二：没有真实交易情况下的给予税点买票的交易流程（见图5-2）。

虚开发票情形二的涉税分析：

图5-2显示，采购方（一般纳税人）与材料供应商签订了一份假的采购合同23万元（不含增值税），并向材料供应商转账23万元，材料供应商向采购方（一般纳税人）开具23万元（不含增值税）的增值税专用发票，虽然有合同流、资金流、票流，但没有物流，实质上是采购方（一般纳税人）花了3万元从材料供应商手里买了一张真的增值税专用发票。这张23万元的增值税专用发票是虚开发票，不能在采购方抵扣增值税进项税额。

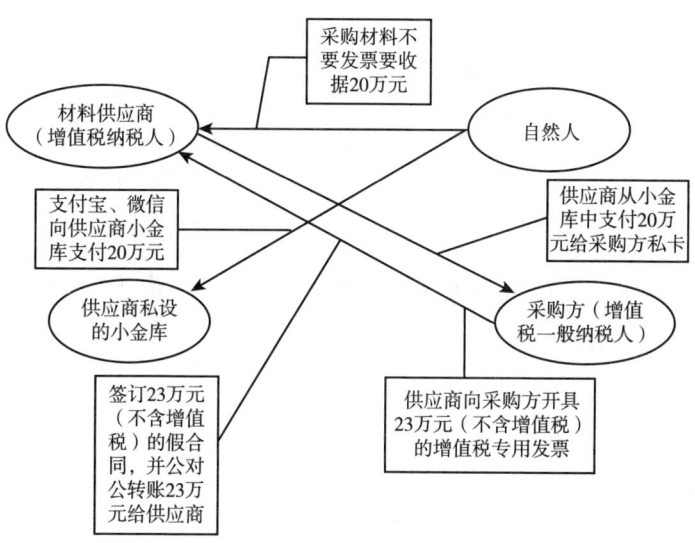

图5-2 没有真实交易情况下的给予税点的买票交易流程

（3）虚开发票情形三：没有真实交易情况下让他人为自己开具增值税专用发票的流程（见图5-3）。

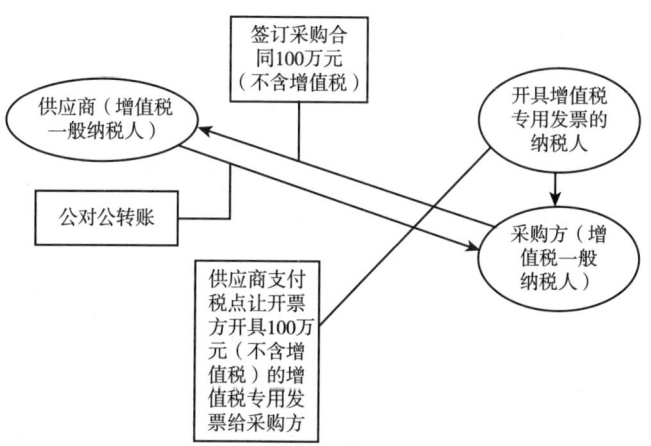

图5-3 没有真实交易情况下让他人为自己开具增值税专用发票的流程

虚开发票情形三的涉税分析：

图5-3显示：采购方与供应商具有真实的100万元（不含增值税）采购交易行为，采购方向供应商公对公转账支付采购货款，但供应商让开具发票的增值税纳税人为其自己向采购方开具增值税专用发票的行为，是介绍他人开具与实际经营业务情况不符的发票行为，构成虚开增值税专用发票的行为。

2.判断标准二：虽然有真实的经济交易活动，但是开票数量或金额大于真实经济交易结算的金额

有真实交易或真实劳务行为情况下的为他人、为自己、让他人为自己、介绍他人开具数量或者金额不实的增值税专用发票的行为，一定是虚开增值税专用发票的行为。

二、不属于"虚开增值税专用发票"的四种情形与证明不属于"虚开增值税专用发票"证据链

（一）不属于"虚开增值税专用发票"的四种情形

基于以上"虚开增值税专用发票"的法律依据分析，现实经济交易活动中，存在以下四种不属于"虚开增值税专用发票"的情形。

第一种：挂靠方以挂靠形式向受票方实际销售货物，被挂靠方向受票方开具增值税专用发票的，不属于刑法第二百零五条规定的"虚开增值税专用发票"。

第二种：行为人利用他人的名义从事经营活动，并以他人名义开具增值税专用发票的，即便行为人与该他人之间不存在挂靠关系，但若行为人进行了实际的经营活动，主观上并无骗取抵扣税款的故意，客观上也未造成国家增值税款损失的，不宜认定为刑法第二百零五条规定的"虚开增值税专用发票"行为。

第三种：有实际交易活动，他人为自己代开增值税专用发票不属于"虚开增值税专用发票"。实践中存在以下四种情形：

情形一：有真实交易情况下，他人为自己代开增值税专用发票的交易流程（见图5-4）。

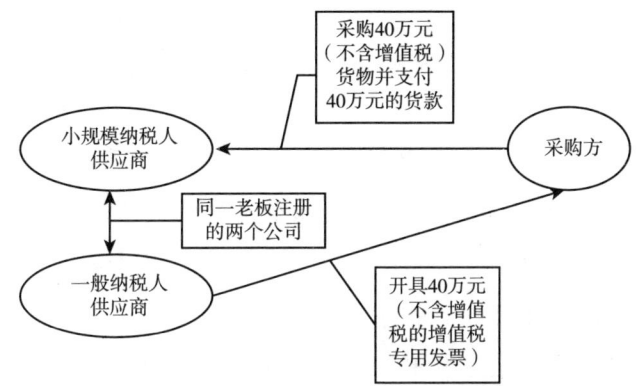

图5-4　他人为自己代开增值税专用发票情形一

情形一的涉税分析：

图5-4显示，销售方、收款方是小规模纳税人的销售方（供应商），开票方是一般纳税人的销售方（供应商），出现了销售方、收款方与发票开具方不是同一单位的情况，小规模纳税人让与其同一老板注册的一家一般纳税人供应商为其代开增值税专用发票给采购方，不属于虚开增值专用发票，但属于"不合规"的增值税发票，采购方不可以用来抵扣增值税销项税额和在企业所得税税前列支成本。

情形二：有真实交易情况下，他人为自己代开增值税专用发票的交易流程（见图5-5）。

情形二的涉税分析：

图5-5显示，收款方、销售方是一般纳税人的材料供应商总公司A，发票开具方是总公司A的分公司B，出现了销售方、收款方和开具方不是同一

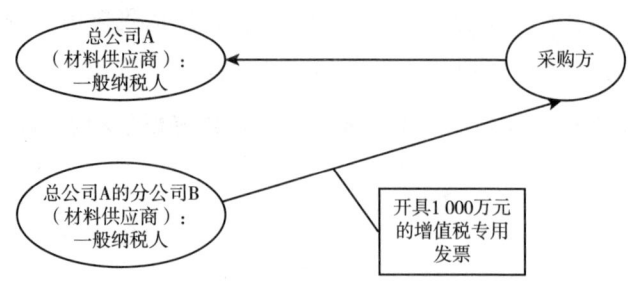

图5-5 他人为自己代开增值税专用发票情形二

个单位的情况,总公司A让其分公司B代开增值专用发票给采购方,采购方获得的一张1 000万元的增值税专用发票不属于虚开增值税专用发票,但属于"不合规"的增值税发票,不可以抵扣采购方的增值税销项税额,不得在采购方的企业所得税税前进行扣除。

情形三:让他人为自己代开增值税专用发票的交易流程(见图5-6)。

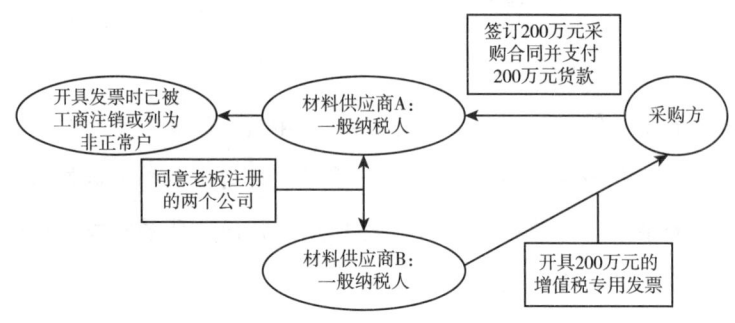

图5-6 他人为自己代开增值税专用发票情形三

情形三的涉税分析:

图5-6显示,收款方、销售方是一般纳税人的材料供应商A,发票开具方是与公司A同一老板的材料供应商B,出现了销售方、收款方和开具方不是同一个单位的情况,供应商A让与其同一老板的材料供应商B代开增值税专用发票给采购方,采购方获得的一张200万元的增值税专用发票,不属于

虚开增值税发票,不可以抵扣增值税进项税额,不得在采购方的企业所得税税前列支成本。

情形四:有真实交易情况下,他人为自己代开增值税专用发票的交易流程①(见图5-7)。

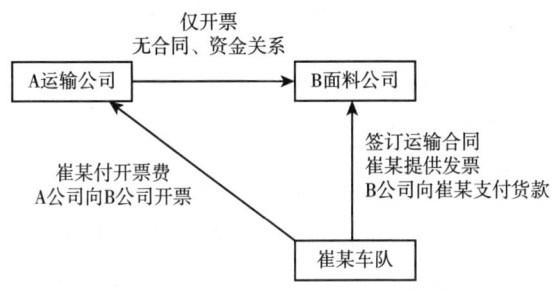

图5-7 他人为自己代开增值税专用发票情形四

交易和开票流程:崔某经营车队与B面料公司签订货物运输承揽合同,负责为B公司运送货物,赚取运费。B公司与崔某结算运费时,需要崔某提供增值税专用发票,崔某通过中间人介绍联系到A运输公司,根据崔某实际提供的运输服务,以A运输公司名义为B面料公司开票,崔某直接按照票面金额的4.6%支付开票费。A、B两公司之间未签订合同,也无资金往来。

情形四的涉税分析:

由于提供服务的崔某车队无开具增值税专用发票资格,而接受服务方B面料公司又必须要增值税专用发票实现销项税额抵扣及所得税成本列支。崔某让有增值税开票资格的A运输公司如实代开增值税发票给B面料公司抵扣增值税销项税,税款已由开票方A运输公司向税务部门足额缴纳,并未造成国家增值税税款损失。根据法研〔2015〕58号复函的规定,崔某让有增值税开票资格的A运输公司如实代开增值税发票给B面料公司,不属于虚开增值

---

① 本案例摘自:青岛市中级人民法院刑事判决书(2017)鲁02刑再2号。

税专用发票,但属于"不合格发票"不可以抵扣B面料公司的增值税销项税,也不可以在B面料公司的企业所得税税前列支成本。

第四种:同时符合国家税务总局公告2014年第39号文件规定的"三流一致"的对外开具增值税发票,不属于虚开增值税专用发票

(二)证明不属于"虚开增值税专用发票"必须提供的证据链

第一,证明业务真实性发生的合同、协议、采购订单、工程现场签证;

第二,对公账户转账凭证;

第三,货款结算单;

第四,劳务流(物流)凭证。在建筑领域主要体现为:工程计量确认单、建筑工地材料、设备验货确认单、发货单明细,运输单据。在非建筑领域的物流主要体现为:发货明细单、验货确认单、运输凭证。

三、虚抵发票的税法界定情形

虚抵增值税进项税额的增值税专用发票不一定是虚开的增值税发票。实践中存在很多纳税人获得的增值税专用发票不是虚开的,但是由于该增值税专用发票不符合国家行政法规和国家税务主管部门规定的抵扣条件,不能抵扣增值税进项税额但已被抵扣的情况。**虚抵发票的税法界定有如下两大情形。**

(一)受票方抵扣了开票方开票系统已作废增值税专用发票的增值税进项税

货物、劳务和应税服务的销售方向一般纳税人的采购方开具了增值税专用发票,该增值税专用发票已经在采购方进行了认证抵扣,可是由于销售方的开票人员操作不当将该已开的增值税专用发票在开票系统中进行了作废处理,而获得该增值税专用发票的采购方按照税法的规定不能抵扣该作废发票的增值税进项税额。

（二）受票方存在依照税法规定不能抵扣增值税进项税的增值税专用发票却进行抵扣的5种情形

第一，将供应商未开具盖有发票专用章的销售清单，只开具"材料一批"、汇总运输发票、办公用品和劳动保护用品的增值税专用发票抵扣了进项税金。

根据国税发〔2006〕156号第十二条的规定，一般纳税人销售货物或者提供应税劳务可汇总开具专用发票。汇总开具专用发票的，同时使用防伪税控系统开具"销售货物或者提供应税劳务清单"，并加盖财务专用章或者发票专用章。因此，供应商未开具销售清单，只开具"材料一批、汇总运输发票、办公用品和劳动保护用品的发票"，不可以抵扣进项税。

第二，将用于适用简易计税方法计税项目、非增值税应税项目、免征增值税项目、集体福利或者个人消费的购进货物、加工修理修配劳务、服务、无形资产和不动产的进项税额从销项税额中进行了抵扣。

根据《财政部 国家税务总局关于全面推开营业税改征增值税试点的通知》（财税〔2016〕36号）附件1——《营业税改征增值税试点实施办法》第二十六条第（一）项的规定，用于适用简易计税方法计税项目、非增值税应税项目、免征增值税项目、集体福利或者个人消费的购进货物、加工修理修配劳务、服务、无形资产和不动产的进项税额不得从销项税额中抵扣。基于此规定，用于适用简易计税方法计税项目、非增值税应税项目、免征增值税项目、集体福利或者个人消费的购进货物、加工修理修配劳务、服务、无形资产和不动产的进项税额不得从销项税额中抵扣。

第三，建筑企业和房地产公司将营改增前发生的采购行为等到营改增后获得供应商开具的增值税专用发票进行了抵扣。

1.营改增前（2016年4月30日前）采购的建筑施工材料已经用于工程施工项目，但是拖欠材料供应商的采购款，营改增后（2016年5月1日）才支付，并收到供应商开具的增值税专用发票，无论建筑企业选择简易计税方法还是一般计税方法计征增值税，依据税法规定都不可以抵扣增值税的进项税。

2. 营改增前购买的建筑机械设备、办公用品和其他存量资产，但未收到以上资产供应商开具的增值税普通发票，营改增后才收到以上资产供应商开具的增值税专用发票。如果建筑企业选择简易计税方法计算增值税，则不可以抵扣增值税的进项税；如果建筑企业选择一般计税方法计算增值税，则可以抵扣增值税的进项税。

3. 营改增前的老项目在营改增后继续进行施工，由于建筑施工企业根据税法规定选择了简易征税计税方法，所以老项目在营改增后所发生的增值税进项税不可以在新项目发生的增值税销项税中进行抵扣。

第四，将业务招待费用中不可以抵扣增值税进项税的住宿费用和餐饮费用进行了抵扣。

根据《财政部 国家税务总局关于全面推开营业税改征增值税试点的通知》（财税〔2016〕36号）附件1——《营业税改征增值税试点实施办法》第二十七条第（六）项的规定，购进的餐饮服务的进项税额不得从销项税额中抵扣。同时，根据《财政部 国家税务总局关于全面推开营业税改征增值税试点的通知》（财税〔2016〕36号）附件1——《营业税改征增值税试点实施办法》第二十六条第（一）项的规定，用于个人消费的购进货物、加工修理修配劳务、服务、无形资产和不动产的进项税额不得从销项税额中抵扣，其中个人消费包括交际应酬费用。基于以上税收政策规定，企业招待客户所发生的住所费用是个人消费支出，也是交际应酬支出，不可以抵扣增值税进项税额。

第五，在发生销售退回时，未按规定开具红字专用发票，实行对开发票抵扣了增值税进项税。

所谓的"对开发票"指的是销售方销售出去的货物因各种原因发生销售退回，依照税法规定应开具红字发票，但销售方让购货方向其开具一份正数的销售发票，将退货看作是对销货方的一种重新销售开票的行为。依照《增值税暂行条例实施细则》第十一条的规定，一般纳税人销售货物或者应税劳务，开具增值税专用发票后，发生销售货物退回或者折让、开票有误等情形，应按国家税务总局的规定开具红字增值税专用发票。未按规定开具红字增值税专用发票的，增值税额不得从销项税额中扣减。

四、防控虚开虚抵发票入成本之策

（一）应对虚开增值税专用发票的策略

1. 遵循"三流一致"或"四流一致"的税务风险管控原理

具体而言，在企业的实际交易过程中，必须做到以下两条发票开票原则：

一是发票开具必须与经济交易合同相匹配。

该原则有两层含义：第一，增值税专用发票上的货物、服务名称、金额，数量必须与交易合同中注明的货物、服务名称、金额、数量保持一致。如果交易合同中没有具体的数量、金额，货物、服务的名称，则发票上的货物、服务名称、金额，数量必须与货物或服务结算书上的货物、服务名称、金额，数量保持一致。第二，增值税专业发票上的开票金额必须与货款结算书的结算金额保持一致。如果出现材料、设备市场价格的涨价因素，则必须签订涨价的补偿协议。

二是有真实交易情况下才可开具发票。

该原则的含义是在只有存在真实交易的情况下，而且必须在增值税纳税义务发生时开具发票。根据《增值税发票开具指南》第二章第二节第四条的规定，纳税人应在增值税纳税义务发生时开具增值税发票。基于此规定，在没有真实交易行为情况下，开具发票是虚开发票的行为，有真实交易行为的情况下，必须在增值税纳税义务发生时才可开具增值税发票。

2. 遵循合同价、发票价和决算价的"三价统一"

所谓的"三价统一"是指符合民法规定具有法律效力的合同或协议上注明的价格、发票上填写的金额和结算价格都必须是相等的。实践中，发票上的金额是根据结算价而开具的。如果发票上的金额大于结算价，则一定是虚开发票；如果发票上的金额小于结算价，则企业有隐瞒收入之嫌疑。

3. 建筑房地产企业发票开具与工程造价清单相匹配

建筑房地产企业的成本发票在工程总造价中有一定的比例，这个比例就是在工程造价清单中的造价成本的基础上上浮5%—10%。因此，房地产企业和建筑企业在开具发票时，必须牢记，成本发票上的材料、设备的品种、规格、型号、数量和技术标准必须与本工程项目的造价清单中的材料、设备的品种、规格、型号、数量和技术标准保持一致。

4. 建筑房地产企业发票开具金额与工程计量确认单、工程劳务款进度结算和最终决算书上的结算金额保持一致

5. 非合同结算收入与工程项目部的签证报告相匹配

在建筑工程结算领域中，往往存在工程最后决算金额超过建筑合同所载明的合同金额的现象。主要原因是存在非合同结算收入的情况，即索赔结算收入，材料、人工费用市场波动调整结算收入，工程量变更和设计变更结算收入。以上三种非合同结算收入导致建筑企业向发包方多开具增值税发票，要规避多开具的增值税发票金额是虚开增值税发票的风险，建筑企业在项目施工过程中，必须收集各种客观证据，经监理师或发包方负责人签字的签证报告作为今后应对税务稽查的重要法律证据。

（二）应对虚抵增值税专用发票的策略

根据以上虚抵增值税发票的情形分析，笔者认为，规避虚抵增值税发票必须采取以下应对策略。

1.收到不可以抵扣增值税进项税额的增值税专用发票的应对策略

依据税法的规定,如果是不可以抵扣增值税进项税的一般纳税人,收到了增值税专用发票,则有两种策略:一是如果该张增值税专用发票没有跨越开票的当月,则通知对方在增值税开票系统中进行作废,并且将该张增值税专用发票的抵扣联和发票联寄回对方,要求对方重新开具增值税普通发票再进行入账。二是如果该张增值税专用发票已经跨月,则必须将该张增值税专用发票进行认证并抵扣,然后进行增值税进项税额转出处理。

2.严格依据税法规定开具或索取合规的增值税专用发票

建筑房地产企业在平常的经营实践中,依照税法的规定,对于不能抵扣增值税进项税的增值税专用发票的项目,坚决索取增值税普通发票而不索取增值税专用发票。对于销售退回、中止服务或退货业务,依照税法的规定,开具增值税红字发票。

第六章

建筑企业税收安全之策："涉税内控制度控税"两大计

制度是规范一个经济主体行为规范的总和，任何公司在经营过程中都有各自的公司管理制度。如果从制度与税收有无关系的角度来划分，公司管理制度分为涉税管理制度和非涉税管理制度。公司的各项制度都会影响一个公司的成本和收入，特别是涉税制度会严重影响一个公司税收成本。例如，公司的工资薪酬制度，劳动保护制度、安全生产经营制度、营销制度、采购制度、公司费用报销制度、业绩考核制度、招投标制度、人事管理制度、产品售后管理制度等，这些制度都会影响企业的成本从而影响企业税负。因此，制度控税的实质是利用国家税收政策，给企业设计和制定低税负的企业制度，使企业在涉税制度的安排下进行有序的生产经营活动，达到降低税负的目的。制度控税的思想也给企业提供了一条税收规划的思路，即为了让企业实现低税负的目的，应该多从制度上下功夫，在"只有制度才能成方圆"的理念下，给企业设计和制定各种低税负的涉税内控制度。本章重点介绍涉税内控制度控税策略两大计：一是建筑企业挂靠工程税收安全的涉税内控制度设计；二是建筑企业内部承包经营的涉税内控制度设计。

第一节 "涉税内控制度控税"第一计：设立建筑企业挂靠工程财税法风险防控的七项内控制度

所谓的制度控税是指企业通过设置良好的企业内部制度来规范企业的经营，使企业经营规范有序，开源节流，控制非税收成本，最终使企业降低税负，减少税收风险的一种税务管控行为。制度控税折射出一种税收与制度间的逻辑关系，即制度与税负之间是辩证统一关系：制度决定了公司的经营行为，公司的经营行为决定企业税负的多少。如果企业要进行节税，则必须重视公司各项管理制度的重构和设计，充分选择更有利于公司节税和规避企业税收风险的管理制度。建筑企业挂靠经营是建筑行业中非常普遍的经济现象，建筑挂靠经营涉及借用建筑企业资质承揽业务从事非法经营的法律风险，虚开增值税发票和挂靠人从被挂靠方取出利润漏税的税收风险以及挂靠人拖欠农民工劳务款、供应商材料款而被挂靠方负主要偿还责任的财务风险。为了控制以上风险，提升税收安全，笔者认为建筑企业挂靠经营工程必须制定和实施涉税内控制度。

一、建筑挂靠工程存在的法律风险

（一）挂靠建筑合同无效

《最高人民法院关于审理建设工程施工合同纠纷案件适用法律问题的解释（一）》（法释〔2020〕25）第一条规定："建设工程施工合同具有下列情形之一的，应当依据《民法典》第一百五十三条第一款的规定，认定无效：

（1）承包人未取得建筑业企业资质或者超越资质等级的；

（2）没有资质的实际施工人借用有资质的建筑施工企业名义的；

（3）建设工程必须进行招标而未招标或者中标无效的。

承包人因转包、违法分包建设工程与他人签订的建设工程施工合同，应当依据《民法典》第一百五十三条第一款及第七百九十一条第二款、第三款的规定，认定无效。

（二）被挂靠方对工程承担连带赔偿责任

《最高人民法院关于审理建设工程施工合同纠纷案件适用法律问题的解释（一）》（法释〔2020〕25号）第七条规定，缺乏资质的单位或者个人借用有资质的建筑施工企业名义签订建设工程施工合同，发包人请求出借方与借用方对建设工程质量不合格等因出借资质造成的损失承担连带赔偿责任的，人民法院应予支持。

（三）母公司中标子公司施工是违法转包行为

《住房和城乡建设部关于印发建筑工程施工发包与承包违法行为认定查处管理办法的通知》（建市规〔2019〕1号）第八条第（一）项，承包单位将其承包的全部工程转给其他单位（包括母公司承接建筑工程后将所承接工程交由具有独立法人资格的子公司施工的情形）或个人施工的是违法转包行为。

（四）排除在建设工程价款优先受偿权的权利主体资格之外

1.法律依据

第一，《最高人民法院关于审理建设工程施工合同纠纷案件适用法律问题的解释（一）》（法释〔2020〕25号）第三十五条规定，**与发包人**订立建设工程施工合同的承包人，依据《民法典》第八百零七条的规定请求其承建工程的价款就工程折价或者拍卖的价款优先受偿的，人民法院应予支持。

第二，《中华人民共和国民法典》第八百零七条规定，发包人未按照约定支付价款的，承包人可以催告发包人在合理期限内支付价款。发包人逾期（注意：这里的"逾期"是指上文谈到的"合理期限"）不支付的，除按照建设工程的性质不宜折价、拍卖的以外，承包人可以与发包人协议将该工程折价，也可以申请人民法院将该工程依法拍卖。建设工程的价款就该工程折价或者拍卖的价款优先受偿。

第三，《最高人民法院关于审理建设工程施工合同纠纷案件适用法律问题的解释（一）》（法释〔2020〕25号）第三十六条规定，承包人根据《中华人民共和国民法典》第八百零七条规定享有的建设工程价款优先受偿权优于抵押权和其他债权。

2.行使建设工程价款优先受偿权的权利主体的法理分析

第一，工程勘察人、设计人不享有优先受偿权。

基于以上法律规定，建设工程优先受偿权仅限于建设工程施工合同的承包人，不包含勘察、设计合同的勘察人及设计人。法释〔2020〕25号第三十五条对《合同法》第二百八十六条中的"承包人"进行了限缩解释，仅指与发包人订立建设工程施工合同的承包人，突出了合同相对性。据此，工程款的优先受偿权行使主体应作狭义的理解，即仅为建设工程施工合同的承包人，不包括勘察人及设计人。实务中存在的总承包模式包括：设计采购施工总承包（EPC模式）或交钥匙总承包、设计采购与施工管理总承包（EPCM模式）、设计+施工总承包（D+B）模式等。在这些总承包模式中，合同中约定的设计费甚至勘察费应属于工程款的范围，而且一般与施工款同时结算、同时支付。因而承包人可以就相关费用有主张优先权。

第二，法释〔2020〕25号明确规定实际施工人不享有建设工程价款优先受偿权。

"实际施工人"是指转包或者违法分包情况下进行工程实际施工的承包

人。根据《全国民事审判审判工作会议纪要》（2011年）第二十九条规定，因违法分包、转包等导致建设工程合同无效的，实际施工人请求依据合同法第二百八十六条规定对建设工程行使优先受偿权的，不予支持。法释〔2020〕25号第三十五条规定，在该纪要的基础上明确了实际施工人不享有建设工程价款优先受偿权。实际施工人，不包括承包方的履行辅助人、合法的专业分包工程承包方、劳务作业承包方。

实际施工人是指建设工程合同被认定为无效后，具体实施施工的单位与个人，一般指违法转包的承包方、违法分包的承包方、挂靠承包方、不具有建筑资质的承包方等。

第三，分包人是否享有工程价款优先受偿权。

如果是发包人、总包人、分包人三方签订合同，那么总包人、分包人连带享有优先权。如果发包人与总包人签订合同，总包人再与分包人签订合同，根据合同相对性原理，发包人与分包人之间没有直接的权利义务关系，即发包人对分包人没有支付工程款的义务。实践中，存在发包人指定分包人的情形，发包人与承包人签订的合同如果约定由发包人指定特定的项目由第三人作分包人，而且在履行的过程中，指定分包人完全代替承包人就特定工程项目履行了合同义务，承包人仅承担配合盖章等手续的义务，则在指定分包人与发包人之间形成了事实上的合同关系，在此情形下，指定的分包人享有工程价款优先受偿权。

第四，未完工或未经竣工验收的建设工程，且质量合格的情况下，承包人依然享有建设工程价款优先受偿权。

根据法释〔2020〕25号**第三十八条、第三十九条的规定**，建设工程质量合格，承包人请求其承建工程的价款就工程折价或者拍卖的价款优先受偿的，人民法院应予支持。未竣工的建设工程质量合格，承包人请求其承建工程的价款就其承建工程部分折价或者拍卖的价款优先受偿的，人民法院应予支持。

第五，建设工程转让后承包人仍然享有优先受偿权。

按照《中华人民共和国民法典》第八百零七条规定："发包人未按照约定支付价款的，承包人可以催告发包人在合理期限内支付价款。发包人逾期不支付的，除根据建设工程的性质不宜折价、拍卖外，承包人可以与发包人协议将该工程折价，也可以请求人民法院将该工程依法拍卖。建设工程的价款就该工程折价或者拍卖的价款优先受偿。"无论折价还是拍卖，应系发包人名下的工程，承包人不应与发包人将他人名下的工程折价或申请拍卖。

建设工程价款优先受偿权属于法定优先权，而法定优先权属于担保物权，具有一定的追及效力，其功能是担保工程款优先支付，该权利依附于所担保的工程而存在，即使被担保的工程发生转让，也不应影响承包人优先受偿权的行使。

5.存在虚开增值税专用发票罪的刑事责任

由于采购、货款支付和索取供应商发票缺乏制衡机制，很容易出现挂靠方的采购负责人用钱购买发票或向供应支付税点多索取发票被挂靠方财务部报销入账，即使存在真实交易行为的情况下，存在让他人为自己开具数量或者金额不实的增值税专用发票的现象，构成虚开增值税发票的行为，将面临一定的刑事处罚。

6.存在挂靠方私刻公章或借用被挂靠方公章从事民事经济行为致使被挂靠方承担债务清偿连带责任

在现实挂靠中，存在不少挂靠人私刻公章，与有关供应商签订采购合同以及其他担保合同，被挂靠方没有保管好公章，承担债务清偿的连带责任。

《最高人民法院关于适用〈中华人民共和国担保法〉若干问题的解释》第七条规定，主合同有效而担保合同无效，债权人无过错的，担保人与债务人对主合同债权人的经济损失，承担连带赔偿责任；债权人、担保人有过错的，担保人承担民事责任的部分，不应超过债务人不能清偿部分的二分之一。

《最高人民法院关于在审理经济纠纷案件中涉及经济犯罪嫌疑若干问题的规定》第四条规定，个人借用单位的业务介绍信、合同专用章或者盖有公章的空白合同书，以出借单位名义签订经济合同，骗取财物归个人占有、使用、处分或者进行其他犯罪活动，给对方造成经济损失构成犯罪的，**除依法追究借用人的刑事责任外**，出借业务介绍信、合同专用章或者盖有公章的空白合同书的**单位，依法应当承担赔偿责任**。但是，有证据证明被害人明知签订合同对方当事人是借用行为，仍与之签订合同的除外。

《最高人民法院关于在审理经济纠纷案件中涉及经济犯罪嫌疑若干问题的规定》第五条规定，行为人盗窃、盗用单位的公章、业务介绍信、盖有公章的空白合同书，或者私刻单位的公章签订经济合同，骗取财物归个人占有、使用、处分或者进行其他犯罪活动构成犯罪的，单位对行为人该犯罪行为所造成的经济损失不承担民事责任。

行为人私刻单位公章或者擅自使用单位公章、业务介绍信、盖有公章的空白合同书以签订经济合同的方法进行的犯罪行为，单位有明显过错，且该过错行为与被害人的经济损失之间具有因果关系的，单位对该犯罪行为所造成的经济损失，依法应当承担赔偿责任。

二、建筑挂靠工程存在的税务风险

（一）存在"不合规发票"现象，导致被挂靠方不能抵扣增值税销项税金以及不可以在企业所得税税前扣除成本

根据《企业所得税税前扣除凭证管理办法》（国家税务总局公告2018年第28号文件）第十二条的规定，所谓的"不符合规定的发票"是指"不合规发票",具体是指企业取得**私自印制、伪造、变造、作废、开票方非法取得、虚开、填写不规范**等不符合规定的发票。

由于建筑挂靠业务中的被挂靠方没有建立规范的发票管理制度,导致被挂靠方入账的不少发票是"不合规发票"。根据现有税法条款[①]的规定,企业取得的**"不符合规定发票"**的涉税风险是不得作为税前扣除凭据,抵扣税款。

---

① 《中华人民共和国发票管理办法》(中华人民共和国国务院令第587号)第二十一条"不符合规定的发票,不得作为财务报销凭证。任何单位和个人有权拒收"。

《国家税务总局关于加强企业所得税管理的意见》(国税发〔2008〕88号)第二条第(三)项第三款规定:"加强发票核实工作,不符合规定的发票不得作为税前扣除凭据。"

《国家税务总局关于进一步加强普通发票管理工作的通知》(国税发〔2008〕80号)第八条第(二)款规定:"在日常检查中发现纳税人使用不符合规定发票特别是没有填开付款方全称的发票,不得允许纳税人用于税前扣除、抵扣税款、出口退税和财务报销。"

《国家税务总局关于开展打击制售假发票和非法代开发票专项整治行动有关问题的通知》(国税发〔2008〕40号)第三条规定:"对于不符合规定的发票和其他凭证,包括虚假发票和非法代开发票,均不得用以税前扣除、出口退税、抵扣税款。"《网络发票管理办法》(国家税务总局令第30号)第七条规定:"单位和个人取得网络发票时,应及时查询验证网络发票信息的真实性、完整性,对不符合规定的发票,不得作为财务报销凭证,任何单位和个人有权拒收。"《企业所得税税前扣除凭证管理办法》(国家税务总局公告2018年第28号文件)第十二条规定,企业取得私自印制、伪造、变造、作废、开票方非法取得、虚开、填写不规范等不符合规定的发票(以下简称"不合规发票"),以及取得不符合国家法律、法规等相关规定的其他外部凭证(以下简称"不合规其他外部凭证"),不得作为税前扣除凭证。

（二）存在涉嫌虚开发票的行为

根据国家税务总局公告2014年第39号[①]的规定，如果一项销售行为或劳务行为同时满足，销售方（劳务提供方）、增值税专用发票的开具方、款项的收款方是同一民事主体，或者说满足"合同流、劳务流（物流）、资金流和票流"等"四流一致"的采购行为（劳务行为），不属于对外虚开增值税专用发票的行为。

《国家税务总局关于加强增值税征收管理若干问题的通知》（国税发〔1995〕192号）第一条第（三）项规定："购进货物或应税劳务支付货款、劳务费用的对象。纳税人购进货物或应税劳务，支付运输费用，所支付款项的对象，必须与开具抵扣凭证的销货单位、提供劳务的单位一致，才能够申报抵扣进项税额，否则不予抵扣。"该文件特别强调**"所支付款项的对象，必须与开具抵扣凭证的销货单位、提供劳务的单位一致"**，其含义是：谁支付款项并不重要，没有特别强调支付款项的单位，但必须一定是采购方或劳务接受方。只要收款方与开具增值税专用发票的单位是同一个单位，则获取增值税专用发票的单位就可以申报抵扣增值税进项税额，否则不可以申报抵扣增值税进项税额。

基于此规定，货物流、资金流、票流一致，在可控范围内可以安全抵扣，票面记载货物与实际入库货物必须相符，票面记载开票单位与实际收款单位必须一致。基于以上税收法律政策分析，建筑行业挂靠业务中的以上四

---

① 根据《国家税务总局关于纳税人对外开具增值税专用发票有关问题的公告》（国家税务总局公告2014年第39号）的规定，对外开具增值税专用发票同时符合以下情形的，不属于对外虚开增值税专用发票。

（1）纳税人向受票方纳税人销售了货物，或者提供了增值税应税劳务、应税服务；

（2）纳税人向受票方纳税人收取了所销售货物、所提供应税劳务或者应税服务的款项，或者取得了索取销售款项的凭据；

（3）纳税人按规定向受票方纳税人开具的增值税专用发票相关内容，与所销售货物、所提供应税劳务或者应税服务相符，且该增值税专用发票是纳税人合法取得，并以自己名义开具的。

种提取利润的方法，索取的增值税发票或被挂靠方财务报销的现象，是典型的"票款不一致"和"三流不统一"现象，甚至是虚开增值税发票的行为，是不可以抵扣增值税进项税的。

（三）存在被挂靠方被内部人或挂靠人举报公司虚列成本漏税、做假账的风险

由于被挂靠方的财务人员或挂靠方知道公司存在虚开增值税发票和购买发票增加成本少交税的可能。一旦有一天，对公司有不满情形的财务人员从公司辞职，向税务稽查机关、纪律检查部门、公安经侦部门举报公司存在虚开增值税发票和购买发票增加成本少交税的违法行为，则公司将面临的后果不堪设想。

三、建筑挂靠存在的财务风险

（一）存在"其他应收款"越来越大，无法消除的困境。

（二）存在被挂靠方不诚信挪用工程款，或者被法院封存银行账户的现象，挂靠方很难取得工程款。

（三）存在挂靠方挪用或滞留农民工工资、拖欠建筑材料供应商材料设备款，致使被挂靠方承担债务清偿的法律责任。

（四）存在挂靠方没有提供合法的发票成本致使被挂靠方财务上的报销凭证不合法。

（五）存在被挂靠方允许其他单位和个人以施工单位的名义对外承揽建设工程，导致拖欠农民工工资的，由被挂靠方清偿[①]。

[①]《保障农民工工资支付条例》（中华人民共和国国务院令第724）第36条第二款规定：施工单位允许其他单位和个人以施工单位的名义对外承揽建设工程，导致拖欠农民工工资的，由施工单位清偿。

四、建筑挂靠工程财税法风险防控的七项内控制度设计

（一）合同管理制度设计要点

合同决定业务流程，业务流程决定税收，合同是控制企业税收的主要源头。建筑挂靠业务涉及建筑总承包合同、采购合同、分包合同、租赁合同等各类合同的签订，被挂靠方在被挂靠经营中的合同管理策略设计要点包括三大方面。

1. 被挂靠方实行统一的合同会签制度，严格限制、禁止私自以项目部的名义对外签订合同

第一，必须使用被挂靠方统一格式模板的合同范本。

被挂靠方必须制定适合自身经营范围的统一格式模板的各类合同范本。挂靠方在签订所有的进项类合同时，必须使用被挂靠方统一的合同模板，以被挂靠方的名义与材料供应商、分包商和设备出租方等第三方签订合同。所有合同上必须盖**被挂靠方**的合同印章。必须杜绝以下两种行为：

一是不得让挂靠方随便从网上下载一份不规范的合同跟第三方签订合同，然后将合同交回被挂靠方盖章签字。

二是严格限制、禁止私自以项目部的名义对外签订合同。绝对不允许项目部刻有"某项目部"名字的合同业务章，然后由项目部与材料供应商、机械设备出租方和建筑劳务公司签订合同，合同上盖"某项目部"名字的公章。

第二，所有的合同由被挂靠方各职能部门统一会签。

挂靠方实施项目中涉及的进项类合同（劳务分包合同、物资采购合同、机械设备租赁合同、周转材料租赁合同）必须由被挂靠方法律部或合同管理部门统一审核、评审，然后由被挂靠方的经营、工程、法务、财务等职能部门进行合同会签，最后由被挂靠方的法人代表签字盖章。

2.实行统一的合同管理制度

第一，所有的合同必须在被挂靠方的合同管理部门进行备案建档管理。

签订进项类合同时，挂靠方必须向被挂靠方合同管理部或法律部提供**中标项目投标文件完整的工作量清单**，以便被挂靠方合同管理部或法律部就中标项目工作量和进项类合同采购量进行核实。被挂靠方合同管理部对挂靠项目实施过程中的进项类合同履行实行审核与监督，对挂靠方履行合同过程中不当行为有指导其整改的职责。挂靠方与供应方签署的进项类合同一式五份，被挂靠方合同管理部留原件三份，其中一份放在财务部存档，以便财务部审核合同付款之用，另外两份在被挂靠方合同管理部门或合约部门存档，挂靠方施工现场留原件（副本）一份存档，另原件（正本）一份为进项类合同供应方留存。所有的进项合同必须交给被挂靠方合同管理部门进行备案管理，未经被挂靠方盖章并在被挂靠方合同管理部门备案的进项类合同均视为无效合同。

第二，合同盖章的顺序管理。

如果被挂靠方对挂靠方项目实行非电子化管理，则挂靠方先从被挂靠方领用未盖章的空白书面字纸合同范本，然后交给相关第三方盖章签字，最后交回被挂靠方盖章签字。如果被挂靠方对挂靠方项目部实行信息化管理，对合同签订实施电子合同签订程序，则由被挂靠方合同管理部门统一审核电子合同无误后，打印出来后交由挂靠方，递交给第三方签字盖章后，再交回被挂靠方签字盖章。

第三，合同领用与编号管理。

挂靠方从被挂靠方领用未盖章的空白纸质合同范本或审核后的电子合同时，被挂靠方必须实行编号领用制度，挂靠方从被挂靠方领用未盖章的空白纸质合同范本或审核后的电子合同。如果出现写错的纸质合同或没有与第三方签订的合同，则必须交回被挂靠方保管，不能随意丢弃，否则罚款。

第四，财务部门审核合同付款管理。

与挂靠项目有关的所有进项类合同必须传递一份给被挂靠方项目部的财务部或财务处，财务部门审核合同并付款。

3. 视同为合同性质凭证的管理

在税法上，采购订单、发货单、提货单、验货确认单和货款结算单是合同性质的凭证。由于挂靠方拥有材料设备物资的采购权和定价权，所以被挂靠方应实行材料员派遣制度，对挂靠方实施项目中进项类合同（物资采购合同、机械设备租赁合同、周转材料租赁合同）涉及相关采购和租赁业务的材料和设备的入库及出库进行现场清点，填写好验收确认单，一式四份。一份留给挂靠方，一份留给供应商等第三方，一份留给被挂靠方的合约部或合同管理部管理，一份留给被挂靠方项目部的财务部作为付款和收取增值税发票的依据。

（二）建筑材料、设备采购管理制度设计

由于被挂靠项目的质量实行被挂靠方终身责任制，所以挂靠项目的工程质量管理是被挂靠方不可推卸的社会责任。为了防止豆腐渣工程，杜绝安全隐患，被挂靠方必须加强工程采购物资的管理。

1. 被挂靠方建立合格供应商的选择制度

被挂靠方根据自身的实践情况，**可以采取以下三种管理制度中的任何一种。**

第一，被挂靠方建立合格供应商库。

被挂靠方几乎靠挂靠方开展业务，为了杜绝走逃供应商或资信不良的材料供应商的开票行为，在只收取管理费用的情况下，让挂靠方将与其具有长期合作的供应商呈报给被挂靠方法律部或合同管理部门，由被挂靠方与其签订长期采购框架合作协议，约定材料的品种、技术标准、产品型号、内部协议采购优惠价格。将该供应商纳入被挂靠方的**合格供应商储备数据库，今后**

与被挂靠方合作的挂靠方必须从被挂靠方**合格供应商数据库中选择供应商采购建筑材料**。

第二，被挂靠方指定材料供应商。

当被挂靠方很强势，或挂靠业务在被挂靠方的业务中所占的比例很低的情况下，可以指定统一的材料供应商或被挂靠方认可的由挂靠方成立的材料贸易公司，让挂靠方到被挂靠方指定的材料供应商或被挂靠方认可的由挂靠方成立的材料贸易公司采购。

第三，被挂靠方指定材料和设备品牌，划定劣质供应商的标准。

当挂靠方很强势，而且挂靠方的资信很高时，被挂靠方只指定挂靠项目所用的材料和设备的品牌，让挂靠方在市场上自由选择材料和设备供应商。但是必须杜绝从以下劣质供应商采购材料和设备。根据工商营业执照的判断，劣质供应商的标准如下：

（1）刚注册的小规模增值税纳税人的材料供应商；

（2）经营时间在二年以内的材料供应商；

（3）经营地与公司注册地不一致的材料供应商。

2. 制定规范的建筑物资采购制度

第一，主材和设备的采购管理制度。

挂靠方以被挂靠方的名义从被挂靠方指定的供应商或按照被挂靠方指定的品牌要求而购买的工程所耗用的主材和设备。如果存在挂靠人垫资购买材料的情况，挂靠人必须先把资金支付给被挂靠方的银行账户，被挂靠方在财务上做借款处理，然后由被挂靠方支付给相关的供应商等第三方，等到发包方支付工程进度款时，必须先还挂靠方的借款。绝对不允许挂靠方直接将材料、设备款支付给供应商，然后索取发票回被挂靠方报销材料和设备款。

第二，辅料的采购管理制度。

挂靠方以被挂靠方的名义购买辅料，可以由挂靠方以现金支付、微信支付、支付宝支付，然后索取发票回被挂靠方财务处报销。但是建议单次报销在两万以内，最多不能超过五万，而且只能领取普票报销，不能领取增值税专用票报销。辅料报销一定要提供销售方盖章的销售清单明细。

（三）资金收付管理制度设计

1.挂靠项目的收支结算账户管理

挂靠项目的银行账户管理可以实行以下两种管理中的任何一种：

第一种是以被挂靠方的银行一般账户作为挂靠项目的收支结算账户；

第二种是设立项目部专属账户管理。即如果被挂靠方与挂靠的项目不在一个市辖区内，或跨省或在一个省内跨市县区，则被挂靠方在挂靠项目所在地选择一家银行，以被挂靠方的名义开设一个临时结算账户（简称"项目部专属账户"），本项目的所有资金收付结算通过该临时结算户进行，必须实行收支两条线管理。等到项目完工结算后，依法注销项目部专属账户。

挂靠项目所有的收支项目，零星支出除外，都必须通过被挂靠方的银行一般账户或项目专属账户进行收支结算。由于实践中的建筑工程都要垫资施工，被挂靠方不可能替挂靠方进行融资或垫资，所以挂靠方垫资用于采购材料和发放的工资都先转入被挂靠方的银行一般账户，然后由被挂靠方的银行一般账户或项目专属账户转入有关材料供应商、分包商、建筑设备出租方和有关人员的工资卡。

2.实行资金收付的集中统一管理

（1）项目部的资金支付计划管理。

挂靠方必须对挂靠项目部的采购、专业分包、劳务分包等需要的资金支付，提前制订资金支付使用计划，在规定的时间内提出付款申请，上报被挂靠方后，由被挂靠方按照公对公账户的原则，从被挂靠方银行存款账户直接支付给与挂靠工程项目有真实业务往来的供应商、分包商的银行账户。

（2）以被挂靠方的银行一般账户为项目付款的流程。

如果挂靠项目在以被挂靠方的银行一般账户进行走账的情况下，则资金上实行收支两条线管理，所有资金通过被挂靠方的U盾授权密码支付。挂靠方享有挂靠项目财务收支、核算的审批权，被挂靠方享有监督审批权。涉及财务支付款项时，须被挂靠方和挂靠方双方领导共同履行审批签字手续后方可支付。具体的操作程序如下：

第一步：由挂靠方负责财务管理的主管领导和财务负责人在付款通知单上签订确认；

第二步：挂靠方将该由挂靠方负责人签字的付款通知单交给被挂靠方主管财务工作的主管领导和财务负责人签字确认；

第三步：由被挂靠方的财务部填写付款凭证，并经被挂靠方负责财务的主管领导和财务负责人在付款凭证上签字确认；

第四步：被挂靠方的出纳进行付款。

（3）以被挂靠方设立的项目专属账户为项目部付款的流程。

如果在工程所在地，以被挂靠方的名义单独开设了临时银行结算户（或项目部专属账户）的情况下，则该项目部专属账户收付款的短信通知，必须绑定挂靠方主管领导的电话号码，以便挂靠人可以监管到项目部专属账户的资金变动。**被挂靠方派驻项目上主管财务的负责人，其他财务人员由挂靠方派驻项目部**，具体操作流程如下：

第一步：发包方将工程进度款拨入**被挂靠方的**基本账户时，**被挂靠方**先扣留管理费用和税费后，将剩余的工程款一次性拨入项目部专属账户。

第二步：项目部专属账户对挂靠项目的资金付款按照以下流程执行：

首先，由挂靠方负责财务管理的主管领导和财务负责人在**付款通知单**上签字确认；

其次，挂靠方将该由挂靠方负责人签字的付款通知单交给被挂靠方派驻项目上的主管财务工作的主管领导或财务负责人签字确认；

再次，由被挂靠方的财务部填写**付款凭证**，并经被挂靠方派驻项目上的负责财务的主管领导和财务负责人在付款凭证上签字确认；

最后，挂靠方的出纳进行付款。

（4）挂靠方垫资的**收付管理**。

如果挂靠项目需要挂靠方垫资的情况下，必须按照以下流程进行收付管理：

第一步：挂靠方将垫资款转让被挂靠方的银行一般账户或项目专属账户，财务上作短期借款处理，通过"其他应付款——挂靠方"科目核算。

第二步：被挂靠方在审核各类合同和发票相匹配并无误的情况下，通过被挂靠方的银行一般账户或项目专属账户支付给材料供应商、劳务公司、设备租赁公司等第三方的银行一般账户或基本账户。

第三步：当被挂靠方收到业主或发包方支付的工程进度款后，第一时间优先支付给挂靠方前期垫资款，财务上冲减"其他应付款——挂靠方"科目。

因此，如果在挂靠人垫资购买材料的情况下，挂靠人必须先把资金支付给被挂靠方的银行账户，被挂靠方在财务上做借款处理，然后由被挂靠方支付给相关的供应商等第三方，等到发包方支付工程进度款时，必须先还挂靠方的借款。绝对不允许挂靠方直接将材料、设备款支付给供应商，然后索取发票回被挂靠方报销材料和设备款。

（5）工程进度款收入的**收付管理策略**。

第一，绝对不允许被挂靠方的银行一般账户或项目专属账户收到业主或发包方的工程进度款后，先扣下管理费和税费后，一次性将剩下的工程进度款全部划转给挂靠方指定的银行账户或挂靠人本人的个人银行账户。

第二，一般情况下，绝对不允许业主或发包方将工程进度款直接划转给挂靠方指定的银行账户或挂靠人本人的个人银行账户，然后由被挂靠方开具发票给业主或发包方。

第三，当存在被挂靠方的银行账户被人民法院封存的情况下，为了保护挂靠人提取工程款的合法权利，可以由被挂靠方、挂靠方、业主或发包方签订委托付款协议书，约定被挂靠方应收业主或发包方的工程款债权让渡给挂靠方，以致抵销被挂靠方拖欠挂靠人的债务。在三方协议的情况下，业主或发包方将工程进度款直接划转给挂靠方指定的银行账户或挂靠人本人的个人银行账户，然后由被挂靠方开具发票给业主或发包方。

（6）挂靠项目涉及资金支付，必须遵循"见票付款"的原则。

所有的挂靠项目所发生的资金支付，在被挂靠方审核支付之前，必须"凭票付款"要求供应商、分包商根据合同约定先开具合规合法的增值税发票，被挂靠方驻挂靠项目部的财务负责人或负责核算挂靠项目的财务负责人根据合同审核票据无误后，再从被挂靠方的银行一般账户或项目专属账户进行公对公支付。

（7）农民工工资支出管理策略。

在农民工工资专用账户管理和农民工实名登记管理的双重管理制度下，建筑企业如何支付农民工工资，直接涉及建筑企业的财税安全问题！为此，笔者提出了无风险的三种农民工工资支付管理办法，具体操作要点如下：

支付方法一：**在没有实施农民工工资专用账户管理的情况下，建筑企业通过设立的农民工工资卡支付。**

在没有实施农民工工资专用账户管理的情况下，建筑企业必须给农民工办理工资卡，由建筑企业的财务部直接将农民工工资划入农民工工资卡上。**实际操作要点如下：**

一是如果建筑企业与农民签订灵活就业协议或全日制用工合同的情况下，建筑企业财务部必须审核项目经理或承包者本人给财务部传递的"农民工工资表""农民工工时考勤表"和"建筑企业与农民工签订的劳动合同花名册"上农民工名单的真实性，绝对不能虚列农民工人数套取资金。

二是如果建筑企业与班组长或包工头签订专业作业劳务分包合同的情况下，建筑企业财务部必须审核项目经理或承包者本人给财务部传递的"专业作业劳务款结算单""专业作业劳务工程量计量单"和"建筑企业与班组长或包工头签订的专业作业劳务分包合同"劳务款的真实性，绝对不能虚列在劳务工程量套取资金。

支付方法二：**在没有实施农民工工资专用账户管理的情况下，由项目经理或承包者本人现金支付。**

如果建筑企业将农民工工资直接从公司对公账户转入项目经理或承包者本人银行卡（公对私），再由项目经理或承包者以现金的形式支付给农民工本人，或者由项目经理或承包者垫资先支付给农民工本人，再回建筑企业财务部报销农民工工资成本，则必须采用以下操作要点：

一是制定统一的"委托收取农民工工资或劳务款"的协议书范文，所有的农民工（无论是否实名制登记管理）必须在协议书上签名按手印；

二是建筑公司必须与项目经理签订"委托代发农民工或劳务款"的协议；

三是建筑企业在发放农民工资或劳务款之前，要求项目经理在工程项目比较醒目的公告栏处张贴"农民工工资发放公示表"，范本如图6-1和表6-1所示。

_____项目_____标段工友们：
　　我公司将与近日委托姓名：_____项目经理，身份证号码：_____，联系电话：_____，以现金形式发放您们在本项目自____年__月__日至____年__月__日结算的劳务工资款。本次发放工资劳务款名单如下，如对工资或劳务款核算存在异议，请及时向本公司项目部投诉反映。

　　××（建筑企业）劳资监督员姓名：　　　　联系电话：
　　××（建筑企业）办公室监督员姓名：　　　联系电话：
　　××（建筑企业）财务部监督员姓名：　　　联系电话：

图6-1　农民工工资发放公示

表 6-1　　　　　　　　　工资名单

序号	工种	工人姓名	本次工资核算截止日期	备注
1				
2				
3				
4				
5				
6				
7				

说明：1.在本名单中如有不属于本班组工人的，请工友向项目部投诉，避免有人冒领工资。
　　　2.本公示名单需加盖用工主体单位公章。

支付方法三：在实施农民工工资专用账户和农民工实名制登记双重管理制度下，通过建筑企业总承包方在工地上设立的农民工资专用账户代付农民工工资劳务款。

在承建国家工程和市政工程的情况下，依照国家法律的规定，必须要求建筑企业总承包方在工程所在地选择一家当地建委监管的银行，设立农民工工资专用账户，由建筑企业总承包方代发建筑劳务分包方和建筑专业分包方的农民工工资劳务款。同时必须对工地上的农民工实施农民工实名登记管理，即用工单位必须将聘用的农民工的姓名、身份证号、照片、工种等信息录入当地建委的农民工实名登记信息平台。在以上管理制度下，农民工工资劳务款的支付必须采用以下内控操作要点：

第一，建筑企业总承包方必须在施工项目所在地，在当地建委的监管下的银行以建筑企业总承包方的名义设立"农民工工资专用账户"。

第二，建筑企业总承包方必须与劳务公司或建筑企业专业分包方签订"委托代发农民工工资"协议书。

第三，劳务公司和建筑专业分包方必须向与其签订劳动合同的农民工办理工资卡，并将工资卡发放到每一位农民手中，而且将农民工的工资卡信息报给建筑企业总承包方。

第四，建筑企业总承包方审核劳务公司或建筑企业专业分包方提交来的每月农民工工资卡，农民工工时考勤表和劳动合同花名册无误后，将通过农民工工资专用账户代发农民工工资。

第五，建筑企业总承包方将其中的一份代发农民工工资的银行流水，交给劳务公司或专业分包方（用工单位），作为财务核算的凭据。

3.被挂靠方实行统一的会计核算

被挂靠方对挂靠的项目在会计上单独建账、独立核算。被挂靠方必须向挂靠项目委派主任会计，全面负责挂靠项目的财务核算。被挂靠方对挂靠项目必须实行统一的财务核算制度，挂靠方就本挂靠的项目所发生的材料设备费、人工费、机械租赁费和管理费用，必须取得正规的合法票据（包括增值税专用发票和增值税普通发票），递交给被挂靠方进行会计核算，即挂靠方必须以被挂靠方的名义建账对该挂靠项目进行会计核算，挂靠方不进行会计核算，最后体现的项目利润全部在被挂靠方账上。

（四）挂靠项目的招投标内控管理制度设计

挂靠方以被挂靠方的名义对外进行有关的投标工作，具体的有关管理策略设计如下：

1.挂靠方在招标单位发布招标文件后，到被挂靠方开具介绍信，再去招标单位领取招标文件、以被挂靠方名义报名投标，被挂靠方必须做好投标登记工作，同时做好相关的配套管理服务。

2.被挂靠方根据招标单位的招标文件，制作投标文件，包括不限于技术标、商务标。同时，被挂靠方必须派管理人员参与开标全过程中的服务工作。

3.投标保证金的管理。

挂靠方先把投标保证金存入被挂靠方的基本银行账户，然后由被挂靠方根据《中华人民共和国招标投标法》的规定，从其基本银行账户向招标单位指定的银行账户支付投标保证金。如果工程中标，则挂靠方将工程中标情况及时告知被挂靠方的各个相关职能部门。

（五）挂靠项目的现场施工管理制度设计

1. 挂靠项目施工身份公示管理

挂靠方必须在项目部施工现场的边界处，用安全网或铁板围起来或修建临时的封闭式的施工围墙，通过广告公司制作广告牌，标明"被挂靠方+×××项目部"和"被挂靠方+承建×××项目"的宣传标语，并在广告牌上以及在塔式起重机等大型施工设备显要位置标明"被挂靠方的标识"，向社会告知施工方身份是被挂靠方。同时，在项目部的封闭式的施工围墙上标注"项目概况"，注明项目建设方、施工方、监理方、工程面积、项目管理人员等项目详细情况。

2. 项目管理人员派驻管理

被挂靠方对挂靠项目下发"关于成立×××项目部"的文件。然后，向挂靠的项目部派驻持证上岗的项目经理、经营、工程、安全、财务等人员，其人员工资、费用由挂靠的项目承担。被挂靠方委派在项目部的管理人员、被挂靠方总部职能部门的管理人员要对项目的经营、技术、工程生产、安全等实施管理。

（六）发票开具管理制度设计

1. 发票开具的申请审批流程

被挂靠方根据《建设工程施工承包合同》按期及时与发包方进行工程结算。被挂靠方要制定《发票管理办法》，开具发票之前，由挂靠项目部经办人员填写"发票开具申请表"，挂靠项目部的经办人员、项目负责人、项目财务负责人签字后，交由被挂靠方企业相关管理部门、财务部核准后，被挂靠方税务经办人员根据核准的"发票开具申请表"，根据增值税纳税义务向发包单位开具增值税专用发票或普通发票。

2.建筑领域的12种发票开具策略

(1)绝对不能索取发票抬头是"某项目部"名字的增值税专用发票。

营改增前,有不少建筑企业的项目部在索取各种成本发票时,往往存在成本发票上的抬头是"某项目部"的名字的现象。营改增后,由于抵扣增值税进项税必须符合"合同流、资金流、票流和物流(劳务流)"四流合一的关键要件,绝对不能索取发票抬头是"某项目部"名字的增值税专用发票。

(2)建筑企业发票开具与工程造价清单相匹配。

建筑房地产企业的成本发票在工程总造价中有一定的比例,这个比例就是在工程造价清单中的造价成本的基础上上浮5%—10%。因此,房地产企业和建筑企业在开具发票时,必须牢记,成本发票上的材料、设备的品种、规格、型号、数量和技术标准必须与本工程项目的造价清单中的材料、设备的品种、规格、型号、数量和技术标准保持一致。

(3)建筑房地产企业发票开具金额与工程计量确认单、工程劳务款进度结算和最终决算书上的结算金额保持一致。

(4)一般计税方法项目、简易计税方法项目混用材料的发票开具策略。

如果**被挂靠方**采购建筑材料既用于一般计税方法计征增值税的项目又用于简易计税方法计征增值税的项目,则必须在采购合同中分别约定材料供应商供应一般计税方法项目、简易计税方法项目的建筑材料数量、价格。并在合同中约定一般计税方法项目的建筑材料开具增值税专用发票,简易计税方法项目的建筑材料开具增值税普通发票。

(5)采购机械设备和周转材料既用于一般计税项目也用于简易计税项目的发票开具策略。

根据〔2016〕36号文件附件1——《营业税改征增值税试点实施办法》第二十七条第(一)项的规定,用于简易计税方法计税项目、免征增值税项目、集体福利或者个人消费的购进货物、加工修理修配劳务、服务、无形资产和不动产的进项税额不得从销项税额中抵扣。其中涉及的固定资产、无形资产、不动产，仅指专用于上述项目的固定资产、无形资产（不包括其他权益性无形资产）、不动产。特别要注意的是，本条规定涉及的固定资产、无形资产、不动产的进项税额不得从销项税额中抵扣的重要关键条件是"**专用于**"简易计税方法计税项目、免征增值税项目、集体福利或者个人消费的**进项税额**。换句话说，如果施工企业购买的固定资产、无形资产（不包括其他权益性无形资产）、不动产既用于一般计税方法计征增值税的项目也用于简易计税方法计征增值税的项目，就不属于"专用于"的情形，就可以抵扣增值税进项税额。基于以上税收政策的分析，**被挂靠方**采购既用于一般计税项目也用于简易计税项目的机械设备和其他周转材料，则要求供应商开具13%的税率的增值税专用发票。

（6）简易计税项目的成本发票的开具策略。

由于**被挂靠方**简易计税方法计征增值税的项目不可以抵扣增值税进项税额，所以建筑企业简易计税方法计征增值税的项目，所发生的所有成本，在签采购合同时，必须在采购合同中明确发票开具条款，即供应商必须开具增值税普通发票，不可以开具增值税专用发票。

（7）运输费用"一票制"和"二票制"的开具策略。

运输费用发票的"一票制"是指运输费用与材料采购费用开在一张增值税发票上，运输费用含在材料价格里，按照税率13%开具的一种开票方法。而"二票制"是指运输费用和材料采购费用各开一张增值税发票，运输费用按照9%的税率开具，材料费用按照13%的税率开具的一种开票方法。

如果**被挂靠方**期望材料供应商开具运输费用"一票制"的运输费用发票，则必须在采购合同中的价格条款中约定价格含运输费用。

（8）建筑企业总分包之间的发票开具策略。

根据《纳税人跨县（市、区）提供建筑服务增值税征收管理暂行办法》（国家税务总局公告2016年第17号）第七条规定，总承包方从分包方取得的增值税发票的"备注栏"中必须注明建筑服务发生地所在县（市、区）、项目的名称。基于此规定，如果**被挂靠方发生分包，被挂靠方**和分包方之间发生总分包业务，**被挂靠方**在建筑工程所在的税务局差额预缴增值税时，必须先取得分包方向**被挂靠方**开具的增值税发票，而且增值税发票上的"备注栏"中必须注明建筑服务发生地所在县（市、区）、项目的名称。

（9）房地产企业与建筑总承包方之间的发票开具策略。

《国家税务总局关于全面推开营业税改征增值税试点有关税收征收管理事项的公告》（国家税务总局公告2016年第23号）第四条第（三）项规定："提供建筑服务，纳税人自行开具或者税务机关代开增值税发票时，应在发票的备注栏注明建筑服务发生地县（市、区）名称及项目名称。"《国家税务总局关于营改增后土地增值税若干征管规定的公告》（国家税务总局公告2016年第70号）第五条规定："营改增后，土地增值税纳税人接受建筑安装服务取得的增值税发票，应按照《国家税务总局关于全面推开营业税改征增值税试点有关税收征收管理事项的公告》（国家税务总局公告2016年第23号）规定，在发票备注栏注明建筑服务发生地县（市、区）名称及项目名称，否则不得计入土地增值税扣除项目金额。"基于以上税收政策规定，房地产企业在与**被挂靠方**进行工程结算支付工程款，**被挂靠方**必须向房地产公司开具增值税发票时，应在增值税发票上的"备注栏"中必须注明建筑服务发生地所在县（市、区）、项目的名称。

（10）被挂靠方通过经营性租赁建筑机械设备（干租）的发票开具策略。

由于租赁公司动产租赁是2013年8月1日开始实施营改增的，因此，根据财税〔2016〕36号文件的规定，纯粹机械租赁模式或建筑企业通过经营性租赁建筑机械设备，即干租（出租方只出租设备，不提供操作人员）的发票开具分以下两种情况：

第一，如果机械租赁公司2016年5月1日后，租给**被挂靠方**工地上的设备是2013年8月1日之前购买的，则租赁公司按照3%简易计税方法征收增值税，并给承租方的**被挂靠方**开3%的专票（用于一般计税方法的项目）或普票（用于简易计税方法的项目）。

第二，如果机械租赁公司2016年5月1日后，租给**被挂靠方**工地上的设备是2013年8月1日之后购买的，则租赁公司按照13%计算征收增值税，并给承租方的**被挂靠方**开13%的专票（用于一般计税方法的项目）或普票（用于简易计税方法的项目）。

（11）被挂靠方湿租（出租方出租设备同时配备操作人员）的发票开具策略。

《财政部 国家税务总局关于明确金融 房地产开发 教育辅助服务等增值税政策的通知》（财税〔2016〕140号）第十六条规定："纳税人将建筑施工设备出租给他人使用并配备操作人员的，按照'建筑服务'缴纳增值税。"因此，如果**被挂靠方**租入建筑施工设备，在租赁合同中约定施工设备出租方提供设备操作人员，则出租方给**被挂靠方**开具9%的增值税专用发票（一般计税项目）或9%的增值税普通发票（简易计税项目）；如果在一份租赁合同中，只写租金总额，没有注明设备出租方配备操作人员，则按照以下两种情况开票处理：

第一，如果机械租赁公司2016年5月1日后，租给**被挂靠方**工地上的设备是2013年8月1日之前购买的，则租赁公司将机械租赁费用和劳务费用一起全部按照3%简易计税方法征收增值税，并为承租方的**被挂靠方**开具3%的专票（用于一般计税方法的项目）或普通发票（用于简易计税方法的项目）。

第二，如果机械租赁公司2016年5月1日后，租给**被挂靠方**工地上的设备是2013年8月1日之后购买的，则租赁公司将机械租赁费用和劳务费用一起全部按照13%计算征收增值税，并为承租方的**被挂靠方**开具13%的专票（用于一般计税方法的项目）或普通发票（用于简易计税方法的项目）。

（七）被挂靠方的印章管理制度设计

1.挂靠项目的项目部绝对不可以刻"某项目部"名字的公章

挂靠项目部绝对不可以刻带有"某项目部"名字的合同业务章，项目部发生的采购、租赁和劳务等事项，项目部绝对不可以与材料供应商、机械设备出租方和建筑劳务公司签订合同，合同上盖"某项目部"名字的公章。

2.挂靠项目发生的进项业务合同必须盖"被挂靠方公司名字"的合同章

项目部在履行施工活动中所发生的所有采购合同、租赁合同、劳务分包合同、专业分包合同，都以**被挂靠方**的名义与材料供应商、机械设备租赁公司、建筑劳务公司、建筑专业分包公司签订合同。合同上必须盖**"被挂靠方公司名字"**的合同章。

3.防止挂靠方私刻公章的管理策略

第一，使用"盖章+法定代表人签字"的方法双重防范措施，防止私刻公章的犯罪行为。

第二，实行印章"专人专管+使用登记"管理制度。

由于公司法并没有规定印章具体由哪个人或哪个部门管理，为了避免管理混乱，建议在公司章程中明确规定保管印章的权限部门，例如，在公司章程中约定，公司印章由法定代表人或董事会秘书掌管。找责任心强的人管理印章是第一要务，印章应当存放于保险柜等安全的地方。挂靠人在发生业务需要加盖印章时，必须到被挂靠方统一盖章，被挂靠方必须实行印章使用登记管理制度：登记盖章时间、经办人姓名、身份证号码、手机号、盖章的合同名称、合同对方的企业名称、法人代表、联系地址、联系电话等事宜。

第三，实行印章备案制度。印章一定要去公安机关备案，避免出现私刻印章的情况，印章如不慎丢失，建议第一时间报案并挂失补办。

[案例26]
前任法定代表人拿走公章该如何处理

（一）案情介绍

甲、乙、丙三个自然人股东共同成立了一家有限责任公司（以下简称"A公司"），甲任执行董事，乙任总经理，丙任监事。法定代表人由乙担任，公章也由乙保管。在公司经营过程中，由于乙经常违反公司章程的规定，甲、丙对乙的工作很不满意，对乙的意见也很大。因此，甲召集乙、丙召开临时股东会，乙无故缺席，甲和丙一致同意股东会决议：免去乙总经理和法定代表人职务，任命甲担任A公司的法定代表人，要求乙在三日内，将公章交回A公司，交给甲保管。乙收到股东会决议后拒绝交付公章。现在A公司没有公章什么事都做不了，去工商局办理法定代表人变更登记，工商局要求在变更登记申请表上盖公章，去法院起诉，法院也要求在起诉状上盖公章。该怎么办？

（二）相关法律依据分析

1.变更法定代表人的股东会决议后，A公司法定代表人是甲而不是乙

根据《公司法》第十三条的规定："公司法定代表人依照公司章程的规定，由董事长、执行董事或者总经理担任，并依法登记。"**基于此规定，公司法定代表人只能由董事长、执行董事或者总经理担任。乙在被股东会免去总经理职务后，已不具备担任A公司法定代表人的合法身份。虽然，公司法定代表人变更应依法办理变更登记手续，但并不意味着公司未办理变更登记手续，其法定代表人的变更就不具有法律效力。因而，未办理工商变更登记的法定代表人的变更，虽然不产生对外公示的法律效力，也不得对抗善意第三人，但这并不影响新任法定代表人甲代表公司行使其法定权利。**

具体到本案，A公司现在的法定代表人应该是甲，甲有权代表A公司行使民事权利。乙虽仍是A公司工商登记的法定代表人，但当乙收到A公司股东会决议后，乙已无权再代表A公司，也不应再以A公司法定代表人的名义从事民事活动。因而，乙在被股东会罢免了总经理职务后，已不具备担任A公司法定代表人的合法身份，A公司股东会已任命甲为法定代表人。因此，A公司有权要求公司登记机关为其办理法定代表人的变更事项登记。

2.前任法定代表人拿走印章是违法行为，必须承担侵权的法律责任

《公司法》第一百四十七条规定，董事、监事、高级管理人员应当遵守法律、行政法规和公司章程，对公司负有忠实义务和勤勉义务。

董事、监事、高级管理人员不得利用职权收受贿赂或者其他非法收入，**不得侵占公司的财产。**

《中华人民共和国民法典》第二百三十五条规定："无权占有不动产或动产的，权利人可以请求返还原物。"

从民事侵权角度来看，印章是公司对外活动的有形代表和法律凭证，其物权的所有权人属于公司，若无权占有印章的人控制该资产，拒不交出，导致公司经营困难，公司有权要求其承担侵权责任。

3.乙被免去A公司法定代表人职务后拒不返还公章怎么办？

由于公司公章被侵占，导致无法加盖公章，应如何对策，建议采用如下策略进行应对。

第一，建议A公司通过诉讼途径解决该问题。即甲作为股东会选举的新任法定代表人，以A公司名义对乙提起民事诉讼（起诉状由甲签名）。

第二，鉴于A公司法定代表人的变更尚未在工商部门进行登记公示，甲作为新任法定代表人，应尽快以A公司的名义，通过向公安部门报案、登报，向客户、供应商、物流、银行、税务、海关等相关方致函等多种手段，声明或告知相关方，A公司法定代表人已由乙变更为甲，从即日起乙的签名及盖章行为不再代表A公司，并同时提供A公司的股东会决议作为证明文件，以求最大限度降低乙拒不返还公章期间给A公司带来的财务、税务和法律风险。

[案例27]
内部职能部门印章担保公司是否应该承担责任

（一）案情介绍

A建筑公司中标承建宜昌市某房地产施工项目，并在施工现场设立了项目部并刻制了项目部公章及财务专用章。项目部与自然人黄某签订《桩基工程分包合同》，将项目桩基工程分包给黄某实施。黄某为实施该项目与B钢材贸易公司签订《钢材采购合同》，B公司担心黄某不能按时支付钢材款，要求项目部提供担保，于是项目经理李先生在《钢材采购合同》中的"担保人"一栏中签字并加盖项目部印章。后来，因黄某欠付B公司1 000万元钢材款，B公司向法院起诉要求黄某支付1 000万元钢材款及利息，同时要求A公司承担连带付款责任。项目部经理李先生表示：项目不属于分支机构，盖章是无效的，不同意承担担保责任。那么，A建筑公司项目部的担保行为是否有效？是否应该承担赔偿责任？

（二）相关法律依据分析

1.企业内部职能部门属于非法人组织，不得为保证人，签订的担保合同无效

《中华人民共和国民法典》（中华人民共和国主席令第45号）第七十四条规定，法人可以依法设立分支机构。法律、行政法规规定分支机构应当登记的，依照其规定。**分支机构以自己的名义从事民事活动，产生的民事责任由法人承担；也可以先以该分支机构管理的财产承担，不足以承担的，由法人承担。**第一百零二条规定，非法人组织是不具有法人资格，但是能够依法

以自己的名义从事民事活动的组织。非法人组织包括个人独资企业、合伙企业、不具有法人资格的专业服务机构等。第六百八十三条第二款的规定，**非法人组织不得为保证人。**

根据《公司法》第十六条规定，公司向其他企业投资或者为他人提供担保，依照公司章程的规定，由董事会或者股东会、股东大会决议。

根据《九民会议纪要》或《全国法院民商事审判工作会议纪要》（法〔2019〕254号）第十七条精神，未经授权提供担保的，债权人非善意的，担保合同无效。

基于以上法律规定，本案例中的项目部是非法人组织，不得为保证人，项目部未经总公司授权，对外担保行为是无效担保！其项目经理李先生虽然在《钢材采购合同》中的"担保人"一栏中签字并加盖项目部印章，但是所形成的担保无效！

2.债权人、担保人均有过错

债权人明知A公司未提供担保决议、授权委托书等而意图成立担保法律关系，履行审查义务不到位，存在过错。A公司及项目部印章管理制度建立或执行不到位，对项目经理管理不到位，存在一定过错。

3.主合同有效，担保合同无效的情况下，项目部（担保人）是否承担法律赔偿责任

《公司法》第十四条规定，公司可以设立分公司。分公司不具有法人资格，其民事责任由公司承担。基于此法律规定，项目部作为派出机构，项目经理签字及加盖项目部公章行为，应由A公司承受。

《中华人民共和国民法典》（中华人民共和国主席令第45号）第六百八十二条规定，保证合同是主债权债务合同的从合同。主债权债务合同无效的，保证合同无效，但是法律另有规定的除外。保证合同被确认无效后，债务人、保证人、债权人有过错的，应当根据其过错各自承担相应的民事责任。

《最高人民法院关于适用〈中华人民共和国担保法〉若干问题的解释》

（法释〔2000〕44号）第七条规定，主合同有效而担保合同无效，债权人无过错的，担保人与债务人对主合同债权人的经济损失，承担连带赔偿责任；**债权人、担保人有过错的，担保人承担民事责任的部分，不应超过债务人不能清偿部分的二分之一**。第八条规定，主合同无效而导致担保合同无效，担保人无过错的，担保人不承担民事责任；担保人有过错的，担保人承担民事责任的部分，不应超过债务人不能清偿部分的三分之一。

基于以上法律规定，A建筑公司疏于对职能部门（项目部）印章的管理，也是产生该无效担保的原因，同时债权人B公司本身每月对项目部是否取得有A建筑公司的授权进行审查，也存在过错，应对自己承担该部分责任。

因此，不超过黄某欠付的1 000万钢材款及利息的二分之一，可由项目部先行承担，偿付能力不足的由A公司承担。

（三）公司项目印章的财税法风险管控的三大策略

1.实行项目部印章备案管理

建议项目部的印章在项目所在地公安局进行备案，一旦出现备案印章以外的情况，公司可以进行有效抗辩。

2.建立项目部或内部职能部门印章的使用管理制度

第一，企业应加强对项目部印章、部门印章的使用管理，限定其用途和使用审批程序，按公司行政公章的使用程序严格要求各级印章保管和使用单位。项目部印章和部门印章要严格限定使用范围，不能用于对外签订合同，不能在对外承诺、证明等材料上使用，必要时要将使用权限通知业主、原材料供应商等利益相关方。

第二，项目部和企业的职能部门要指定印章用印和保管人，建立印章使用台账，绝不允许分包方使用项目部印章。

第三，企业所属部门发生变更或被撤销后，印章统一管理部门必须收缴部门印章及用印记录；所属分公司注销后，在工商注销手续完成后，必须收缴分公司包括行政印章、合同专用章、财务专用章、负责人名章等在内的全部印章及用印记录；项目部关闭后，项目部印章及用印记录必须全部上缴企业印章管理部门。企业印章管理部门会同法律部门将收缴的印章统一销毁，用印记录由印章管理部门按档案管理规定存档。

3.实行印章使用追责制度

如果项目部出现乱用印章的情况，涉嫌构成犯罪，建议通过刑事责任的追究，避免公司的损失扩大。

（四）内部职能部门印章对外盖章提供担保承担的担保赔偿费用支出的财税处理

1.担保支出可以在A公司的企业所得税税前扣除

《企业资产损失所得税税前扣除管理办法》（国家税务总局公告2011年第25号）第四十四条规定，企业对外提供与本企业生产经营活动有关的担保，因被担保人不能按期偿还债务而承担连带责任，经追索，被担保人无偿还能力，对无法追回的金额，比照本办法规定的应收款项损失进行处理。与本企业生产经营活动有关的担保是指企业对外提供的与本企业应税收入、投资、融资、材料采购、产品销售等生产经营活动相关的担保。

《中华人民共和国企业所得税法》第十条第（八）项的规定，在计算应纳税所得额时，与取得收入无关的其他支出不可以在企业所得税税前扣除。

基于以上税法的规定，**本案例中**不超过黄某欠付的1 000万钢材款及利息的二分之一，可由项目部先行承担，偿付能力不足的由A公司承担的担保支出，凭借收款收据或银行付款流水单、担保合同，可以在A公司的企业所得税税前进行扣除。

2.担保支出是"非应税项目支出"，收取担保支出的一方不开具发票给支付担保支出的一方

《企业所得税税前扣除凭证管理办法》（国家税务总局公告2018年第28

号）第十条规定，企业在境内发生的支出项目不属于应税项目的（"**非应税项目支出**"），对方为单位的，以对方开具的发票以外的其他外部凭证作为税前扣除凭证；对方为个人的，以内部凭证作为税前扣除凭证。

基于此税法的规定，本案例中A公司项目部经理用项目部印章，在黄某（该人与A公司已经签订《桩基工程分包合同》）与B钢材贸易公司签订的《钢材采购合同》盖章并签字，提供担保的行为，与A公司中标承建宜昌市某房地产施工项目相关联。A公司承担的担保支出是属于"非应税项目支出"，对方B钢材贸易公司收到的担保支出不开具发票给A公司。在财务上，A公司支付的担保费直接在"营业外支出"会计科目核算。

[案例28]
公司印章被盗用、被私刻、被滥用该如何处理

（一）案情介绍

马先生是甲工程有限公司的负责人，其公司主要从事工程方面的业务且长期与某开发公司合作，业务一直很稳定。直到2022年12月，马先生接到了苏先生的电话，苏先生在电话中说，有位陆先生从他那里租赁了脚手架等设备，租金共计100万元，现在陆先生不能按时支付租赁款，甲公司作为担保人应当代为偿还租赁款。听到苏先生的要求后，马先生很吃惊，因为他根本不认识苏先生，这项业务他根本不知情，不可能提供担保。马先生随即联系了陆先生，陆先生是另外一个工地的包工头，常年跟公司有合作关系。

陆先生向马先生道歉并说清了事情的来龙去脉：原来，苏先生是做脚手架等租赁生意的，陆先生从他那里陆续租赁了不少设备，租金100万元。苏先生要求他找个有实力的单位做担保，于是，他想起了甲公司。由于跟公司的一些员工关系较好，可以经常出入办公室，所以某天他趁公司办公室的人

上厕所，从桌子上拿了公章盖在合同上。然而陆先生没想到，今年效益很差，根本还不上这笔租赁款，这才给马先生的公司带来了麻烦。

马先生联系苏先生告诉他实际情况，但苏先生并不认可，他表示只认公章不认人，坚决要求甲公司承担赔偿责任。面对这种情况，甲公司是否承担责任呢？应如何防控公司公章被盗用呢？

（二）相关法律依据的分析

1.陆先生盗用甲公司的公章签订的担保合同无效

《公司法》第十六条规定，公司向其他企业投资或者为他人提供担保，依照公司章程的规定，由董事会或者股东会、股东大会决议。

《中华人民共和国民法典》第一百五十三条规定，违反法律、行政法规的强制性规定的民事法律行为无效。但是，该强制性规定不导致该民事法律行为无效的除外。

基于以上法律规定，陆先生盗用甲公司的公章签订的担保合同，致使甲公司对其担保行为不知情，违背了《公司法》第十六条"公司对外提供担保，必须经董事会或者股东会、股东大会决议"的强制性规定，是无效的担保合同。

2.甲公司疏于公司公章的管理过错，必须承担一半的损失赔偿责任

《最高人民法院关于在审理经济纠纷案件中涉及经济犯罪嫌疑若干问题的规定》第五条规定，行为人盗窃、盗用单位的公章、业务介绍信、盖有公章的空白合同书，或者私刻单位的公章签订经济合同，骗取财物归个人占有、使用、处分或者进行其他犯罪活动构成犯罪的，单位对行为人该犯罪行为所造成的经济损失不承担民事责任。

行为人私刻单位公章或者擅自使用单位公章、业务介绍信、盖有公章的空白合同书以签订经济合同的方法进行的犯罪行为，**单位有明显过错，且该过错行为与被害人的经济损失之间具有因果关系的，单位对该犯罪行为所造**

成的经济损失，依法应当承担赔偿责任。

《中华人民共和国民法典》（中华人民共和国主席令第45号）第六百八十二条规定，保证合同是主债权债务合同的从合同。主债权债务合同无效的，保证合同无效，但是法律另有规定的除外。保证合同被确认无效后，债务人、保证人、债权人有过错的，应当根据其过错各自承担相应的民事责任。

《最高人民法院关于适用〈中华人民共和国担保法〉若干问题的解释》（法释〔2000〕44号）第七条规定，主合同有效而担保合同无效，债权人无过错的，担保人与债务人对主合同债权人的经济损失，承担连带赔偿责任；债权人、担保人有过错的，担保人承担民事责任的部分，不应超过债务人不能清偿部分的二分之一。

基于以上法律规定，甲公司对陆先生盗用公司公章负有很大的过错责任，这种过错责任主要体现在甲公司没有对公章进行妥善、严密的管理，公章日常放在桌面，没有放置在保险柜等严密的安全环境下，导致陆先生有机会盗用甲公司的公章从事违法犯罪活动。对苏先生来说，公章的加盖足以使他相信甲公司对外担保的行为。对于甲公司而言，如果能证明公章存放于保险柜，且没有任何过错，则当事人将公章盗窃后实施其他行为，单位不承担赔偿责任。因此，马先生所在的甲公司基于过错行为，承担损失的二分之一的担保责任。

（三）公司公章被盗用、被私刻、被滥用的财税法风险管控策略

1. 实行公司公章由专人专管的制度

一是实行印章专人保管制度。

由于公司法没有规定公章具体由哪个人或哪个部门管理，为避免管理混乱，建议在公司章程中明确规定：保管公章的权限部门，并指定公章保管人员。例如，在公司章程中约定由法定代表人或董事会秘书掌管公章。公司公

章、财务专用章、发票专用章、公司合同章不可以同一个人保管。明确印章保管人的责任,公司只有尽到对印章的保管责任,才能在印章被盗用和被私刻时免责。如果公章被盗用,公司没有尽到基本的保管义务,则必须要在过错范围内对外承担责任。

二是实行印章专地保管制度。公司印章必须存放在保险柜里,实行两个人管理,一人管钥匙,一人管密码,两个人同时在的时候才能打开。对于公司而言,如果能证明公章存放保险柜里,当事人将公章盗窃后实施其他行为,单位没有任何过错,单位不承担赔偿责任。

2. 实行公司印章备案制度

一是公司公章一定要去公司所在地公安机关备案,避免出现私刻印章的情况,印章如不慎丢失,建议第一时间报案并挂失补办。

二是公司所有盖过章的文件必须要留有备份,以便公司今后刻查。

3. 建立严格的公司印章安全使用管理制度

一是对于公司对外担保使用公章行为,必须经过股东会或董事会决议通过后,方可使用公章。

《公司法》第十六条规定,公司向其他企业投资或者为他人提供担保,依照公司章程的规定,由董事会或者股东会、股东大会决议。

《最高人民法院关于适用〈中华人民共和国公司法〉若干问题的规定》(四)第六条规定,股东会或者股东大会、董事会决议被人民法院判决确认无效或者撤销的,公司依据该决议与善意相对人形成的民事法律关系不受影响。

基于以上法律规定,公司的法定代表人私自盖章对外担保的担保合同,虽然没有经过公司股东会决议,但不可以对抗外部第三人。因此,公司的法定代表人私自盖章对外担保的担保合同有效,公司高管必须承担担保责任。但由于法定代表人未取得股东会的决议授权,公司内部可以向法定代表人进行损失追偿。

因此，为了加强公司对外提供担保的用章行为，在公司用章管理制度中明确规定：公司对外担保使用公章行为，必须经过股东会或董事会决议通过后，方可使用公章。

二是公司印章使用实行审批和用章登记管理制度。公司每次需要对外盖章前，必须按照一定的公司权限部门领导审批签字后，到公司印章保管人员处详细填写用章登记表。该用章登记表必须有以下人签字：拿钥匙的人和拿密码的人签字确认某年某月某日某时某刻取出公司印章；使用印章的人签字、印章审批人签字。该用章登记表要记录以下事项：盖章类型、印章的用途。经过登记后，印章保管人员审核后再进行盖章！

第二节 "涉税内控制度控税"第二计：设立建筑企业内部承包经营的涉税内控制度

一、内部承包经营责任制（业务模式一）是合法行为

（一）企业承包经营责任制是在改革开放之初的国有企业开始实施的一种企业管理制度

《全民所有制工业企业转换经营机制条例》（国务院第103号令）第七条第二款规定："继续坚持和完善企业承包经营责任制。"《全民所有制工业企业承包经营责任制暂行条例》第二条规定，承包经营责任制，是在坚持企业的社会主义全民所有制的基础上，按照所有权与经营权分离的原则，以承包经营合同形式，确定国家与企业的责任权利关系，使企业做到自主经营、自负盈亏的经营管理制度。第五条规定，实行承包经营责任制，按照包死基数、确保上交、超收多留、欠收自补的原则，确定国家与企业的分配关系。《全民所有制

工业企业暂行条例》第二十六条规定，实行承包经营责任制，一般应当采取公开招标办法通过竞争确定企业经营者或经营集团。也可以按国家规定的其他方式确定企业经营者。招标可在本企业或本行业中进行，有条件的也可以面向社会通过人才市场进行。投标者可以是个人、集团或企业法人。集团或企业法人中标后，必须确定企业经营者。第二十九条规定，企业经营者必须具备下列条件：(1)国家规定的厂长(经理)条件；(2)招标规定的其他条件。第三十条规定，企业经营者是企业的厂长(经理)，企业的法定代表人，对企业全面负责。第三十一条规定，企业经营者可根据需要，按国家有关规定聘任一定数量的人员，组成企业领导班子。承包期满后，原企业领导班子即告解散。

从以上文件规定来看，承包经营责任制是中国特色社会主义企业改革所采取的经营责任制形式之一。主要在全民所有制大中型企业实行，直到1992年10月中共十四大报告指出："当前实行的经营承包制应当进一步完善。"由于企业承包经营责任制未从根本上触及国有企业的产权结构，并未取得预期的效果，从而被建立现代企业制度——公司制的潮流所取代。因此，随着社会主义市场经济的深入发展，为了激励民营企业的一些股东，投资者，职业经理的经营积极性，企业承包经营责任制在一些民营企业的管理制度中，仍然大量采用。

（二）企业承包经营责任制的两种业务模式

实践中的企业承包经营责任制存在两种业务模式。

1. 业务模式一：发包方与承包方签订的承包经营责任制合同约定，承包人以发包人的名义对外经营，承包经营中出现的相关法律责任由发包方承担。

2. 业务模式二：发包方与承包方签订的承包经营责任制合同约定，承包人以承包人的名义对外经营，承包经营中出现的相关法律责任由承包方承担。

(三)项目经理(包工头)内部承包经营责任制应采用的业务模式:业务模式一,而不能采用业务模式二的法律分析

根据《建筑法》和《建筑工程施工发包与承包违法行为认定查处管理办法》(建市规〔2019〕1号)的规定,建筑行业中的项目经理(包工头)承包制只能采用业务模式一,而不能采用业务模式二。因为,采用业务模式二是违法分包行为。

根据建市规〔2019〕1号第八条的规定,符合以下情形之一的是违法分包行为:

(1)承包单位将其承包的全部工程肢解以后,以分包的名义分别转给个人施工的。

(2)施工总承包单位或专业承包单位未派驻项目负责人、技术负责人、质量管理负责人、安全管理负责人等主要管理人员,或派驻的项目负责人、技术负责人、质量管理负责人、安全管理负责人中一人及以上与施工单位没有订立劳动合同且没有建立劳动工资和社会养老保险关系,或派驻的项目负责人未对该工程的施工活动进行组织管理,又不能进行合理解释并提供相应证明的。

(3)合同约定由承包单位负责采购的主要建筑材料、构配件及工程设备或租赁的施工机械设备,由其他单位或个人采购、租赁,或施工单位不能提供有关采购、租赁合同及发票等证明,又不能进行合理解释并提供相应证明的。

(4)专业作业承包人承包的范围是承包单位承包的全部工程,专业作业承包人计取的是除上缴给承包单位"管理费"之外的全部工程价款的。

基于以上法律规定,如果**项目经理(包工头)承包制采用业务模式二:发包方与承包方签订的承包经营责任制合同约定,承包人以承包人的名义对外经营,承包经营中出现的相关法律责任由承包方承担**。就意味着,项目经

理（包工头）对外承担承包经营相关的法律责任，承包的建筑工程项目是以项目经理（包工头）的名义对外经营。这种业务模式决定了财务核算上必须以项目经理（包工头）作为独立的会计核算主体，必须以项目经理（包工头）作为增值税和其他税费的纳税主体。项目上的所有管理人员必须由项目经理（包工头）进行聘请，这与项目经理（包工头）不是《劳动合同法》规定的用工主体，与项目经理（包工头）没有建筑资质不能承包建筑工程的《建筑法》相悖。

温馨提示：承包制模式一是内部承包制，是合法的行为。承包模式二是外部承包制，只能适用于建筑劳务的外部承包制才是合法的！

二、建筑企业内部承包责任制（项目经理或包工头内部承包）的管理制度设计

第一，内部承包人：项目经理或包工头必须与被承包方（发包方）必须签订劳动合同，有劳动合同关系，有社保缴纳、工资发放关系。

第二，项目经理（包工头）承包的工程中所发生的所有成本对应的各类成本合同都以发包人的名义对外统一签订。

第三，项目经理（包工头）承包的工程所发生的所有成本发票都开给发包人。

第四，项目经理（包工头）承包的工程都以发包人的名义对外统一进行会计核算。

第五，项目经理（包工头）承包的工程中所雇佣的人员，在没有发生劳务外包的情况下，都是发包人的雇员，与发包人是法律上的雇佣与被雇佣的劳动关系，雇员的社保、工资都由发包方承担。

第六，项目经理（包工头）承包的工程中所发生的增值税、企业所得税等税费以及出现的拖欠供应商、农民工、设备出租方等第三方的款项、工程

出现的质量、工伤赔偿等责任都由发包方承担,然后发包方向承包方追偿。

第七,项目经理(包工头)与发包人签订的内部承包经营责任制合同中约定承包经济指标:

(1)项目经理(包工头),以承包本工程项目不含增值税的最终决算金额的一定比例向发包方留存税后利润,本项目税后利润扣除向发包方留存的税后利润全归承包方项目经理(包工头)所有。

(2)项目经理(包工头)承担本承包项目依法必须缴纳的各项税费和政府规费,由纳税义务人发包方依法缴纳。

三、项目经理(包工头)内部承包制业务模式一的税务处理

(一)增值税的纳税义务人:发包方而不是项目经理(包工头)

财税【2016】36号文件附件1——《营业税改征增值税试点实施办法》第二条规定,单位以承包、承租、挂靠方式经营的,承包人、承租人、挂靠人(以下统称"承包人")以发包人、出租人、被挂靠人(以下统称"发包人")名义对外经营并由发包人承担相关法律责任的,**以该发包人为纳税人**。否则,以承包人为纳税人。基于此税法条款的规定,**项目经理(包工头)承包制采用业务模式一的增值税纳税义务人是发包方而不是项目经理(包工头)**,由发包方统一对外向业主或建设单位开具增值税发票。

(二)企业所得税的纳税义务人:发包方而不是项目经理(包工头)

《国家税务总局关于个人对企事业单位实行承包经营、承租经营取得所得征税问题的通知》(国税发〔1994〕179号)第一条规定,企业实行个人承包、承租经营后,如果工商登记仍为企业的,不管其分配方式如何,均应先按照企业所得税的有关规定缴纳企业所得税。基于此税法条款规定,**项目经理(包工头)承包制采用业务模式一的企业所得税的纳税义务人是发包方**。

（三）采用经营承包制业务模式一的项目经理（包工头）的个人所得税处理

1. 法律依据

《国家税务总局关于个人对企事业单位实行承包经营、承租经营取得所得征税问题的通知》（国税发〔1994〕179号）第一条第（二）项规定，承包、承租人按合同（协议）的规定只向发包、出租方缴纳一定费用后，企业经营成果归其所有的，承包、承租人取得的所得，按对企事业单位的承包经营、承租经营所得项目，适用5%—35%的五级超额累进税率征税。

《中华人民共和国个人所得税法实施条例》（中华人民共和国国务院令第707号）第六条第（五）项和《国家税务总局关于个人所得税自行纳税申报有关问题的公告》（国家税务总局公告2018年第62号）第二条规定，个人对企业、事业单位承包经营所得是个人取得的"经营所得"，必须按照"经营所得"计算个税。

2. 在项目经理内部承包制的情况下，项目经理（包工头）的个税处理

第一，如果建筑企业与项目经理签订内部承包协议约定：项目经理以建筑企业的名义对外经营，建筑企业对外承担民事法律责任，项目经理向建筑企业上交一定的管理费用，经营所得归项目经理所有，则项目经理获得的承包"经营所得"，必须按照"经营所得"进行个人所得税处理。

第二，如果项目经理与建筑企业签订内部承包协议，约定项目经理对企业承包经营成果不拥有所有权，仅是按内部承包协议规定取得一定所得，则项目经理获得的劳动报酬是"工资薪金所得"，必须按照"工资薪金所得"进行个人所得税处理。

3. "个人承包经营所得"的个税实施自行纳税申报而不是代扣代缴的制度

《中华人民共和国个人所得税法》（中华人民共和国主席令第9号）第九条规定，个人所得税以所得人为纳税人，以支付所得的单位或者个人为扣缴义务人。《个人所得税扣缴申报管理办法(试行)》(国家税务总局公告2018年第61号)第四条规定,实行个人所得税全员全额扣缴申报的应税所得包括:(1)工资、薪金所得;(2)劳务报酬所得;(3)稿酬所得;(4)特许权使用费所得;(5)利息、股息、红利所得;(6)财产租赁所得;(7)财产转让所得;(8)偶然所得。

基于以上税法规定,个体工商户业主、个人独资企业投资者、合伙企业个人合伙人、承包承租经营者个人以及其他从事生产、经营活动的个人取得经营所得,不属于"个税代扣代缴"的范围,必须由取得"经营所得"的个人自行进行纳税申报。

4.项目经理(包工头)合法提取利润的方法

项目经理通过企业事业单位的"承包经营所得"应税项目,依法自行申报个税后,建筑企业将"承包经营所得"直接从建筑企业的银行账户划入项目经理的个人银行卡(公对私转账)。

参考文献

[1] 肖太寿.纳税筹划[M].北京：经济科学出版社，2010.

[2] 查方能.纳税筹划[M].大连：东北财经大学出版社，2012.

[3] 朱国平.纳税筹划[M].北京：中国财政经济出版社，2007.

[4] 盖地.建筑施工企业纳税与筹划操作指南[M].北京：中国财政经济出版社，2010.

[5] 段九利，白秀峰.房地产企业全程纳税筹划[M].北京：中国市场出版社，2011.

[6] 肖太寿.最新税收政策下企业涉税76难点深度解析及经典案例[M].北京：中国市场出版社，2011.

[7] 蔡昌.税务风险揭秘[M].北京：中国财政经济出版社，2011.

[8] 蔡昌.税务稽查零风险：税务稽查应对手册[M].北京：北京大学出版社，2011.

[9] 肖太寿.最新税收政策下企业涉税疑难问题处理及经典案例解析[M].北京：经济科学出版社，2010.

[10] 肖太寿.最新税收政策下企业所得税汇算清缴重点难点处理与填报方法[M].北京：中国市场出版社，2010.

[11] 张书箱，江家银.避税与反避税的理论与实务[M].合肥：安徽人民出版社，1995.

[12] 李明俊，李柳田.企业领导者如何税得香[M].北京：企业管理出版社，2010.

[13] 宋洪祥.点税成金——企业经营决策的税收管理与风险控制[M].北京：经济日报出版社，2009.

[14] 肖太寿，吴华.商业模式下的合同控税策略——6类经济合同中的涉税风险管控及例解［M］.北京：中国长安出版社，2013.

[15] 肖太寿.企业税收成本控制［M］.北京：中国时代经济出版社，2012.

[16] 肖太寿.砍掉企业税收成本三把刀及76案例精解［M］.北京：经济科学出版社，2012.

[17] 肖太寿.合同控税理论及51案例真解［M］.北京：中国市场出版社，2014.

[18] 肖太寿.合同控税：21种节税技巧72个实战案例［M］.北京：中国市场出版社，2015.

[19] 肖太寿.建筑房地产企业税务管控［M］.北京：经济管理出版社，2017.

[20] 肖太寿.建筑房地产企业合同控税［M］.北京：中国市场出版社，2017.

[21] 肖太寿，高雅莉.建筑房地产企业税收安全策略［M］.北京：经济管理出版社，2018.

[22] 肖太寿.建筑服务与劳务公司财税法管控13个秘诀［M］.北京：经济管理出版社，2019.

[23] 周小林，董冬冬.股权控制战略［M］.北京：人民邮电出版社，2019.

[24] 肖太寿.建筑服务业财税法融合控税11秘籍［M］.北京：经济管理出版社，2021.

[25] 肖太寿，钟天宁.股权布局控税［M］.北京：中国财政经济出版社，2022.